异质性视角下多层次农业保险的实现机制与优化路径研究

Research on the Implementation Mechanism and Optimization Path of Multi-Level Agricultural Insurance from the Perspective of Heterogeneity

王 韧 著

中国矿业大学出版社
China University of Mining and Technology Press
·徐州·

图书在版编目（CIP）数据

异质性视角下多层次农业保险的实现机制与优化路径研究 / 王韧著 . — 徐州：中国矿业大学出版社，2024. 8. — ISBN 978-7-5646-6387-2

I. F842.66

中国国家版本馆 CIP 数据核字第 2024SX8221 号

书　　名　异质性视角下多层次农业保险的实现机制与优化路径研究
　　　　　Yizhixing Shijiao xia Duocengci Nongye Baoxian de Shixian Jizhi yu Youhua Lujing Yanjiu
著　　者　王　韧
责任编辑　张　岩
出版发行　中国矿业大学出版社有限责任公司
　　　　　（江苏省徐州市解放南路　邮编 221008）
营销热线（0516）83885370　83884103
出版服务（0516）83995789　83884920
网　　址　http://www.cumtp.com　**E-mail**：cumtpvip@cumtp.com
印　　刷　湖南省众鑫印务有限公司
开　　本　710 mm × 1000 mm　1/16　印张 16.75　字数 263 千字
版次印次　2024 年 8 月第 1 版　2024 年 8 月第 1 次印刷
定　　价　98.00 元
（图书出现印装质量问题，本社负责调换）

王　韧　教授，博士，硕士生导师，湖南工商大学国际交流与合作处处长、港澳台事务办公室主任，九三学社湖南省省委员，长沙市政协委员，国家级理财规划师，中国农业风险管理学会理事，中国农业风险管理学会农业保险研究会常务理事，中国农业经济学会理事，湖南省人民检察院特别听证员，国家级一流保险专业负责人，首批国家级一流课程《保险学》负责人，保险硕士学位点负责人，湖南省级“双创”基地负责人，经济学立项博士点建设数量经济学方向负责人，湖南省重点社科研究基地湖南经济改革与发展研究中心骨干成员，“开放经济条件下金融风险度量、控制与政策”科技创新团队骨干成员；湖南省区域金融创新基地骨干成员。研究方向为风险管理与保险、金融扶贫、银行制度比较、农村金融。主持国家社科基金项目3项、教育部人文社科基金项目1项，省级项目15项，在《系统工程理论与实践》《农业经济问题》《中国软科学》《经济地理》、*Energy Economics*、*Chinese Management Studies*、*Frontiers in Public Health* 等SSCI、SCI、CSSCI 期刊发表论文50余篇。担任国家社科基金项目通讯评审专家、教育部学位论文评审专家、担多家期刊匿名审稿人。

前　言

自2019年起，中央一号文件连续五年聚焦“三农”问题，多次提出加快推进农业现代化、大力实施乡村建设。党的二十大更是为我国新时代农业农村高质量发展提供了新的指引，也提出了更高的要求。然而，随着我国城镇化推进和土地流转改革的不断深入，新型农业经营主体与小农散户的分化及区域经济发展、财政补贴及保险服务供给的不均衡导致的异质性（Heterogeneity）使得当前农业保险在要素配置、政策区分、产品创新等方面亟待优化。针对这些问题，本书研究了我国农业保险发展的演进，对我国农业保险的经营主体以及区域发展进行了多层次的分析，针对研究的结果对异质性视角下多层次农业保险体系进行构建，并且对优化多层次农业保险机制提出了建议。

本书首先在对相关概念和研究范围进行界定的基础上，对异质性视角多层次农业保险的逻辑依据与形成机理以及多层次农业保险的发展状况进行了详细的分析，从中发现存在的问题。然后根据2008—2021年我国30个省域间的农业保险相关数据，通过信息量权重法构建了我国农业保险综合发展指数，运用 Kernel 密度估计和马尔可夫链等方法，从空间计量角度对我国农业保险发展空间格局进行了描述、刻画与分析。通过区分农户规模、地区农业风险、地区经济发展的异质性，对农户、保险人、地方政府的三方博弈模式进行推演，阐明其作用机理，分析其供给与需求的差异，并使用面板数据模型对各地财政补贴对农业保险发展的影响进行研究，同时运用了 DEA 方法和 Malmquist 方法对作为主要农业保险服务供给主体的各保险公司效率进行了评价。然后使用第三次全国农业普查数据对异质性视角下新型农业经营主体与普通农户多层次投保需求进行分析，再利用 Logistics 模型考察农业技术培训对农业保险的参与行为。结果显示，我国农业保险的综合发展水平呈逐年上升的趋势，但是东部、中部、西部发展的整体差异较大。各级政府保费补贴对农业保险密度和深度的影响为正，通过异质性发现中部地区地方财政补贴对农业保险密度的影响更大，东部地区地方财政补贴对农业保险密度的影响次之，西部地区则最小。然后分别在东、中、西部，包括湖南、四川、云南、北京等地展开调研，针对农业保险的异质性需求、农业保险服务新型农业经营主体等的相关实例予以例证分析，并运用机器学习方法对农业保险需求进行了预测。

在此基础上，本书提出了异质性视角下多层次农业保险体系的构建，在确定指导思想、总体目标、基本原则及总体思路之后，从产品创新、政府支持、惠农协同、技术支持四个层面展开分析，并对优化多层次农业保险机制给出了建议，从三个方向进行优化路径的切入，前端借助保险经营与“保险＋期货”的“双轮”驱动，优化农业保险供给机制；中端从助力乡村振兴、夯实粮食安全、践行“双碳”目标三个方面升级农业保险发展战略，助力农业强国建设；后端则是通过强化农险技术服务，促进“数智”科技赋能。

目　录

第1章 引 言

1.1 研究背景及意义

1.1.1 研究背景

自2019年起，中央一号文件连续五年聚焦“三农”问题，多次提出加快推进农业现代化、大力实施乡村建设。2022年10月，中国共产党第二十次全国代表大会召开，大会报告再次专门提出，要全面推进乡村振兴，坚持农业农村优先发展，加快建设农业强国。众所周知，农业产业具有天然的弱质性，极易受到自然风险、病虫风险、价格风险等多种风险因素的影响。农业保险以其特有的风险阻隔和风险补偿功能，对促进乡村振兴、提高农民收入、巩固脱贫攻坚成果、保障农业可持续发展、保障国家粮食安全具有重要作用。自20世纪80年代初中国人民保险公司恢复农业保险业务以来，我国农业保险的发展历经了曲折起伏的过程。2007年以来，中央财政在湖南、内蒙古等省（自治区、直辖市）开始农业保险保费补贴试点工作，并逐步扩大试点范围，在2012年扩大至全国。在各级政府的大力支持下，我国农业保险发展迅猛，取得了瞩目的成就，截至2022年年底，我国农业保险保费已达1 192亿元，同比增长23%，继续保持农业保险保费规模全球第一，已经实现三大主粮完全成本保险，为1.67亿户次农户提供风险保障5.46万亿元。[①]然而，我国地域辽阔，各地区气候、地理等自然条件差异显著，市场主体经济发展水平不同，农业生产面临的风险不同，导致农业保险发展的地域差异明显，亟须配套差异化的农业保险政策体系；另外，随着城镇化推进和土地流转改革的不断

① 李忠峰．我国农业保险提供风险保障逾五万亿元 [EB/OL].（2023-02-09）[2024-03-03]. http://www.mof.gov.cn/zhengwuxinxi/caijingshidian/zgcjb/202302/t20230209_3865733.htm.

深入，新型农业经营主体与小农散户的分化及区域经济发展的不均衡而形成的异质性使得当前农业保险在要素配置、政策区分、产品创新等方面亟待优化。2018年9月，中共中央、国务院发布《乡村振兴战略规划（2018—2022年）》，指出应该设计多层次、可选择、不同保障水平的农业保险产品，积极开发适应新型农业经营主体的保险品种；2021年4月，十三届全国人民代表大会常务委员会第二十八次会议通过《中华人民共和国乡村振兴促进法》并于2021年6月1日开始执行，其中第六十六条明确强调“国家建立健全多层次农业保险体系，完善政策性农业保险制度”，这也为发展农业保险助力乡村振兴提供了法律支持。与此同时，体现区域特色的农业保险政策也逐步出台，如2022年5月，财政部、中国银行保险监督管理委员会（以下简称“银保监会”）、农业农村部联合宣布广西糖料蔗成为继三大主粮作物之后纳入中央补贴开展完全成本保险的农产品，也是我国首个试点完全成本保险的地方特色农产品；并明确2022—2024年在内蒙古、黑龙江开展大豆完全成本保险和种植收入保险试点等。至此，中央多次提出对多层次农业保险政策的指导意见，我国政策性农业保险扩容也不断提速。因此，如何针对逐渐分化的地域性、主体性、政策性差异，从多个层面构建农业保险机制并对其进行优化，如何促进农业保险高质量发展，提升其助力乡村振兴的质量等问题，成为急需攻关的课题，研究这项课题具有重要的学术价值与实践价值。

1.1.2 研究意义

1.1.2.1 学术价值

本研究的意义和价值主要体现在以下两个方面。

（1）拓宽了研究视角。本研究有助于拓展农业保险异质性问题的研究深度。本书区分地区经济发展、政府补贴政策、地区农业风险、农户规模等存在的异质性，对农户、保险人、政府的三方博弈进行推演并求出在区分异质性视角下各自行为的最优解，以阐明其作用机理，阐释多层次农业保险机制匹配的逻辑证据，有助于深化进一步提标、扩面、增品形势下农业保险高质量发展领域相关热点问题的研究。

（2）深化了研究方法。从区域异质性和农户异质性视角，运用调查问卷，利用全国第三次农业普查微观数据以及农业保险相关宏观数据，通过空间计量模型、面板数据回归、Logistic 模型、倾向得分匹配、DEA 以及 Malmquist 等方法对异质性对农业保险的发展水平以及需求和供给进行了测度和评价，并以湖南省炎陵县、四川省威远县农户保险需求和新疆、云南、江西等地的农产品保险期货作为相关例证展开了分析，运用机器学习算法对农业保险的异质性参保需求进行模拟及预测，最后运用规范分析方法从四个维度对多层次农业保险机制进行构建，并且提出了完善多层次农业保险机制的优化路径。

1.1.2.2 实践价值

（1）可以为服务乡村振兴战略的农业保险高质量发展提供依据。推进以需求为导向的农业保险市场供给侧结构性改革，以全面提升我国多层次农业保险市场的保障能力和服务水平，对探索适合我国现代农业发展所需的制度模式及改革路径，促进农村土地流转，培育新型农业经济主体，助推乡村振兴战略顺利实施具有指导意义。

（2）可以为我国多层次农业保险设计提供政策指引。根据“提标、扩面、增品”这一核心思想，构建基于“产品创新 - 财政补贴 - 惠农协同 - 风险保障”四个维度的多层次农业保险机制，有助于实现其与农村金融助力乡村振兴战略的有效衔接，具有较强的实际操作性，可为相关政府部门制定和实施政策提供借鉴和参考。

1.2 国内外文献综述

农业风险管理与保险的相关理论最早可追溯至20世纪30年代，自此，相关问题成为了各界关注的焦点。与本书相关的主要文献梳理如下。

1.2.1 农业保险区域发展异质性及影响因素研究

对于农业保险发展区域的差异性研究一般从农业保险发展的区域差异分析、农业保险费率区划异质性以及各类区域异质性形成原因三个方面展开。

（1）农业保险发展的区域异质性的事实特征。如 Barnett 等（2012）发现尽管农户生产的产品相似，但在不同地区，其农业保险偏好截然不同。针对我国农业保险市场，不少学者也指出保险密度与保险深度存在显著的空间依赖性（黄琦等，2017；祝丽丽 等，2021）。李婵娟等（2021）研究发现省域间农业保险发展存在显著的空间正相关，且不同地区农业保险发展的驱动因素和收敛情况存在差异。郭军等（2019）通过测量各省份农业保险排斥程度发现，各地区的农业保险排斥普遍是供给排斥、主动排斥和确实无需求共同作用的结果，并且受经济状况、交通便利等因素的影响。陈俊聪等（2017）发现我国农业保险支农效率水平呈上升趋势，呈现东部地区 > 中部地区 > 西部地区的空间分异特征，且三个区域农业保险支农效率影响因素存在显著差异。庹国柱（2022）指出我国中西部地区财政状况不大好，尤其是县级政府，由于无法拿出足额的补贴资金而影响了当地农业保险的“扩面、提标、增品”，继而影响其农业保险长足的发展。由于资源禀赋、产业结构、经济发展水平等差异的存在，国内外普遍存在农业保险发展区域异质性这一事实特征。我国面积广袤，地形复杂，气候多样，农业比重及农作物种养规模等在各地均存在巨大差异，因而，各地农业保险发展在区域时空上的差异，是需要被认识的、尊重的客观现实。

（2）探究农业保险区域异质性形成原因。Adhikari 等（2009）通过构建空间随机效应模型并利用美国玉米农作物保险数据研究农业生产者的空间异质性，得出产量、价格、灌溉流行率等变量的差异性影响着农业生产者的空间分布，进而影响作物收入和产量保险之间的选择。刘维林等（2014）研究发现资源禀赋、制度文化、空间成本以及保险业区域组织形态，均是影响保险业发展区域差异的原因。张卓等（2019）认为种植结构、替代性收入渠道的存在以及不同区域农业保险的政府隐性规制力度的差异能够充分地解释我国东、中、西部地区的农险农户参保率异质性特征。邓美君等（2020）分析指出，从整体来看，我国农业保险支农效率较低，区域间差异明显，且在多尺度视角下，正是区域内的差异造成了农业保险的总体差异。高凯等（2020）从经济因素、政策因素、市场供给因素和自然地理因素分析了农险发展省际差异的形成机制，发现我国农险发展省际差异是四类因素共同作用的结果。在各国大多数推行农业保险保费补贴政策之后，农村经济发展、农业保险补贴率、财政收入水平、补贴效率等均被认为是影响农业保险发展区域差异的关键因素（吕开宇 等，2016；陈盛伟 等，2017；王克 等，2018；Brunette et al.，2013；Azzam et al.，2021；Eze et al.，2020；Yu et al.，2021；富丽莎 等，2022；李婕妤 等，2023）。可见，影响农业保险区域异质性的因素多集中于农业风险因素、自然资源因素、经济发展因素，制度模式尤其是农业保险财政补贴因素，这与我国政策性农业保险法实施的动因及其对推进各地农业保险发展的重要作用这一现实背景较为吻合。

1.2.2 农业保险产品、补贴政策异质性研究

针对各地农业保险区域发展不平衡的现状，不少学者认为农业保险产品定价、产品供给、补贴制度的供给等不应一刀切。

在农业保险产品异质性方面，早期研究主要集中于传统农业保险如产量保险、天气指数、气象型保险的应用及适用性等；较早有 Miranda（1991）指出农业保险区域风险差异明显，因此，较之个人定制保险，区域产量作物保险可以提供更有效的产量损失保险；Barnett 等（2007）指出根据不同区域农业产量设定保单，能够在一定程度上降低系统性风险；张伟等（2013）认为应根据农业保险需求的地域特征开发差异化的农业保险产品。Dalhaus 等（2018）认为农业气候的基准风险和农作物生长阶段时间及空间的差异，需要天气指数保险对风险差异进行补偿。近年来，随着农业保险不断发展，对于农业保险产品的差异性逐渐扩展至环境影响、产品优化等。如 Möhring 等（2020）通过探讨农业保险对农药使用的关系，发现这种影响程度因国家特征而异。林乐芬等（2019）基于新型农业经营主体农业保险贷的区域需求意愿及其影响因素不完全一致，提出应因地制宜地优化涉农贷款保证保险机制设计。尤其是随着我国农业保险的逐步转型升级，越来越多的学者认为应区分异质性保障需求，大力发展新型农业保险产品。如冯文丽等（2022）、庹国柱（2023）、朱俊生（2023）等则认为提升农业保险需求，应区分保成本与保产量，保价格与保收入，保生产至保全产业链等。可见，大多学者对农业保险产品存在异质性基本达成共识，而且随着农业保险的不断发展异质性的内

涵也日益丰富。

在农业保险补贴政策方面，在农业保险发展早期，不少学者围绕“补或不补”存在较大争议。如刘京生（2000）认为基于农业的弱质性及农民的低收入问题，国家采取财税政策补贴农业保险是国际通行做法；而柯炳生（2001）则认为，农业保险应以实验为主，与农业保险相比，传统灾害救济支农效果更明显。谢家智等（2003）认为补贴将令政府陷入沉重的财政负担，并扭曲农业保险的功能，使其成为农业政策的组成部分。2007年，我国正式实施农险保费补贴政策，农业保险的政策属性基本已成共识，各界研究逐渐集中于保费补贴政策应考虑区域、财政实力、因地制宜的差异性等方面。如周县华（2018）提出实施县级分级费率将减轻原有的“一省一费”的交叉补贴效应；王立勇等（2020）论证了我国农业保险补贴政策的效果存在显著的异质性特征；陈盛伟等（2021）提出农业保险费率补贴的额度和承担比例要根据风险大小来区分，对于不同地市采取差异化费率；邹新阳等（2021）也认为要根据行业和地区进行不同的差异化补贴，养殖业与种植业的风险特征不一致，东、中、西部地区经济发展差异较大，保费补贴要实现多层次、多类别的差异化。Liao 等（2020）、Niu 等（2022）指出农业保险保费补贴的减贫效应存在明显的地区差异，只有当地经济发展到一定水平时，农业保险政策才具备反贫困效用。庹国柱（2022）指出在当前“中央保大宗，地方保特色”的背景下，各省情况不一样，财力雄厚的省份可能走得快一点，拓展标的多一些，范围广一些。张峭等（2022）等认为我国农业保险存在保额设定不科学等问题，如同一省份内采用普遍相同的农业保险金额标准，而未对成本区域差异性加以体现，使道德风险更容易产生。魏腾达等（2023）以中央财政补贴的粮棉油糖畜五大种类为研究对象，构建了央地政府保费补贴分担比例的优化模型，并从非精算费率和精算费率两个方面模拟得出了中央政府对不同省份不同品种的保费补贴比例。

1.2.3 农业保险主体异质性研究

1.2.3.1 农户投保行为的异质性

以往文献对于农户投保行为的研究主要关注农户的个体特征与生产特征，或主观风险态度，并以此为区分其投保行为的重要依据。如 Goodwin（1993）认为不同风险损失的农业经营主体具有不同的农业保险需求弹性，种植规模较大和土地价值较高的农户更倾向参与农业保险；Just 等（1999）利用美国的玉米和大豆的数据，将农业保险的激励分为风险规避激励、补贴激励和信息不对称激励，发现农民参与农业保险的主要原因是为了获得补贴和逆向选择的激励。农户的主观态度，如风险感知水平、农户的风险规避态度也能提高农户的参保意愿（Hellerstein et al.，2013；Menapace et al.，2016；尚燕 等，2020）；农户行为态度、主观规范和感知行为控制在不同程度上影响投保行为和意愿行为的一致性（孙乐 等，2021）

国内亦有不少学者从农户经营规模、经营能力、对保险的认知水平等方面的异质性对其行为予以区分。如于洋等（2011）研究得出农户的经营规模、家庭收入对农业保险需求有明显差异。张哲晰等（2018）认为种植经验是否丰富、生产经营专业化，风险偏好的差异等因素会影响农户的投保选择，在历经过灾害影响之后，农户投保概率通常会提高。另外，宋博等（2014）利用浙江省衢州市柑橘种植户调查数据进行研究，发现价格水平、农户与气象站的距离、住房估价、贷款额与农业气象指数保险购买意愿正相关，农户对农业保险的认可度、柑橘收入比重与农业气象指数保险购买意愿正相关。Fahad 等（2018）发现户主年龄、教育水平也是影响农户参与农业保险的重要因素。Ceballos 等（2020）指出不同的作物组合、播种时期、土壤与排水以及对农业保险产品理解方面的差异都是影响农业保险购买的重要因素。Dahal 等（2022）以尼泊尔农户为对象进行分析，发现当地农户对果树投保的保费支付意愿较高，但也会受到农户种植面积、农场规模、农民对入侵害虫的不利经验和天气等因素、农户对于风险的敏感程度等因素的影响。

除此之外，农业保险的风险保障水平、补贴程度与发展状况，农业风险损失程度等客观因素也在一定程度上影响到农户的投保行为。如侯玲玲等（2010）、王韧等（2018）认为及时足额的风险补偿将对农户的投保行为产生较大的、持续的激励效应。胡继亮等（2019）研究发现自然灾害损失度对农业保险参与意愿具有显著的促进作用，旱涝保收地区出现投保过度现象，灾害地区出现投保不足现象。蔡键等（2020）认为社会化服务规模扩大可能滋生机会主义风险从而扩大传统农业风险，进而刺激农业保险需求。也有学者从收入角度分析农户的投保行为，如刘汉成等（2020）认为在农业风险损失较高及农业保险保障水平较低的情况下，经营性收入越高对农业保险需求越强烈。Suchato 等（2022）认为不同的农业保险保障水平及农业产生成本（如灌溉成本）会直接影响农户的生产及投保决策，甚至会导致一定程度的道德风险。

可见，农户投保行为毫无疑问存在非常显著的异质性，而影响其投保行为的因素涉及甚广，既包括其客观风险状况、初始财富、种养规模、灾害记忆、行为习惯、保险认知、农险险种及补贴政策等，又包括自身内生的驱动，亦涉及保险公司、政府外生性的影响。故研究农业保险农户投保行为异质性之前，需要厘清农户、政府、保险公司三者之间的利益互动关系，并以此作为必要的理论参考。

1.2.3.2　农户风险偏好及生产行为的异质性

较之国内，国外学者更早对该领域展开研究。多数国外学者均认为农户的异质性风险偏好对其种植、生产行为尤其是化肥、农药等使用等有着较为明显的影响。如 Horowitz 等（1993）研究了农业保险对于美国中西部玉米种植者的化肥和农药使用的影响，发现有农业保险的农民比没有保险的农民承担了更多的生产风险，购买了农业保险的农户使用了更多的化肥和农药。Smith 等（1996）发现由于道德风险，购买农业保险的农户比未购买农业保险的农户使用了更少的化学用品。Möhring 等（2020）发现农业保险的参与会增加杀虫剂的使用，认为新的风险管理工具应该考虑投入的潜在影响。Li 等（2022）基于3 410户农户的微观数据，发现农业保险参与会减少农药的使用量，购买农业保险的农户比没有购买农业保险的农户少用33.30% 的农药。但也有学者得出相反的结论，有研究表明，风险态度对农户的风险管理策略有不同的行为表现，愿意承担风险的农户倾向于事前的风险管理策略，不愿意承担风险的农户与此相反，而是在风险发生后采取行为降低其风险的影响（Winsen et al.，2016）。

相比较而言，国内对该领域的研究起步稍晚。随着我国农业保险实现快速发展，近年来，国内学者们也逐渐围绕农户的风险态度的转变对其生产选择方式与产业水平的影响展开研究，涌现出不少研究成果。如任天驰等（2021）指出农业保险保障水平不仅能通过改变农户风险态度、增加贷款获取和提高技术水平的方式促进农户生产投资，但也会导致非农就业，从而降低农户生产投资，其中小农户相比规模农户对保障水平的反应更迅速。汤颖梅等（2021）研究发现天气指数保险对农户新技术的采用具有正向促进作用，从异质性视角分析，天气指数保险对于经营规模较大的农户的技术选择具有更加显著的促进作用。徐圣翔等（2022）研究得出农户购买保险加强了风险偏好对新种子技术采纳行为的正向作用，且不同年龄段农户的风险偏好对新种子技术采纳行为存在异质性。除此之外，还有不少学者开始探索农业保险与收入效应异质性的关系。如张伟等（2021）指出农业保险风险保障水平高低是影响各农户间收入分配效应的主要因素，当风险保障水平较高时，贫困农户的融资增信效应增强，能有效改善信贷约束，进而缩小与富裕农户之间的收入差距。郭军等（2021）指出未受农业保险排斥年轻农户与规模扩大型农户的农业收入增长明显，但对于未受排斥且受灾和补偿概率较低的农户，投保则会增加额外成本从而减少收入。丁宇刚等（2022）认为气候风险较高地区的农业经济发展要显著慢于其他地区，气候风险对同一地理区域内人均收入水平较低地区的影响更加显著；对农业保险保障水平较高或农业现代化水平较高地区的影响则较小。杨国佐等（2023）认为新型农户农业保险需求大于传统小农户，二者需求差异既受个体特征影响，也受供给排斥影响，个体特征中贡献最大的是人均农业收入，占总差异的53.8%；供给端以营销排斥贡献最大，占总差异的49.56%。

1.2.4 “二元主体”视角下的新型农业经营主体与小农相关研究

1.2.4.1 新型农业经营主体与小农的一般性研究

大国小农是我国最重要的国情农情，“大”是指国家人口规模巨大，农业承受的市场需求压力大；“小”则是指农业经营规模小，也体现为农户规模小，自给自足的小农经济特征显著，商品率低，小农户是我国数量最庞大也是覆盖最广的农业经营主体，这也是相关学者展开农业保险研究必须立足的重要现实和必须遵循的特色农情。然而，由于小农户自身条件限制，小农也是农业产业链上最脆弱的一环。因此党中央明确要求实施乡村振兴战略，就必须要实现小农户和现代农业发展的有机衔接。

国内文献从多个角度对小农户与现代农业发展衔接进行了研究，当前大多数学者较为一致地认为新型农业经营主体是实现小农户与现代农业有效衔接的重要桥梁。张梅等（2022）通过对黑龙江省小农户的调研数据分析总结了小农户与现代农业衔接的耦合模式有三种，分别为自我提升模式、服务规模化模式和生产规模化模式，并且提出应通过进一步鼓励发展新型农业经营主体、提高农业社会化服务水平等方式促进小农户与现代农业衔接效率。许朗等（2021）研究对比了小农户和新型农业经营主体的灌溉用水效率，指出新型农业经营主体的灌溉用水效率显著高于小农户，加快小农户向新型农业经营主体的转型有助于农业灌水效率提高。陈龙（2021）提出统筹推进小农户有序退出、小农户有效成长和小农户有机衔接三大战略方向，应从政策大方向把控小农户和现代农业的有效衔接。国外亦有学者对同属发展中国家的二元农户主体行为进行了研究，如 Lay 等（2018）发现赞比亚的农场规模化经营带动了周边其他小农户的扩大经营规模以获取规模效应，提高了玉米的产量，并且减少了化肥的施用量，对其他农户有积极的外部性作用。还有一些学者研究发现，大规模的农业投资能带来积极的外溢效应，能够获得更好的农业推广服务机会，促进农户对农业技术的采用（Abebaw et al.，2013；Ali et al.，2019；Zhang et al.，2020），尤其是以发达国家为样本，揭示了其规模化农业及科技投入带来较为显著的产出效应。如美国农业生产的高效率主要归因于其因地制宜的科技化和机械化（Wang et al.，2020），以及注重对土壤及耕地的保护（Lu et al.，2022），使得农业规模化和机械化有了更大的发展空间。德国则以强大的工业体系有效带动了农业机械化，并通过精准农业技术提高了农业生产力（Moretti et al.，2023）。日本则囿于资源制约，在农业管理和技术上都讲究精细化，并投入大量科技，采用先进生产模式，提高经营规模，且擅长培育新品种等（Washizu et al.，2022）。

学者们除了对小农户向新型农业经营主体转型以助力其实现与现代农业发展的有机衔接进行研究外，针对我国特殊的国情农情，包括我国新型农业经营主体的战略作用也进行了较为深入的研究。多数学者均认为重点培育新型农业经营主体对促进环保、推动农业规模化发、促进农业经济发展方面具有着重要战略意义。蔡颖萍等（2016）指出新型农业经营主体在生产发展中低碳、减排的环保生产模式符合我国绿色发展的要求。阮荣平等（2017）、魏腾达等（2022）、朱俊生（2023）等认为新型农业经营主体的经营规模较大、带动能力强，主要是涉农业务收入、农户带动、就业带动和标准化生产，有利于推动我国农业的现代化和规模化发展，是解决"三农"问题的重要途径。除此之外，也有不少学者指出了当前我国新型农业经营主体面临的融资、土地流转等方面的困境。由于我国特有的城乡二元经济发展结构，农村资金长期处于供给不足状态，新型农业经营主体的融资路径一般是财政支农和金融支农。王吉鹏等（2018）指出我国新型农业经营主体融资困境主要是由于融资成本及条件过高、信贷担保体系不完善、信贷风险分担机制不健全、财政贴息政策亟待完善等。王睿等（2019）研究指出新型农业经营主体对财政补贴资金过度依赖，融资成本、自由现金流及新型农业经营主体具有的收入满足认知均显著影响其债务融资决策，政策制定上需要注重金融扶持，如完善农业经营主体破产规则，加速家庭农场、专业合作社及农业专业大户向现代农业企业转变。李江一等（2022）研究发现可通过促进农地流转提高农地整体利用率，有效破解农地流转的需求困境，进一步提高农业产出和农户收入。

1.2.4.2　新型经营主体与小农户农险保障需求的异质性研究

在我国二元农户分化背景下，小农户和新型农业经营主体的农业保险购买意愿及其影响因素也十分受到学术界的关注。根据已有相关文献，二元主体的异质性主要体现在投保行为与产品需求差异两方面上。如 Ceballos 等（2020）指出新型农业经营主体与传统小农户的经营规模不同，风险暴露程度不同，进而影响到两类主体的保险需求。Doherty 等（2021）指出年龄较小的农民、目前有农业保险的农民、来自某些特殊地理位置的农民和以前受极端天气事件影响的农民更可能购买保险，大多数农民喜欢更便宜的农业保险产品。侯煜庐等（2019）指出小农户的农业保险购买意愿主要影响因素为户主受教育程度、农业收入占家庭年收入比重、农户对灾害风险的了解程度、灾害发生及影响产量频度、农户对农业保险的了解程度、农户对农业保险作用大小的认识、农业保险服务质量、是否有政府救灾补贴、政府承担保费水平等。郭沛等（2021）研究发现大多数新型农业经营主体都愿意购买有财政补贴的农业保险。富丽莎等（2022）指出新型林业经营主体与小林农相比，其投保自然风险与抗金融风险预期收益更大，因此其对森林保险风险提供保障水平的要求和需求较小林农也显著更高。对农业保险的认知、满意度和态度是影响新型农业主体购买意愿的主要因素，不同的地区存在差异，这与小农户购买意愿的影响因素大体重合。魏腾达等（2022）通过11 373个新型农业经营主体的农险需求进行问卷调研，结果表明，新型农业经营主体参保率不足50%，可选择品种少和保险获赔金额低是主要原因；农业保险赔付额仅占生产损失的30.67%，理赔不规范问题在种植业中更为明显。可见，提高农业保额是新型农业经营主体最迫切的需求。

另外，学者们认为新型农业经营主体与传统小农户之间存在比较明显的异质性需求，这也为多层次产品创新提供了必要的和充分的论证。从生产特征方面考虑，新型农业经营主体在种植规模、种植结构、机械化程度以及收入结构都与传统小农户有显著差异（叶明华 等，2018），且新型农业经营主体规模大、更易受自然风险影响，雇佣劳动力和土地流转加大了经营成本，“广覆盖，低保障”政策性农业保险难以满足其需求（林乐芬 等,2018），进而对农业保险产生了异质性需求；汤颖梅等（2018）分析得出两类经营主体对天气指数保险需求存在显著差异，其中经营规模、农户受教育程度与对本地天气的关注程度是造成差异较大的主要因素。从风险管理方面考虑，新型农业经营主体收入结构更为单一，在遭受同样频率的灾害时，新型农业经营主体的农业风险损失程度显著大于小农户，单一保险产品不能满足多元化农业经营主体的农业保险需求，同一保险产品对于不同经营主体效果截然不同（王步天 等，2016）；李艳等（2021）发现规模农户的购买农业保险的比例要比普通农户高出约12个百分点，规模农户的风险意识更强，风险管理水平更高。

1.2.5 多层次农业保险机制构建与优化研究

通过对上述文献的梳理，不难得出农业保险存在区域、需求、补贴、风险分散等方面的显著异质性，因此，也有许多学者针对这一特征事实从以下几个方面展开了探索。

1.2.5.1 农业保险产品创新机制研究

早期的农业保险产品创新研究主要集中于天气指数保险。如 Barnett 等（2007）研究发现天气指数保险可以转移各类与天气有关的风险，可以促进投资与经济增长，为低收入国家农村贫困地区的减贫作出贡献。Skees（2008）研究了天气指数保险的创新，认为它规避了许多阻碍低收入国家天气风险保险发展的基本问题，对于许多低收入国家是一项重要的创新。

Kumar 等（2021）研究了在印度气候变化背景下农业保险对花生种植小农户的技术效率，发现提高基于天气的农业保险参与率能减少农户对于气候变化的脆弱性。近几年来，国内外学者更多地展开了对产量保险，尤其是保成本向保收入、“农产品 + 期货”保险转变的探索。方蕊等（2021）通过黑龙江四县（市）的调研数据，发现“保险 + 期货”试点与传统农业保险既有互补效应又有替代效应，说明传统农业保险工具不能满足农户面临的农业风险问题，应该要积极开发“保险 + 期货”模式为代表的风险管理工具，以此满足农户的多元化农险需求。徐媛媛等（2022）发现“保险 + 期货”的风险管理效应具有差异化，因此在产品设计上应该充分考虑“跨品种”的异质性，建立差异化的定价策略，从而实现提质增效。如庹国柱等（2016）认为保险公司要把产量保险、成本保险做好、做规范，并且要有一定的技术储备，逐步积累经验和数据，为开展收入保险打下坚实的基础。晁娜娜等（2017）针对农业保险需求的区域差异，认为要积极推进大宗粮食的产量保险，在粮食主产区开展“产量保险”试点，在粮食主销区探索收入保险，以满足不同经营主体的保险需求。江生忠等（2021）通过对比传统产量保险与完全成本保险带来的社会福利效应测算，发现完全成本保险比传统产量保险带来的社会福利要高，因此建议扩大完全成本保险的试点范围，并且将完全成本保险作为传统产量保险与收入保险的过渡性产品。王鑫等（2021）通过对比农业收入保险的“武进模式”与“桦川模式”，发现收入保险缺乏中央财政补贴，相关的配套设施还不够完善，产品的定价机制不够精准，需要补齐制度的短板，优化农产品的价格发现机制，积极探索收入保险的过渡产品。

自党的二十大报告首次提出农业强国这一概念之后，针对农业保险助力粮食安全，提升农产品竞争力等，助力农业强国建设对产品升级创新的研究开始受到关注。徐亮等（2022）分析了 WTO 规则下三大粮食作物的收入保险与完全成本保险制度设计空间，认为要继续推进小麦、水稻的完全成本保险的制度，实施玉米收入保险，并且要加强对 WTO 相关规制的理解与运用，同时也要加强中央对收入保险与完全成本保险的指导。Masiza 等（2022）研究发现作物产量并不总是与降水量成线性关系，水并不是作物产量的主要限制因素，为了最小化基差风险，在设计基于天气指数的农业保险产品时应该考虑识别特定地区的作物主要产量限制因素，保险公司可以考虑作物需水量来设计基于天气指数的农业保险产品。张跃华等（2022）以政策性鱿鱼保险机制为研究对象，研究探索了政策性农业保险的新模式，拓展了支持远洋鱿鱼产业发展的新型政策工具，可为其他非标准产品的保险机制设计提供借鉴。冯文丽等（2022）指出耕地地力指数保险将传统的灾害补偿保险模式转变为“正向激励”保险模式，通过保险机制鼓励和监督农民保护和提高耕地质量事关粮食安全、农业增产和农民增收。龙文军等（2022）认为农业保险应该在保障粮食安全、稳定收入、促进乡村治理等方面发挥新的作用等。庹国柱（2023）认为要适应农业保险助力粮食安全，建设农业强国需求，应树立大食物观，大力发展多样化、多层次的农业保险产品，如农、林、牧、渔业保险，甚至还包括从事林果茶药生产和牛羊鸡鸭水产养殖的农户等。可见，随着农业保险发展环境的不断变化，以及自身制度的变迁，农业保险产品升级的需求也在逐步变化。尤其是面对当前不同主体、不同维度的客观需求，对于多层次、多维度的农业保险产品创新势在必行。

1.2.5.2 考虑农户异质性的优化建议

王乐君等（2019）认为要适应和把握小农户的发展趋势，充分利用小农户和新型农业经营主体的各自优势，建立小农户和新型农业经营主体的利益联结机制，尊重农民的意愿，并且改善农业的生产条件、稳定农村的基本经营制度。冯文丽等（2020）指出针对我国农业生产的“二元主体”不同保险需求差异，应该设计“普惠性基本保险 + 高保障附加金”，对于关乎粮食安全的重要农产品，保费由中央全额补贴，提高补贴的拨付效率，减少违规操作概率；对于高保障的“附加险”由农业生产者自主选择，保障水平越高，保费补贴越低。郑军等（2020）将农业经营主体分为传统小农户和新型农业经营主体，建立“小农户 - 保险公司 - 政府”和“新型农业经营主体 - 保险公司 - 政府”的博弈模型，认为对小农户农业保险保费进行全额补贴，适度降低新型农业经营主体的保费补贴，并对承保新型农业经营主体的保险公司进行补贴，以实现“产业兴旺”。Belasco 等（2021）发现有机农业生产者与传统农业生产者有不同的农业保险需求，农场太小与农场多样化降低了农户的农业保险参与意愿，可以通过纳入更准确的有机价格信息来改善有机作物保险。可见，多数学者认为农业保险以其特有的多种“利益共享、风险共担”的经营组织逻辑，能较好地强化“二元”主体下小农与新型农业经营主体之间的利益联结机制。

1.2.5.3 针对农险区域异质性的优化建议

牛浩等（2016）对山东省各市的玉米产量保费分区厘定研究，发现各市的受灾程度差异很大但实行的是全省统一的保费率，需要实施差异化的农户保费以及补贴政策。郑军等（2017）通过研究东中西三大地区农业保险差异性需求和财政补贴的影响，指出中央和地方政府所承担的农业保险补贴额度应该根据各省市的经济发展情况来确定，形成多元差异化的农业保险补贴制度。Zhou 等（2018）以吉林省玉米保险为例，认为可将吉林省划为8个独立风险区，使整体交叉补贴程度降低了35.3%。何小伟等（2019）认为按照东部或中西部划分补贴比例，因为现行农业保险补贴政策有一定的平均补贴倾向，导致了一些区域的补贴不公平现象，要根据各省的农业生产规模、地方财政实力等因素来划分央地补贴责任，避免出现农业贡献与补贴负担的双高现象。展凯等（2021）认为要制定差异化的农业保险财政补贴政策，对于经济发展落后的地区与深度贫困地区要加大中央财政补贴的补贴力度，同时根据各地的经济水平开发小额保险产品满足不同的农业保险需求。王韧等（2021）认为应该充分利用区域间要素合理流动与配置，利用相邻省份的优势效应、溢出效应，实现农业保险区域发展的均衡。易福金等（2022）认为应该采取保费补贴与管理费用补贴双轨运行的机制，缓解大灾时管理费用挤占赔付费用的问题，同时改善“一省一费”制度，让农业保险发挥正常的普惠功能。Suchato 等（2022）使用数字模拟来确定农业保险是否影响季节性灌溉的激励，发现在目前的成本和政策下，道德风险发生的可能性非常低，但当灌溉成本高时，就有可能出现道德风险行为，有必要明确考虑作物保险对农民灌溉用水决策的意外副作用，特别是在缺水和灌溉边际成本上升的地区。

1.2.5.4 针对多层次农业保险政策设计优化

第一是针对多层次风险分散制度的优化研究。Miranda 等（1997）指出由于系统性的天气效应会导致农场的农作物产量高度相关，如果没有负担得起的农业保险再保险，私人农业保险注定会失败的。Skees 等（1999）认为系统性的农业风险对农村和食品系统有很大的挑战，然而私营部门分担巨灾风险是有限的，需要政府的参与农业保险再保险。黄英君（2019）认为创新设计农业巨灾风险管理制度的风险转移和防范机制时，应将政府纳入重要的考量维度，形成政府诱导型农业巨灾风险分散机制。丁少群等（2021）认为应该结合国情，在乡村振兴的背景下加强农业巨灾风险分散机制基础设施建设与运行监管，助力农村现代化发展。Fang 等（2021）认为中国有必要在顺应国情的情况下借鉴国际经验，建设中国的农业再保险体系，建立完备的农业再保险法律法规，并且政府要充当主要引导作用，促进农业保险高质量发展。第二是针对多样化农业保险组织模式的研究。Smith 等（2012）指出，由于农业保险的逆向选择与道德风险，纯商业性的农业保险难以维持，各国都采取了农业保险保费补贴的办法，或商业保险与政策性保险结合的模式，以增强农业保险的参与意愿。庹国柱（2013）指出中国的农业保险制度要根据实际国情来制定，要逐步摒弃纯商业化经营的农业保险，要建立政府与市场结合的政策性农业保险制度。郭军等（2018）认为我国应基于国情建立以政府为主导、“保险公司 + 农村合作经济组织”为基础的全方位农业保险体系，以充分保障小农户利益。第三是针对多层次农业保险补贴机制的研究。冯文丽等（2020）认为需要实施差异化的补贴政策，综合考虑各地区的农业生产重要程度、经济发展水平以及财政承担能力，调整补贴结构，提高补贴政策的针对性，助力农业供给侧改革实现。刘汉成等（2020）认为对于农村贫困地区，应该减少农业保险保费的自缴比例同时提高农业保险的理赔额度，要加大农村地区的农业保障配套服务力度，大力发展特色产业，加大金融扶持力度。Fang 等（2021）指出中国政府应该继续支持农业保险政策的实施，不仅要加大农业保险的补贴力度，还要建立差异化的农业保险补贴制度。魏加威等（2021）、李嘉浩等（2022）认为要继续扩大农业保险保费补贴规模，并且逐步提高农业保险的保障水平，提高农业保险保费补贴的效率，缓解地方财政的补贴压力，要科学合理地制定农业保险补贴政策，鼓励地方开展特色农业保险品种，充分发挥政府的引导作用。第四是针对保险科技的推广和应用的研究。许梦博等（2021）认为要注重保险科技在农业保险改革中的应用，加快大数据、人工智能、3S 技术、智能感知等现代技术在农业保险领域的应用，同时将科技创新应用作为破解农业保险市场的重要驱动力量，使保险的科技的创新应用到农业保险领域中来。何小伟等（2022）认为在我国“大国小农”的背景下，保险公司的承保理赔成本高，需要通过农业数据整合，构建多元数据融合的风险管理体系，同时也要加大保险科技的投入与应用力度，利用生物识别、人工智能与物联网等技术实现精细化的农险管理，通过约定指数化的给付条件，降低农业保险的经营成本。

1.2.6 文献述评

不难发现，相关领域研究文献较为丰富，提供了一系列具有重要价值的学术洞见，为本项目的研究和定量分析提供了重要参考。但仍在以下三个方面值得进一步探讨：第一，研究视角还可拓展。尽管多数研究已经开始关注日益分化的农户及地域之间“异质性”的特征，但较多侧重于现象描述或囿于宏观叙事，尤其缺乏农业保险异质性深层次的内在机理研究及实证分析，且相对缺失结构性的理论凝练和前瞻性的趋势分析。例如当前大部分研究仅主要针对传统小农户，对新型农业经营主体的参保需求与异质性农业主体的保险需求差异化问题较少涉及，这与当前我国农业生产分化与经营规模化背景下的新型农业经营主体逐渐成为农业生产的主体趋势不相符。第二，研究方法还可改进。尽管前人研究中定量分析比重在逐渐增加，但宏观、中观尺度的成果较多，县域、乡域尺度较少，尤其是地域系统性及农业保险空间异质性研究有待完善。同时，大多在研究方法上没有考虑不可观测异质性的影响，尤其未见有采用机器学习等较为前沿的方法区分异质性需求。另外，尽管有不少学者就政府、农户、保险公司作为政策性农业保险主体之间的利益互动博弈展开了不少分析，但对于区分农户规模的异质性划分前提下的复杂演化博弈则较为少见，尤其未就“保险＋期货”试点逐渐铺开这一背景下重新探讨农户、政府和保险公司之间的行为。第三，研究成果的可操作性有待提高。目前国内外文献比较侧重于现状或对策分析，或仅就产品创新、财政补贴等进行较为单方面的分析，就其多层次农业保险（即多定义多样化产品），并未进行多维度、多层级立体化、全面化的系统分析，且从“机制运行”这一角度深入分析的成果还较为少见，这距离科学的政策研究还尚有差距。尤其是在农业强国建设背景下，构建可操作性强、可推广的多层次农业保险机制的研究更加必要和迫切。为此，本项目拟沿着“农业保险发展现状及问题——农业保险多维度的异质性——多层次农业保险优化路径——助力农业强国建设，促进乡村振兴”的内在逻辑进行深入探讨，以期提供有较说服力的理论阐释与可靠经验证据的支撑。

1.3 研究方法和结构安排

本书在对文献梳理、田野调查和案例分析的基础上，主要采用下列研究方法：

（1）空间计量分析方法。借助 Stata、ArcGIS、GeoDa 等软件，运用 Kernel 密度估计和 Markov 链等分析方法从不同维度对我国农业保险发展的时空格局进行探索。进行空间β收敛分析，运用空间误差模型SEM验证了我国农业保险发展存在空间收敛。

（2）三方复杂演化博弈模型。区分农户规模、地区农业风险、地区经济发展的异质性，对农户、保险人、地方政府的三方博弈模式进行推演，分别计算了基于异质性视角的多种情形下各主体的受益和最优决策。

（3）面板数据模型。运用地区面板数据探究影响我国农业保险发展区域差异的相关因素，考察其区域差异程度及影响因素，为政策性农业保险实现"普惠"向"特惠"发展，向多层次、精细化转变提供证据。

（4）Logit二元回归模型和PSM方法。运用Logit二元回归模型对异质性视角下新型农业经营主体与普通农户"多层次"投保需求分析，然后分析技术培训对农业保险参与的影响，根据经营规模进行了异质性分析，并运用PSM方法对实证中的稳健性进行检验。

（5）DEA和Malmquist方法。运用该方法衡量各农业保险经营主体的异质性供给。

（6）机器学习算法。运用支持向量机、随机森林、XGBoost、LightGBM等机器学习算法对异质性农业保险需求做出预测，利用网格搜索法对模型进行调参。

本书共分为11个部分，具体内容如下：

第1章，介绍本项目的研究背景及意义，文献综述主要从五个部分展开，分别为农业保险区域发展异质性及影响因素研究，农业保险产品、补贴政策异质性研究，农业保险主体异质性研究，"二元主体"视角下的新型农业经营主体与小农相关研究，以及多层次农业保险机制构建与优化研究。再介绍研究方法及研究报告的结构安排，并总结本书的主要创新点和不足。

第2章，介绍异质性视角下的农业保险的一般理论及其基本内涵，对农业风险及保险和新型农业经营主体、农业保险的异质性及多层次农业保险的相关概念以及研究范围进行界定，对农业保险需求理论、风险管理理论、效用论等一般理论进行介绍，再对异质性视角下多层次农业保险的逻辑依据与形成机制进行了分析，主要从大小农户不同需求、地方政府与中央政府的不同诉求及保险公司与农户参保主体之间的行为特征等几个方面展开。

第3章，介绍我国农业保险的历史演进及多层次格局的初步形成。首先介绍我国农业保险发展从初步探索阶段到多种农业保险模式试点阶段，再到政策性农业保险全面铺开阶段，最后进入多层次农业保险发展阶段，并介绍我国农业保险发展多元化的新格局，从农业保险区域发展差异、农业保险经营范围、农业保险主体分化状况三个层面展开。

第4章，通过分区域、分层次、分阶段研究我国农业保险发展的时空异质性测度，并对我国农业保险发展的总体时空格局、区域差异及收敛进行研究，从农业保险发展的规模、农业保险渗透度、农业保险供给几个层面构建农业保险综合发展评价指标，通过测算该指标，进而对我国省域视角下农业保险发展空间差异进行综合评价，并对这一差异是否存在收敛态势进行了进一步的论证。

第5章，从政府补贴和保险公司的供给角度分析我国农险供给的异质性。通过引入政府、保险公司、农户等各方农业保险的行为主体，考察其“需求分化”“利益互动”及“效用获取”的动态博弈下的行为决策理论模型。一方面，充分考虑农户生产资料有限性，以生产活动收益最大化为目标，考虑保险人承保与不承保、政府补贴与不补贴情形下农户的农业生产投入、非农业投入、投保农业保险最优决策行为，并进行演化均衡求解。另一方面，考虑“保险 + 期货”模式下保险人承保农业保险条件，并分析期货期权市场损益对农业保险开展以及对农户生产活动产生的影响。进一步运用地区面板数据探究影响我国农业保险发展区域差异的相关因素，结合环境因素、经济因素、风险因素对面板数据进行分析，考察其区域差异程度及影响因素，为政策性农业保险实现“普惠”向“特惠”发展，向多层次、精细化转变提供证据，同时对各农业保险经营主体即保险公司的经营效率进行了评估对比，以期为多样化农业保险经营模式的供给提供证据。

第6章，从“二元”农户角度对异质性视角下大小农户投保主体需求差异的“多层次”分析。首先对异质性视角下新型农业经营主体与普通农户“多层次”投保需求分析，结合户主个人特征、户主家庭特征及户主农业特征对新型农业经营主体与普通农户的不同农业保险需求进行分析。然后分析技术培训对农业保险参与的影响，根据经营规模进行了异质性分析，为农业保险制度供给提供证据。

第7章，对异质性视角下的农业保险省域补贴及农业保险参保需求进行预测。对前者主要运用灰色关联法估测了近三年的各省域保费补贴规模；同时，在对支持向量机、随机森林、XGBoost、LightGBM 等机器学习算法模型进行选择比较之后，再利用分类好的数据对模型进行训练，最后利用测试数据对模型的精准性进行测试。进而通过 ROC 曲线与 AUC 值来比较各个模型的预测效果，选择预测效果较好的随机森林模型，最后通过网格搜索法对选择的模型进行优化。

第8章，相关案例分析。分别以湖南省炎陵县、四川威远县为例对农户的主体异质性，尤其是新型农业经营主体与小农的农业保险需求差异进行了对比；并以新疆、云南、江西等地的新型农业经营主体为例对农业保险产品创新的需求及具体做法展开了分析。

第9章，异质性视角下多层次农业保险的实现机制。为了适应农户主体、地域差异、政府补贴等异质性背景的发展需求，提高农业保险服务能力、推动农业保险高质量发展，本书提出了多层次农业保险机制构建的基本原则与总体思路，并认为应构建基于多层次的产品创新机制、财政补贴机制、惠农协同机制、风险分散机制。

第10章，多层次农业保险机制的优化路径。本书从三个方向进行优化路径的切入点和着力点：前端借助保险经营与“保险 + 期货”的“双轮”驱动，优化农业保险供给机制；中端从助力乡村振兴、夯实粮食安全、践行“双碳”目标三个方面升级农业保险发展战略，助力农业强国建设；后端则是通过强化农险技术服务，促进“数智”科技赋能。

第11章，结论与展望。

本书的技术路线如图1-1所示。

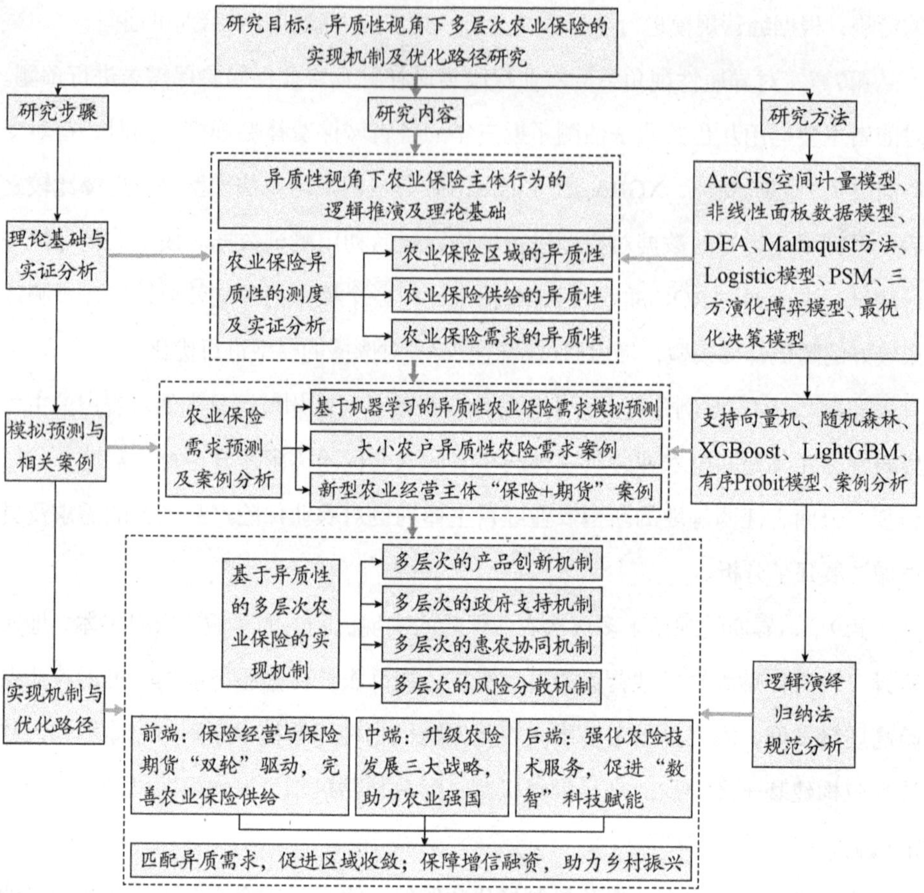

图1-1　技术路线图

1.4　本书的创新及不足之处

（1）研究视角创新：本书以农业保险“同质性”转向“异质性”需求为研究的逻辑起点，为农业保险转型升级的研究赋予了“建立新机制，寻找新增长”的视角，从供给侧角度提供了多元化的政策顶层设计，也使农业保险政策的调整具有了更立体、更精准的目标和靶向，更全面真实地反映农业保险服务“三农”、助力乡村产业振兴的效力，从而在阐述多层次农业保险实现机制及优化时形成了更具说服力的逻辑分析框架。

（2）研究方法创新：区分农业保险发展的区域异质性、政府财政补贴的异质性及农户需求异质性，对农户、保险人、地方政府的三方博弈模式进行推演，并进行演化求最优解；并通过机器学习方法对农户的农业保险参保需求进行预测。

（3）学术观点创新：一是从区域、供给、需求等角度揭示了基于小农户与新型农业经营主体及各地域农业保险发展水平、补贴政策差异而产生的异质性需求。二是阐述了基于“产品创新－政府支持－惠农协同－风险分散”四支柱的多层次农业保险机制的实施思路及路径设计。三是对农业“保险＋期货”这一机制中保险公司与农户的支付、收益函数等展开了初步探讨。不仅为我国农业保险进一步地“提标、扩面、增品”提供了新思路、新视野，更进一步优化了实现农业强国背景下农业保险可持续发展的制度供给，丰富了乡村振兴战略下农业保险高质量发展的内涵。

（4）不足之处：第一，对多层次农业保险的效率评价无系统标准体系，在相关指标选定的科学性、代表性、准确性及评价方式等方面可能存在争议。第二，在农业“保险＋期货”的探索中，农业保险逐步由传统产品向收入型保险、价格型保险等转型升级，由于这过程中基础数据积累较少，暂未就此类产品的异质性效应展开定量分析。

第2章　理论基础：异质性视角下农业保险的一般理论与逻辑机理

2.1　相关概念及研究范围界定

2.1.1　农业风险及保险的界定

本书所指的农业风险主要包括自然风险和市场风险两类风险。自然风险指的是因自然力的不规则变化产生的种种现象，对人们的经济活动、物质生产或生命安全等造成风险。通常的自然灾害有干旱、洪涝、虫害、冰雹、火灾、地震、龙卷风、虫害、瘟疫等。自然风险在生活中经常发生，是保险人承保最多的风险。市场风险指的是经营主体在面对复杂的外部市场变动带来的相关风险，与农业生产经营相关的市场风险主要有农产品价格下降带来的风险，农业生产资料成本上涨带来的风险，供应商或者客户的信用风险。

农业保险的概念则是定义于保险人对从事农业生产的单位或个人在进行种植业、养殖业的生产过程中，遭受自然灾害和意外事故所造成的损失，在保险责任范围内承担赔偿保险金责任的保险。从一般意义上的分类而言，农业保险属于财产损失保险的一种。从农业保险自身定义而言，有狭义和广义之分，通常狭义的农业保险标的仅包括种植业和养殖业，而广义的农业保险标的则更为广泛，可延伸至农业产业的整个过程及相关财产和人员。另外，根据经营目的差异可将农业保险分为商业性农业保险和政策性农业保险，前者以营利为目的。政策性农业保险可以根据保险保费的补贴主体分为两类，若地方政府为农业保险保费的补贴主体，称为“地方性政策农业保险”，若中央政府为农业保险保费的补贴主体，称为“中央性政策农业保险”。本书拟采用狭义农业保险定义，即限定于种植业和养殖业。

2.1.2 新型农业经营主体的界定

新型农业经营主体是在党的十八大提出来的，主要包括家庭农场、农业专业化合作社、专业大户以及农业龙头企业等。与传统的小农户相比，新型农业经营主体通常经营规模大、集约化程度高、专业技术强。

（1）家庭农场。家庭农场指的是以家庭为主要劳动力的农业生产经营主体，其组织结构简单，有一定的技术优势，随着土地流转政策的推行，家庭农场加大了经营规模，相对于其他新型农业经营主体，由于其生产成员主要是家庭成员，在抗风险能力表现较强。

（2）农业专业化合作社。农业专业化合作社指的是农户、家庭农场以及专业大户等具有相同或相似农业生产的农民自愿组成的农业互助组织，它能有效地整合资金、技术以及设备等，有效提高了农民的议价能力，更好地实现农产品的产销对接。

（3）专业大户。专业大户指的是种植或养殖规模明显高于传统小农户的专业经营的农户，他们通常经营种类单一，拥有专业的技术，且形成一定的规模，与其他农户相比，具有自身独特的优势。

（4）农业龙头企业。农业龙头企业是农业生产、运输、加工及销售一体化的经营主体，通常规模都比较大，有专业的技术人才以及专门的销售团队，通过订单合作的形式进行销售，盈利能力较强。

2.1.3 农业保险异质性的界定

异质性是指一些事物在某些特征上存在差异。由于不同的研究主体、性质、特征等存在差异，因此，当研究间存在异质性时，需要识别和测量异质性，并制定相应的策略探索异质性。本书试图将异质性这一视角纳入农业保险的相关研究中。具体来说，主要体现在以下方面：

2.1.3.1 区域发展异质性

根据前述区域差异理论中的扩散效应理论，各区域之间资源禀赋及经济发展条件各不相同，在市场机制的引导之下，各项要素会在区域间自由自发地流动，导致区域间经济发展程度出现差异，这一理论在农业生产领域中亦有适用性。但与一般生产相比，农业生产是自然再生产与经济再生产的交织。自然资源禀赋的差异和经济水平、产业结构社会分工的差异性是导致我国各省市农业发展水平显著差异、农业在各省经济中占比不同的根本原因。另外，农业保险因其具有正外部性、准公共物品等原因，财政补贴也是推动其发展的重要因素之一。我国《农业保险条例》赋予了各省区农业保险经营的自主选择权和决定权。地方政府在财政补贴方式、水平、范围、品种等方面也存在巨大的差异。这些因素共同决定了各省农业保险的定位与发展政策必然存在差异。本书主要从空间经济学角度，分析我国省域农业保险区域异质性，以期为多层次农业保险机制构建提供依据。

2.1.3.2 农业保险供给异质性

这里的供给方既包括保险公司，也包括政府。前者是保险产品和服务的提供者，而鉴于农业保险的政策属性，政府也是重要的制度供给者。一方面，由于自然资源禀赋差异，各省、自治区、直辖市的种植、养殖特色品种的承保和赔付均存在较为明显的差异性。另一方面，由于各地财政实力、产业结构存在较大差异，政府的制度供给例如保费补贴政策也必然存在较大差异。因此本书拟从供给层面，研究各地财政补贴政策的差异对农业保险发展造成的影响，以及我国主要农业保险公司在经营（如承保和赔付效率）方面的异质性。

2.1.3.3 农户及农业保险需求的异质性

随着农业现代化的加速发展，我国新型农业经营主体日渐增多，农业生产主体呈现出“小散户”和“新型农业经营主体”并存的二元主体格局。参与农业保险的角色包括农业类企业、种植户等，不同参与主体的农业保险，其风险偏好、对农业风险保障需求、政府补贴力度、保险产品、承保理赔技术等均有着巨大的差异。农户异质性通常指农户在资源禀赋上的差异性，体现在社会异质性与经济异质性等。具体来说，经济异质性指农户所在地域、所占土地面积、收入等资源禀赋上的差异，而社会异质性则主要考虑农户拥有社会资本、教育背景、文化信仰等方面的差异。农户拥有的初始资源禀赋的差异决定了其风险偏好、行为动机、目标决策等方面面临的约束条件也必然存在较为明显的差异。研究异质性视角下的农业保险需求显然离不开农户经济异质性的考量。经济异质性越小，农户的偏好、行为决策可能越相似，反之则会形成农户不同的分层，对农业保险的需求、政策的预期及响应都会产生较大的差异。探讨异质性农户的行为差别是构建多层次农业保险机制的重要前提，故本书拟重点探讨农户兼业化、养殖、种植结构和耕地、养殖规模的异质性对农业保险购买行为和保障需求的影响。

2.1.4 多层次农业保险机制的界定

多层次农业保险提法较早见于2018年中央一号文件。文件指出，要探索开展稻谷、小麦、玉米三大粮食作物完全成本保险和收入试点保险，加快建立多层次农业保险体系。学者们则从某一侧面论述农业保险的“多层次”。如付磊（2018）指出，应该从两个出发点，即“补贴力度”和“农户类型”两个维度，分别对新型农业经营主体和小农户以及纯商业型农业保险等四个层级来构建分层次的农业保险体系。同时，随着我国农业保险实践不断发展，实践中对于“多层次农业保险”的认定也在尝试或拓展[①]。本书认为它涉及以下几个层面：

（1）多层次农业保险产品机制。王克等（2018）指出，这里通常包括保险产品保障范围的多层次，如保成本、保产量、保收入和保价格；也包括保险产品类别的多层次。从广义角度来说，涉及农林牧副渔的保险产品，狭义角度则主要包括种植业与养殖业，如粮食作物、经济作物、大宗农产品等。本书主要以种养两业产品为主，同时也包含地方特色农产品保险，即使是同一类保险产品，其保障水平的不同也将形成农业保险的层次性（王国军，2018），如何针对不同的区域、产品需求进行多元化、多层次的创新机制正是本书需要深入探讨研究的问题。

（2）多层次惠农协同机制。除产品体系之外，多层次农业保险（体系）还

① 中华人民共和国财政部．浙江省嘉兴市桐乡财政：构建多层次农业保险体系加快共同富裕示范区建设 [EB/OL].（2021-11-02）[2024-03-03].http://www.mof.gov.cn/zhengwuxinxi/xinwenlianbo/zhejiangcaizhengxinxilianbo/202111/t20211102_3762803.htm.

包括如“多层次惠农保险体系”[①]，即农业公司可通过承保和理赔的创新服务，与金融市场融合，利用资本市场等方式为农户提供资金支持。金融市场的参与可以为农业保险提供更广泛的风险资本来源，在增加保险产品的供给和灵活性同时，金融市场的参与还可以提供更多的风险管理工具，如期货市场、期权市场等，帮助农户和农业投资者更好地管理农业风险。一般是指“农业保险＋一揽子金融服务”的承保模式，如与信贷、期货、资本市场等金融市场或金融工具结合的服务模式，实现政府引导与财政协同相结合，充分发挥农业保险金融联动作用，集聚期货、信贷、担保等多种金融资源，形成更广泛更有效的支农惠农模式。

（3）多层次农业保险的补贴机制。鉴于农业保险具有较为典型的准公共物品、外部性、市场失灵政策性特征，对其实施补贴农业保险已达成共识。从经济学角度而言，农业保险机制需要借助公共政策和市场监管来提供合适的环境和制度支持。政府可以通过资金补贴、保费补偿、风险共担等手段推动农业保险市场的发展。同时，监管机构需要确保保险产品的质量和透明度，保护农户的权益，并维护市场的公平竞争。通过梳理文献不难发现，自2007年我国农业保险得以快速发展的最直接动因无疑源自补贴政策的巨大推动。补贴政策本身就是按中央 - 地方各级政府分层实施。因此通常多层次农业保险也包含了多层次财政补贴制度的内涵。

（4）多层次的风险分散机制。与一般财产风险相比，农业风险并完全不具备典型的可保性特征。其损失面大，风险因素广泛，极易导致巨灾风险、高赔付率、超额赔付等问题存在。因此一个完善的农业保险机制必然离不开多层面、多支柱的风险分散机制，将保险公司承保的风险集中度降低到可接受的程度。再保险机制和巨灾风险准备金均能使农业保险的承保公司具有更强大的风险承受能力，能够在大规模灾害发生时提供支持。能够为主保险人提供稳定的资金和风险管理工具，促进农业保险市场的可持续发展。

2019年10月12日，我国财政部、农业农村部、银保监会、林草局联合发布了

① 李犇，胡恩燕．构筑多层次惠农保险体系，上市险企护航乡村振兴 [EB/OL].（2023-02-27）[2024-03-03].https://baijiahao.baidu.com/s?id=1758990292669220280&wfr=spider&for=pc.

《关于加快农业保险高质量发展的指导意见》，成为引导农业保险发展的重要指引。该意见明确提出，要通过提供农业保险服务能力，优化农业保险运行机制、加强农业保险基础设施建设等层面，基本建成功能完善、运行规范、基础完善，与农业农村现代化发展阶段相适应、与农户风险管理保障需求相契合、中央与地方分工负责的多层次农业保险体系。① 可见，对于“多层次农业保险”的内涵和外延在不断扩展和深化。

同时，从经济学和管理学角度而言，一般所称的多层次体系，“体系”是广义上的一个完整的大的系统，里面可能包括一些小系统，构成一个个具有某种功能的结构；而机制则更多指各要素之间的结构关系和运行方式。多层次农业保险机制是指在农业保险市场中设立多个层次或多个参与者，以满足不同风险管理需求的一种机制。众所周知，多层次农业保险机制通过将风险从农户转移给不同层次的参与者来实现多层次风险分担。这些参与者可以包括农户之间的相互保险组织、商业保险公司、再保险公司、金融市场、政府等。不同层次的参与者承担不同程度的风险，以实现更有效的风险分散；同时风险的精准评估与定价也要求农业保险机制建立精确的风险评估和定价机制，以合理确定不同区域的保费水平和不同产品的保险金额，各金融机构之间的惠农政策也需要协同机制。同时，从公共政策与市场监管的协调角度，多层次农业保险补贴机制需要公共政策和市场监管的协调配合，这也是本书的立足点之一。

2.2　一般理论

2.2.1　农业保险需求理论

2.2.1.1　农业保险需求理论的发展

根据经济学的一般理论，保险需求指在价格水平不变、投保人既有购买意愿也有支付能力的条件下，对农业保险商品的需求量。在经济学中，保险需求理论经历了从传统保险需求理论到与期望效用理论结合后的现代保险需求理论的发展

① 董碧娟．到2022年基本建成多层次农业保险体系 [EB/OL].（2019-10-14）[2024-03-03]. http://www.mof.gov.cn/zhengwuxinxi/caijingshidian/jjrb/201910/t20191014_3401976.htm.

过程。

传统保险需求理论认为，人们购买保险的动机主要是为了转移风险及获得损失补偿。然而，早期人们对保险需求的研究缺乏较为科学的研究方法。因此有学者引入了期望效用理论来分析保险需求。Chambers（1989）较早建立了经典的农业保险期望效用模型，用以分析农户的参保期望。模型表达式如下：

$$EU = \int_{R_0}^{R^0} U\left[R + I(R) - \delta - wx\right] \mathrm{d}G(R,x) \tag{2-1}$$

式中，x 表示要素投入；w 表示生产要素价格；R 表示总收入，以 $[R_0, R^0]$ 来确定 $G(R, x)$ 的区间，$I(R)$ 代表农业保险赔款；δ 代表农业保险的保险费。

在期望效用理论的基础上发展出了最优保险理论，其假设保险行为人是厌恶风险的理性人并且保险市场是有效的，基于此条件，最优保险理论考察的是理性行为人在一定的财富约束下，风险如何在投保人与保险人之间进行最优分配，行为人怎样通过保险决策达到最大期望保障效用。此后，多数学者在保险最优保障水平的框架下对保险需求理论进行了拓展。Mossin（1968）认为随着财富的增加，人们风险厌恶程度降低，则会导致最优保障水平的降低，但由于可保资产在此情况下的增加，其边际效用不变，仍为正，因此人们的保险需求会增加，财富状况对保险需求的影响有待进一步考证。Moffet（1977）认为保险和储蓄之间存在替代效应，其研究表明，人们在购买保险的时候会相应减少消费，因此若人们降低储蓄，则保险需求将会提高。Doherty 等（1983）将背景风险的概念引入保险需求理论，当存在一些无法在保险市场分散和转移的风险时，理性行为人将会为了降低绝对风险而增加保险需求；他们同时还提出人们自身的偿付能力也可能影响保险需求，由于购买保险时存在违约条例，投保人面临违约风险，因此其偿付能力的不足可能导致投保人将最优保障水平调整到安全资金线以内，从而导致保险需求降低。

现代保险需求理论的核心在于农户将预期效用最大化当成首要目标，并据此进行农业保险决策。因此，在不同视角下可能影响农户投保农业保险的行为产生影响的因素，都可以引入该理论框架。本书基于异质性视角分析，将参保农户体量、地方与中央政府的支持、地域差异等引入保险需求理论框架，分析对比其需求差异，从而针对性地提高农户的保险需求有效水平。

2.2.1.2　农业保险需求的特征

农业保险相比起其他保险产品，其需求方面有如下较为突出的特征：

（1）受其参与主体影响显著。一方面，农业保险需求先天性的匮乏。农业风险客观存在且发生概率较高，商业农业保险保费较高，而参保主体大多为教育程度较低且收入低下的农民，偿付能力弱且对保险了解较少，这便导致农业保险需求先天不足。另一方面，大小农户保险需求存在较大差异。很多“小散户”大多是兼职农民，务农收入在家庭总收入中所占比重较小。因此，“小散户”对农业生产损失相对不敏感，对农业保险需求也不高，而新型农业经营主体的生产规模较大，投入成本很高，对风险较为厌恶，且农业收入是其主要收入来源。因此，新型农业经营主体对农业保险具有强烈的、内生的需求。

（2）政策性农业保险补贴的重要性，即政府参与的不可或缺性。大多数商业保险都是通过市场自动调节供需，而政策性农业保险无法通过市场机制调节供需，如果政府参与性减弱，不但农业保险需求严重减少，保险公司对农业保险的经营也会遭受重大打击。因此，农业保险市场离不开政府干预，无论中央还是地方政府，都应该对农业保险实施政策性补贴，以降低保险公司的经营成本，减少农户的支付成本，达到最优保险保障水平，进而实现农业保险市场的高质量发展。

（3）地域差异。我国幅员辽阔，地形多样，产业构成复杂，经济发展不均衡，而农业又是非常依赖地理条件的产业，因此不同地域的农户对于农业保险的需求存在差异，尤其是我国不同地区发展不同的特色农产品，这便要求农业保险因地制宜，要求保险公司差异化定制农业保险产品，具有空间动态选择性，满足不同地区的农户需求。

2.2.2　风险管理理论

2.2.2.1　农业风险的内涵及类型

风险是一种客观存在的不确定性，自古以来人们都在抵御风险、防范风险。随着科学的发展和技术的进步，人们开始通过各种手段来管理风险，降低风险所带来的损失。农业生产由于其自带的弱质性，决定了其生产的全过程便是一个不断与风险对抗的过程。农业风险一般是指人们在进行农业活动的过程中，由于各种各样的内因或外因所导致损失的不确定性，一般情况下这种损失会对农业生产者的自有财产或既得利益产生巨大威胁，如种植的农作物遭受损害。这种不确定性一般分为三种情况：是否发生的不确定性、发生时间的不确定性以及损失大小的不确定性。农业生产过程中，首当其冲的便是自然风险，一是农作物可能遭受由于自然规律、其他动植物或病毒细菌等微生物生命活动等客观存在而导致不可避免的侵害，具体表现为产量减少或产物质量降低；二是农业生产“靠天吃饭”的特性，干旱、洪涝、台风、冰雹等自然灾害或极端天气所导致的损失也是巨大的。除自然风险外，按照我国农业风险分类的普遍情况，还有经济风险、社会风险、制度风险以及技术风险。农业经济风险一般是指在农业生产经营过程中，由于市场供需不平衡、市场价格波动剧烈等因素变化而导致农户经济上遭受损失的风险，如“猪周期”“谷贱伤农”“丰收悖论”等；社会风险一般是指人为风险，通常由于农户自身的过失、疏忽、恶意行为而导致的风险，这类风险的可控制性最强；制度风险一般是指国家的农业制度变化，由于制度实施后的不可预见性，可能导致无法达到所预期的结果，从而产生损失；技术风险则是由于科技的发展变化，农业机械化的不断扩展，以及农业自动化技术日新月异，一些技术的应用“水土不服”而产生的风险。

2.2.2.2 农业风险管理的内涵及方式

农业风险管理是一门复杂且多元的学科，既包含了自然科学，又涉及了社会科学。学术界很早就对农业风险管理进行定义，如孙蓉等（2016）认为农业风险管理是通过整合各种自然资源和利用多样技术手段对农业生产所面临的各种风险及其所可能导致的损失进行管理的过程；庹国柱等（2005）认为农业风险管理是一个组织或者个人为了降低农业风险所导致的损失而进行风险管理决策的过程，通过分析农业生产过程中可能面临的不同风险，选择有针对性的风险管理方法，以求达到最优风险分散的效果。近年来，随着卫星遥感、AI智能、大数据分析等先进技术在农业上的积极应用，在农业生产经营过程中，农业生产者对各种农业风险的预测、识别、估量越发精准，在此基础上，再运用适当的方法有针对性地对农业风险源进行有效控制，以最小的成本将风险所可能导致的损失降到最低。此外，农业由于受自然再生产过程的约束，对市场信息反应迟滞，同时还存在信息不对称风险。由于农业生产经营过程的闭塞条件以及农民对于信息接受过少，农业生产者往往在市场中处于信息掌握不利的那一方，从而导致他们做出的决定要么生产过量导致浪费要么生产不够利润过低。而这种风险却是生产者无法自行预测或者抵挡。因此，农业风险管理还需要借助政府和市场的力量。

农业风险的多种多样导致农业风险管理的方式因“险”而异，不同的管理方式对不同的风险对症下药，而我们当前一般将农业风险管理的方式总结分类为三种，即风险规避、风险转移和风险处理，每一种类别下都有不同的农业风险管理工具，其中唯有农业保险是一种综合性的、利用总体分散分险的机制。农业保险不仅可以在“事前”帮助农户进行风险分析和预测，而且可以指导投保农户采取必要的防范措施，降低风险的发生概率；农业保险还可以在“事后”弥补参保农户因为各种风险而导致的损失，帮助稳定农户基本收入。

2.2.3　区域差异理论

区域经济差异在世界各国经济发展过程中普遍存在。各个国家或地区由于初始资源禀赋存在较大差异，经济发展速度也呈现明显差异。一些国家或地区因为资源禀赋或制度优势，而出现经济增长速度加快，反之，另外一些国家或区域则发展相对迟缓，这就形成了发达与不发达、发展快与发展慢并存而导致国家或地区间区域不平衡的局面。

2.2.3.1　增长极理论

增长极理论源自法国经济学家弗郎索瓦・佩鲁（Francois Perroux）的一系列研究成果。他的主要观点是“增长极”的特征，及其对周边的辐射及影响作用。当一个地区的主导产业发展，逐渐形成一个增长极，并不断向外扩散时，便能带动区域经济发展。例如“珠三角”“长三角”等经济较为发达区域就是我国南部、东部的增长极，这些地区的发展对周边地区均能产生正向辐射作用。同样，这一理论在农业保险领域也可能适用。某些农业保险较为集聚、较为发达的区域也可能正向影响周边农业产业和农业保险的发展。

因此，与传统区域经济增长理论不同，佩鲁认为某个地区或产业的增长首先将发生在这些“增长极”的地区或部门，在它们的引领和带动下，会促进其他相对后发的地区和部门的经济增长。这些先发的、具有优势的领域、地区或行业被称为推动型单位，反之则是被推动型。这个过程也被称为极化效应。然后这种聚集的极化效应不是没有边界的，随着资源规模的限制，极化效应出现负外部经济效应时，其极化效应会逐渐扩散，要素会流动至其他被推动型地区，促进这些地区的发展，正是这两种效应的角力，造成了不同地区间发展的差异。

Boudeville（1965）将增长极的概念从经济空间拓展到地理空间，认为增长极在推进产业发展的复合体中出现，通过有效的规划，可以促进区域经济的有效发展。增长极理论及其发展理论在区域规划和制定区域经济政策中发挥了重要作用，广泛应用于不发达国家和地区以解决经济发展的问题，促进经济协调发展。

2.2.3.2　循环积累因果理论

循环累积因果理论源自瑞典经济学家冈纳·缪尔达尔（Gunnar Myrdal）。他认为经济的发展离不开政府干预，否则将出现地域发展的极端化差异。他认为在经济动态发展的过程中会产生“回波效应”和“扩散效应”，也被称为“地理二元经济理论”。他指出市场能通过看不见的手自动地调节资源的配置，从而使经济得到均衡的发展，提出了循环累积因果关系理论，该理论通过“回波效应”和“扩散效应”解释了区域经济差异的内在原因。由于资本、技术、劳动在不同的地区有着不同的收益，这些资源会根据收益的高低自发地由低的地方流向高的地方，扩大了地区之间的经济发展不平衡，这种效应被称为“回波效应”。但“回波效应”并不会无限放大，因为当经济发展达到一定规模后，会使经济达到规模效应的顶峰，从而产生规模不经济，发达地区的资本、技术、劳动成本高且资源相对不足，这将导致这些生产要素会向不发达地区转移扩散，不发达地区的经济向发达地区的经济追赶，以此缩小地区之间的经济发展差距，这种效应被称为“扩散效应”。

概括而言，该理论认为，在社会经济发展非均衡的前提下，与发展有关的任何一个因素的初始变化，都会引起其他因素的相应变化，如此循环往复，促成初始变化的不断强化。从中不难发现，初始变化的发展趋势至关重要，由此会产生结果截然不同的循环积累因果运动。具体来说，这意味着随着社会经济不断发展，某经济变量的变化会导致另一些相关的变量也随之变化，而这些经济变量的变化反过来又会催化这一经济变量的变化，这就是各种相互影响的因素之间所形成的“循环累计”因果关系，它们之间相互关联，且循环往复，并且互相影响。毫无疑问，“扩散效应”对落后地区发展有利，它意味着增长中心的发展会促进周边地区的发展，“回波效应”则表示发展中心很可能也会对周边地区的发展产生负面影响。通常而言，由于市场机制的作用，回波效应总是先于或大于扩散效应，因为一个区域的发展速度一旦超过了平均发展速度，这一地区就获得了连续积累的竞争优势，市场的力量通常倾向于增加而不是减少区域经济差异。即在市场机制作用下，发达地区在发展过程中不断积累对自己有利的因素，而落后地区则不断积累对自己不利的因素。发展中心对周围地区的发展所带来的负面影响远大于积极效用。据此，在农业保险实践中，政策设计者需要制定相关发展战略，可以优先发展资源禀赋、经济条件、农业保险发展较好的地区，如农业保险技术较为先进、农业保险模式较具优势、农业产品服务创新较为成功的区域，充分利用其循环、扩散效应带动禀赋条件较差的地区，达到逐渐缩小差距的，实现差异逐步收敛的结果。

2.2.3.3　倒 U 形理论

倒 U 形发展理论是由威廉姆逊（Williamson，1965）在实证检验的基础上提出的不平衡发展理论。Williamson 以多个国家的时间序列数据和截面数据为样本，对区域经济差距的变动展开了全面的分析。研究发现，在一个国家的经济发展过程中，经济的发展阶段与地区差异中都存在着倒 U 形的关系，经济间的发展差距会不断地缩小，发展落后的国家通常更有经济活力，发展得更快，发达的国家由于各种原因发展的速度变得缓慢，区域之间的经济差异会随着经济的发展而逐渐消失。由此可见，通过区域差异理论的分析，政府可以通过宏观调控使部分地区先发展起来，对资源禀赋有优势的地区给予政策优惠，加大扶持力度，再利用其先发优势通过扩散效应带动周边地区发展，最终实现区域均衡发展。同时，为了避免经济增长差距过于悬殊，政府可以通过适当的干预来调节各地区的资源分配，调高不发达地区收益率，使资源流向不发达地区，发挥其极化效应和扩散效应，从而缩小地区之间的经济发展差距。

由此可见，通过区域差异的分析，在经济发展的初始阶段，政府可以考虑允许出现区域差异，即允许某些具有初始优势的地区予以倾斜和扶持，并以其扩散效应带动落后区域的发展。待其发展到一定阶段，政府则有必要进行适度的调节和干预，对落后地区进行输血造血，防止可能出现差异加剧导致的不良后果。

而针对我国农业保险的实践活动，不同地区所具有的不同农业保险标的资源禀赋水平地区的农业保险效率值及其增长速度呈现明显差异，推进农业保险高质量发展的目标要求重视区域差异的影响，对农业保险效率值分地区进行科学评判，在充分借鉴先进经验的基础上"因地施策"——即针对具有不同农业保险标的资源禀赋水平的地区采取多样化多层次的扶持政策，从而实现到2030年农业保险补贴有效率的发展目标。由于地区之间发展的差异性，无论是"增长极理论""循环积累因果理论"还是"倒U形理论"均在一定程度上肯定优先发展地区对发展相对落后地区的辐射作用。而我国农业保险发展水平也有所参差，因而针对农业保险的实际运用，一方面，是要积极支持重点区域，促进农业保险高质量发展，通过产品创新，规范经营，模式优化升级等，进一步提高其运行效率，发挥其引领优势；另一方面，要兼顾各地特色，因地制宜，促进农业保险均衡发展。我国各地区的初始发展禀赋、农业产业结构、经济发展水平、财政实力等均不相同。因此农业保险的发展结合各地实际情况因地制宜，体现地区特色，考虑各地发展异质性的特征事实予以能体现差异化的多层次农业保险机制，在促进地方特色农业产业发展的同时，实现后发优势，平衡地域区域间的发展差异。

2.2.4 空间经济学相关理论

20世纪90年代，保罗·克鲁格曼提出的经济地理，是指“生产的空间区位”。以保罗·克鲁格曼为代表的一批经济学家着重研究经济地理与空间经济学的相互关联和作用机制，刺激该领域的研究如同星火燎原，遍地开花，空间经济学得以形成和发展。1999年，由藤田昌久等人丰富和补充了空间经济学诸多方面，使得其更贴近现实，更具有可信性。如果地理空间因素对经济个体或群体不会造成差异性的影响，就不存在所谓的“区位选择”问题。1999年，盖洛普（Gallup J L）等在“Geography and Economic Growth”一文中认为地理因素与经济政治制度因素一样，对经济发展产生至关重要的影响。从分析问题的角度来看，应该在经济增长的计量经济学和理论研究中重新引入地理因素，他们的新地理方法展示了规模回报的增加、集聚经济、运输成本和产品差异化如何导致高度分化的经济活动空间组织。立足于自然地理实际上是高度分化的出发点，这些因素造成的差异对经济发展有很大影响。一个城市最初可能是由于差异化地理带来的成本优势而出现的，但随后可能会由于集聚经济的结果而继续繁荣，即使成本优势已经消失，但发展仍会继续。事实上，在当前的发展大趋势下，地理空间对经济社会的影响不仅仅只是表面，而是具有更深刻的影响，事关国家整体发展和经济全球化的下一步发展，区域协同合作的增强，对于空间经济学的发展提供了良好的发展平台。

空间经济学研究空间地理对于经济发展的差异性影响。空间经济学试图回答为什么经济活动空间分布会呈现不平衡、为什么区域之间发展会存在差异等问题。新经济地理学理论解释了许多现实生活中存在的空间经济疑惑，如分析经济活动的空间集聚和经济全球化等。很大一部分新经济地理学的研究集中在产业活动的区域分布，当区域内有一个人财物集聚的核心区时，人们会因为更好的产品、更大的市场而自发集聚。在追求高质量发展的当下，中国市场呈现的省际差异不容忽视，东部沿海和中西部地区形成鲜明的对比。当前的中国重视区域协调发展以及高质量发展，将经济活动与空间地理结合起来研究，是空间经济学理论在中国背景下的下一阶段关键。在新时代、新战略下我国农业保险省域差异将会出现怎样的演变趋势等这些问题都需要研究思考，因此需要清楚认知我国保险业当前空间分布的特征规律，将有利于从全局视角思考保险行业下一步发展战略，为适应区域异质性的多层次农业保险提供理论依据。

2.2.5 效用论

农业保险的基本效用是指通过建立实施农业保险制度对农民或农业生产者所带来的最根本、最基础、最直接的影响以及所导致的客观结果。其最广泛基本的效用主要是分散农业风险、降低不确定性、弥补可能遭受的经济损失。农业保险作为保险的一个分类，基本效用便是保障农民正常经营，分散农业风险并将其转移。农业保险以生产过程中不同阶段的保费支出来分担农户本应承担的全部风险，将其可能承受的经济损失转移给保险人。在损失发生后，农业保险按照合同约定，将给予农户一定经济补偿。除了最基本的效用以外，农业保险对促进农业高质量发展、保障农产品市场均衡等也会产生积极的效用影响。

首先，农业保险能帮助农业生产者提高风险意识，做到风险预防和事前风险控制。我国城乡发展的不平衡导致在农业发达的乡村，许多农户依旧按照自古以来的传统模式进行农业生产活动，面对可能遭遇的风险大多依靠经验而非科学，农民整体文化水平低下，收入也较少，因此我国农民的市场意识和风险意识都较弱。而保险公司在农户购买了农业保险之后，在承保期间会对保险标的进行风险识别和度量，并为农作物精确制定风险管理方法；同时，对于风险发生之后所造成的损失也会进行高效率的控制，以防止损失继续扩大。农户会在保险公司的帮助下意识到风险控制的有效性，从而主动去掌握风险应对的相关知识和技术，提高自我的风险认知水平。

其次，农业保险的实施能在一定程度上稳定农民收入，保障农业生产的可持续性。农业是立国之本，是社会安稳的基础产业，但是由于自然再生产和经济再生产相互作用交融而导致的农业弱质性，其生产经营过程复杂且风险高。而通过农业保险保障可以降低未来的不确定性，农户可以将农业的高风险平摊转移，从而用生产时期确定的保费支出来保障未来可能发生的巨大风险损失，使得农业经营收入更为稳定。

再次，农业保险有助于提高农民的信贷获得能力，促进资金流向农业和乡村，有利于乡村振兴的实现。由于农业生产的高风险性和弱质性，导致农民贷款十分困难，一些新技术由于资金限制难以使用，从而造成风险控制效率低下，一旦发生风险所造成的损失巨大，这便引发了农业生产的负面循环效应。而农业保险的存在能够降低银行的信息不对称，缓解信贷机构对逆向选择和道德风险的担忧，同时保险的保单也可以作为贷款抵押物，降低各金融机构和银行的信贷风险，促进社会闲置资金流入农业和乡村。

最后，农业保险促进农业现代化发展，增加社会福利。近年来，国家对农业越发重视，保持农业基本盘的稳定以及农业现代化的发展，促进乡村振兴，保障农户稳步增收是我国当前的重大战略需要。农业保险通过提高农户的风险承担能力，促使农户采用效率更高的先进技术，而农业现代技术的广泛使用则是促进农业现代化发展的重要基石。以市场为主导、以效益为动力，在农业现代化发展的基础上促进形成高规模、高效率、高产出的农业产业化发展模式，而由于农业保险的再保险功能，即使由于产业化导致各种风险汇集，也能做到"应保尽保"，管理好农业产业链风险，为农业发展保驾护航。同时，农业产业化的发展使得农作物的播种面积扩大，进而增加粮食供给，有助于降低粮食价格，增加全社会福利。

通过梳理上述相关理论，不难发现：第一，农业保险需求是农业保险得以发展的重要理论基础。从这个层面而言，它既有一般保险需求的共性，也因农业的弱质性、外部性、政策性有着独特的需求特征。不同生产规模、不同生产内容、不同地域的投保人自然会产生多层次的农业保险诉求，既包括对保险产品的异质性需求，也包括对保险保障程度、补贴程度的需求等。第二，风险及风险管理理论是保险产生、起源的历史根基，风险管理手段的不断创新也是促进保险业发展的现实动因。从风险管理层面而言，农业保险作为一项重要的风险管理手段，已逐渐成为新型农业经济主体及小农分散、转移农业自然风险、收入风险、价格波动风险等重要手段，如何优化农业保险机制，以满足多层次、多样化的风险管理需求亦是值得关注的要点。第三，我国在改革开放梯度发展战略的影响下，区域间经济发展差异亦显著存在。尤其对于一个幅员辽阔、自然资源的禀赋、气候、地理条件存在巨大差异的国家而言，农业自然产业、农业风险管理及农业保险的发展必然存在巨大的差异。这也是理解农业保险发展区域差异，构建因地制宜，各具特色的多层次农业保险机制的重要理论前提。空间经济学研究空间地理对于经济发展的差异性影响，从微观层面分析区域差异出现的影响因素，在宏观层面上探讨区域发展过程中经济活动的集聚与辐射发散机制的形成，不失为研究我国农业保险区域发展差异的有效方法，也能为多层次农业保险机制构建与实现提供有力的事实证据。第四，从效用论角度理解农业保险，不难得出，农业保险的基本效用是指通过建立实施农业保险制度。只有农业保险功能效用不断扩展，方可满足农民或农业生产者在保障、融资、增信等方面多层次的保险需求，同时也是优化多层次农业保险的重要理论依据。

2.3　异质性视角下多层次农业保险的逻辑依据与形成机理

区域差异、灾害分散、保险产品、保费补贴等是农业保险产生异质性以及据此建立多层次农业保险运行机制的重要理论依据和现实基础。首先，从区域角度而言，我国地形广袤，各区域资源禀赋差异巨大，其次，农业面临多种风险，如自然灾害、疾病、价格波动等，在客观上需要多层次的农业风险管理机制将这些风险进行分散和分摊；再次，不同地区、不同农作物和养殖业面临的风险也差异巨大，这无疑需要多层次农业保险机制提供精确定制的保险产品和服务，以满足农户的差异化需求；最后，鉴于农业保险准公共物品的特性，多层级补贴、多品种补贴已成共识。据此，本节拟基于以上现实依据，对异质性视角下多层次农业保险逻辑依据与形成机理阐释如下：

2.3.1　异质性视角下多层次农业保险的逻辑依据

2.3.1.1　农业保险需求保障：基于大小农户的异质性

我国当前正处于全面促进农业产业高质量发展、加快推进农业现代化进程的重要时期，农业生产的主力将由自给自足的传统小规模农户向具有专业化、现代化、集约化的大规模农户转变，形成了新型农业经营主体与小农户共存的新农业格局。小规模农户一般农业生产规模较低，仅能够维持简单的再生产，种植目的并非完全以盈利为目的，许多小农户只为满足生活需求；大规模农户则主要为了获取利润，通过现代化技术进行高集中、高效率、高产量的农业生产活动，主要包括种植养殖大户、家庭农场、农业企业等。按照《农业农村部关于落实党中央国务院2022年全面推进乡村振兴重点工作部署的实施意见》，农业农村部2022年3月发布了关于实施新型农业经营主体提升行动的通知，提出要高度重视培育发展新型农业经营主体，这必然对其农业风险管理及农业保险保障提出了新要求。正是农业参与主体的二元化要求农业保险产品针对不同群体进行专业化、差异化的区分，考虑农业经营主体面临的风险程度与风险结构的差异性，相比而言，大规模农户由于经营规模大，经营范围广且占有土地类型的多样，其面临的自然风险和市场风险远大于传统的小农户，大小农户由于所承受的风险水平不同，对农业保险需求呈现多元化。

大规模农户由于初期投入较大，基础建设以及农机维护成本较高，经营风险和技术风险相比而言较高；由于农作物自然周期性、季节性和长期性的客观规律，其面对的经济风险也相对较高；又因其大规模生产，发生自然灾害时所遭受的损失也比传统小农更大，因此大规模农户对于使用农业保险来防范和补偿农业风险的需求日益高涨。同时，大规模农户进行农业生产活动的目的是追求产量最大化以及利益最大化，其种植规模的扩张和种植结构的单一性，导致其面临的农业风险更为集中，普通的农业产量或成本保险根本不能满足其经营的保障要求，大规模农户要求更多层次、更多类型的农业保险产品，以保证其生产活动和未来收入的稳定性。

传统小规模农户在我国农户群体中占比远远高于大规模农户，我国自古以来的农耕文明决定了小农户是我国农业参与者不可或缺的一部分。传统小农户受教育程度普遍较低，参与务农人数一般不多于我国农村家庭的平均人数，其耕种面积远小于大规模农户，小农户的自给自足性质，加上为了满足家庭需求的多样性，小规模农户通常会选择在有限的土地上种植多种农作物，以达到分散风险的目的。同时，由于传统小农户耕地面积较少，大部分小农户是处于兼工兼农的情况，又因为文化水平较低，小农户对农业保险的购买意愿不强，对风险的认知程度也较低，许多小农户是由于政府要求或者存在政策性补贴的条件下以低额保费参与投保，而非出于自身风险管理的需求主动购买农业保险。

随着农业经营方式的变化和农业群体逐渐两元分化，农业保险应当从目前低费率的普惠保险向多元化的差异化费率发展，在确保各类农户可以获得基本的损失补偿的条件下，针对大小农户面临风险程度的高低以及各农户群体风险结构的不同，将农业保险需求进行差异化分解，针对不同类型农业经营主体的风险进行细化分析，开发出更加精细多元的农业保险产品。

2.3.1.2　农业保险补贴政策：地方政府与中央政府诉求的异质性

近年来，为了促进农村农业的高质量发展，我国政府将“三农”问题放在了战略性首要地位，颁布的中央一号文件基本上都提到了中国政策性农业保险，为我国政策性农业保险的优质化发展提出了行之有效的指导性意见。但我国幅员辽阔，地区之间发展不平衡，经济差距较大，各地政府财政能力也存在差异，协调中央指示的农业保险发展方向和地区政府对政策的落实效果以及因地制宜的实施策略是亟待解决的问题，要在符合中央政府所提出的农业保险发展政策的大方向下，各地方政府通力协作，分析地区农业生产经营的差异性，保障农户获得农业保险补贴的公正平等性，从而实现各地区之间农户贫富差距的缩小，推动各地区直至全国农业保险需求的细化。

一方面，是补贴水平的异质性需求。我国农业保险财政补贴一般有两种方式，地方政府全权提供和中央政府与地方政府共同提供。中央政府需要掌控农业发展的大方向，对发展农业保险进行政策性的指导，同时要解决我国农业发展最根本、最迫切的问题，因此中央政府对农业保险财政补贴的保障目标主要是除了农户自身人力成本以外，农户投入在农业生产中的最基础的成本，也就是保证最低成本不受损失。中央政府通过实施农业保险财政补贴政策，其根本是一种财政转移的工具，改革开放后随着我国第二、第三产业的迅速发展，国家通过农业保险的转化让第二和第三产业反哺农业，中央政府主要抓手在全国，要确保我国农业基本盘的稳产增产，保障作为民生根本的农业可持续发展，继续全面推进乡村振兴。

另一方面，是补贴政策内容的异质性要求。首先，地方政府对农业保险财政补贴的保障目标则与中央政府不尽相同，其在中央政府保障最低成本的情况下，更多的是保障农户收入稳定。其次，地方政府会考虑本地区的自然条件以及市场需求，有针对性地开发地方特色农产品，从而引导本地区农业产业结构调整。因此，地方政府会根据本地区的具体要求，对特定的农产品进行农业保险保费补贴，甚至通过设定差异化费率，来促使农户积极经营新型农产品，鼓励农户通过使用农业保险来分散农业风险，引导农户生产有助于提高本地经济效益的特色农产品，在增加农户收入的同时促进本地区生产总值的提高。此外，经济发展不同的地区其农业保险财政补贴支出的偏好也不相同。部分财政欠发达的农业大省或者西部不发达地区的地方政府对于农业保险的投资相对较少，反而是财政发达的东部沿海地区的地方政府会更倾向于投资农业保险，原因可能是其发达的工业和第三产业资金溢出流向农业。最后，我国中央和地方农业保险补贴政策的实施方式是先地区后中央，也就是农户要获得相应比例的中央补贴资金必须在地方补贴资金已经提供到手之后，这便导致了对于农业保险投资较少的欠发达地区获得的中央补贴也较少，从而导致地区之间的农业保险补贴差异扩大。

2.3.1.3　农业保险公司供给：经营模式与服务供给的异质性

保险公司是我国农业保险产品的主要供给者。我国农业保险定性于政策性农业保险，除政策性农业保险公司之外，相互保险公司、共保体及商业保险公司等。不论经办主体采用何种形式，保险公司作为法人组织，均有经营风险、追逐利润的共同特性。然而农业保险存在较为严重的信息不对称。一般来说，其行为特征主要表现在以下几个方面。

第一，农业保险经营模式异质性的需求。在过去政策演变过程中，由于缺乏补贴政策支持，导致纯商业化运作模式下的农业保险逐渐萎缩，甚至一度退出市场。在当前“政府主导、市场运作”的模式下，农业保险公司依然以利润追求为最终目标。在不同组织模式下，其获取利润的途径除政策性农业保险业务之外，不少农业保险公司采取以险养险模式，如拓宽至车险、农房保险等范畴。在补贴政策推行后，保险公司利润水平明显上升。对于制度模式因地制宜，各界也基本达成共识，在实践中也取得了较好的成绩。截至2022年年底，我国农业保险保费已达1 192亿元，同比增长23%，继续保持农业保险保费规模全球第一，已经实现三大主粮完全成本保险，为1.67亿户次农户提供风险保障5.46万亿元。

第二，农业保险高质量发展对承保和理赔供给的要求。随着我国农业保险业务规模的不断扩大，各地农业保险人产品的承保和理赔不精准、不规范、经营成本高、作业效率低、道德风险复杂多样化等问题日益凸显，严重制约着农业保险的高质量发展。

众所周知，农业风险的特殊性明显，例如信息不对称问题导致逆选择和道德风险问题突出。在农业保险市场上，交易的双方是农户（即投保人）和保险公司（即保险人），农户对自己所处的地域可能发生农业风险的概率以及种植的农作物自身状况最为了解，保险人由于被保领域的多样化，很难掌握相关农业知识，对于农耕方面的相关信息只能通过历史信息进行分析预测或者询问农户进行了解，因此在这种情况下，保险人便处于掌握信息的劣势地位，此时农户和保险人对于这种状况都是清楚的。又由于我国农业保险的经营普遍没有实行风险地域差异化和分区域费率，经常是单一农险产品实行同省同费率，这便导致高风险地区的农户对于投保更具有积极性。在相同费率的情况下，高风险地区的农户出险的可能性更高，他们购买农险便处于优势地位，更愿意去购买农业保险来弥补未来极大可能发生的损失。而低风险地区的农民由于出险率低，对于农业保险需求便相对较低，购买农业保险对他们而言只是徒增成本，其购买意愿不强。这便会导致保险公司所承担的风险不仅分散程度较低，且更为集中；保险人无法获得分散化组合本应该满足的降低风险的目的，反而会因此增大费用支出，导致保险公司经营成本提高，从而减少农业保险的供给，这便是农业保险领域的逆向选择问题。道德风险则是指因为农业保险具有风险转移和补偿功能，投保人在经营过程中可能做出使保险人的利益遭到侵害行为。在农业生产经营过程中，道德风险一般有以下几种表现形式：一是在购买保险之后，农户对所种植的农作物不负责任，完全放弃应有的风险管理，对其生长态势漠不关心，导致农作物产生各种问题，最后农作物产量减少质量下降，并以此为由寻求保险公司的赔偿金；二是可能隐瞒农作物质量，故意提高发生农业风险的概率，如为了降低生产成本购买低质量的农作物种子进行种植，最后由于先天不足导致农作物受损严重，收成不佳，利用保险人对于农作物初始情况的信息缺陷，将风险转移给保险人；三是刻意减少农药、化肥、生产设备等的投入，节约投资成本，导致农作物生长过程中营养不良或者护养不周到，面临的风险水平相比历史情况提高，保险人会在费率一定的情况下承担更高的风险。由于道德风险的存在，保险公司经营农业保险的赔付率和成本必然高涨，保险分散风险的功能遭到破坏，保险公司只能选择对于道德风险难以控制的地区或者险种放弃提供。逆向选择会降低农业保险在不同风险地区之间的配置效率，道德风险则会削弱保险公司对于开发农业保险产品的动力，这便导致某些地区农业保险发展较慢，部分农业领域的保险业务停滞不前甚至萎缩。据统计，2013—2019年，我国共审结农业保险合同诉讼案572件，共有裁判文书916份，涉及河北、山东、湖南、吉林等多个省份，其中有70% 以上案件涉及事实认定的纷争，主要集中在保险人与投保人在投保面积、受损面积、投保位置、保险标的受灾范围、受损原因、赔偿标准及范围等[①]。尤其是农业保险承保理赔不精准现象将使农业保险逆选择和道德风险进一步放大。因此，如何充分考察保险对象的真实异质性状况，提升承保和理赔服务，实现人—地—物的有效关联，对防范农业保险承保及理赔过程中的逆选择和道德风险，提高保险公司经营效率有着重要意义。

2.3.2　异质性视角下多层次农业保险机制的形成机理

根据需求、供给、补贴政策异质性等视角，农业保险中三方行为主体相互之间有着不同的利益诉求。农业保险的双重外部性及准公共物品的特征，政府为农户及保险公司提供补贴支持（目前仍以保费补贴为主），以达到保障农民收入，稳定农村经济，服务民生的目的；然而地方政府与中央政府在补贴水平、补贴范围、

① 郭凤茹，张恩情，任金政，等．“科技 + 数据”赋能农业保险精准化发展 [J]. 保险理论与实践，2022（6）：16-30.

补贴种类、权责分配等方面存在显著的异质性需求；农户在获得通过购买农业保险，以获取有效的风险保障，然而新型农业经营主体对保险产品的保障水平、保障范围、保险产品，尤其是保产量、保成本向保收入方面较之小农户有着明显的异质性需求；保险公司则需要根据农业保险发展地域水平、农业经济发展阶段、政府的差异补贴以及新型农业经营主体的差异化需求对原有的承保和理赔服务不断升级，这也将对政府的税费优惠及风险分散、巨灾兜底等措施提出更高要求。正是在这样的异质性视角下，农业保险各方行为展现出不同的利益诉求，单一的农业保险体系无疑难以满足这种多维度的需求，因此这也是对当前农业保险的多层次形成及发展的重要依据，也是促成多层次农业保险形成的重要机理。如图2-1所示。

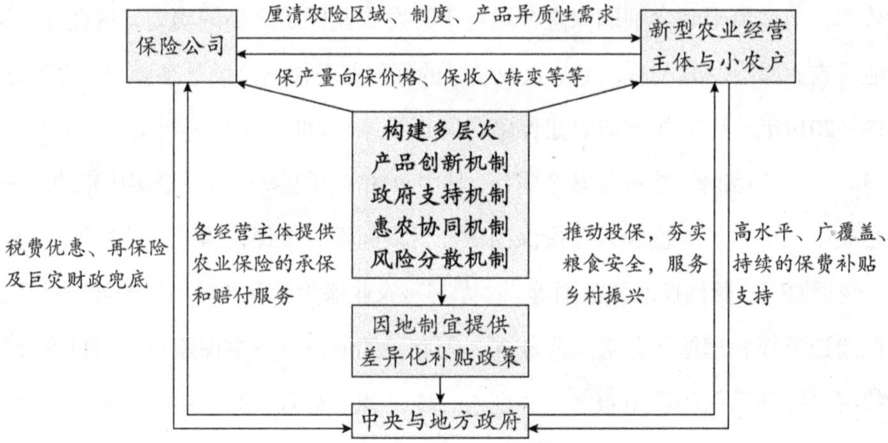

图2-1　异质性视角下的多层次农业保险机制形成机理

第3章 我国农业保险的历史演进及多层次格局的初步形成

3.1 我国农业保险发展的历史演进①

3.1.1 单一经营主体的初步探索阶段

为了促进农业发展，我国在1950年就开始了农业保险的尝试，但随着1958年中央政府在武汉召开的财政工作会议的决定出台，国内的保险业务开始取消。直至1982年2月，国务院批转中国人民银行《关于国内保险业务恢复情况和今后发展意见的报告的通知》中指出，要逐步开放农村财产保险、畜牧业保险等业务，更好地运用农业保险来服务农民。至此，停办24年的农业保险业务恢复，1982—1986年农业保险业务处于试办阶段，承保产物主要是水稻、玉米等主要粮食作物，以及甜菜、甘蔗等一些经济作物。虽然中国人民保险集团股份有限公司（PICC）重新开展农业保险相关业务，但是仍然遵循商业保险的操作模式，导致公司连年亏损，小干小赔，大干大赔，运用其他保险业务的收益来弥补农业保险业务的损失。1987年，中央第5号文件提出有条件的地方可以试办合作保险。1989年，中国人保向日本借鉴经验，将农业保险向“政府组织推动、农民互助共济、保险公司经办”的方向转型，以扭转我国农业保险商业化运营的困境，经过吉林、新疆、山东、河南、河北、上海、湖南、云南等地的陆续试点，政府开始引导农民互助协作，促成新型农业保险主体的发展，各级保险公司也开展了农业保险业务，成立了各种综合性保险公司、互助保险协会、专业性保险公司。1991年，《中共中央关于进一步加强农业和农村工作的决定》中提出要大力发展农业保险，中国人保成立了专门的农业保险部门，农业

① 本节数据均来源于各期《中国保险年鉴》及《中国统计年鉴》。

保险得到了迅猛的发展。1992年，中国人保公司逐渐转为国有商业保险公司，农业保险的政策性与商业保险公司的利益最大化原则相冲突，开始停止了对农业保险的补贴。

3.1.2 农业保险的转型过渡阶段

1993年，国有企业开始了市场化改革，财政部开始对中国人保开展利税指标考核，1994年，中国人保开始全面向商业化转型，对农业保险的暗中补贴全面叫停，将非营利的农业保险转为一般财产类保险，农业保险业务开始萎靡。

尤其是1994年以后，中央财政要求中国人民保险公司正式实施商业化运作模式，即采取以盈利为目标，以上缴利税为主要目的的新型财务核算体制，而农业保险成本高、赔付率高的劣势迅速显现，成为拖累人保公司经济效益的绊脚石。在此阶段，农业保险并未被定位于政策性保险，而只是被当作半政策性或半商业性业务来经营的。政府对农业保险的唯一优惠政策仅限于1996年开始免征农业保险的营业税。针对这一点政策支持，PICC 对农险内部实行单独核算。但相比保险公司的巨额赔付来说，这无异于杯水车薪。

一方面是政府补贴政策的缺位，另一方面是市场化程度的不断提高，尤其中国人保于2003年进行了改制上市，使其逐渐淡出农险业务。到2004年，农险业务保费收入与当年财产保险保费收入的占比仅为0.35%，产品线也下降到不足30个。而其他的主要保险公司如太平洋、平安等均未办理农业保险。

较能显现出政策性农险特性的只剩下新疆兵团保险公司。该公司的初始资本金主要来自财政逐年拨付及上缴财政利税中扣除部分金额以转增资本款，并且对兵团内的主要作物及禽畜及农业机械设备等采取统一强制保险；在内部组织架构体系中，实行公司与场、团（兵团的独立核算单位）收益共享、责任五五分担的方法。尽管新疆兵团保险公司定位于商业性保险公司，但较之于其他商业性保险公司其农业保险费规模仍呈现逐年上升趋势。

3.1.3 政策性农业保险全面铺开阶段

2004年，中央一号文件首次提出要加快政策性农业保险的建立，选择一定的产品及区域进行试点，并给予参保的农户一定的保费补贴，保监会开始在全国进行农业保险试点工作，先后成立了上海安信农业保险公司、吉林安华农业保险公司、阳光农业保险公司和国元农业保险公司共4家专业性的农业保险公司，并且依托上述4家机构在吉林、黑龙江等9省市开始农业保险试点工作，农业保险逐步复苏。2006年，《国务院关于保险业改革发展的若干意见》指出探索中央和地方财政对农业保险的补贴品种、方式以及比例，对经营政策式农业保险的承保公司给予适当补贴。2007年，财政部开始开展农业保险保费补贴试点工作，对吉林、新疆、内蒙古、四川、江苏和湖南6个省区投入10亿元，以“广覆盖、低保障”为原则，保障农业生产中的物化成本。2008年起，财政保险保费补贴试点范围逐渐加大，并且逐步加大了农业保险的财政补贴力度。2010年，由中央及各级政府对不同省份及区域进行差异化的补贴。另外，补贴区域由原来的6个试点省区扩大至全国16个主要粮食主产区；养殖业保险保费补贴品种也在原有能繁母猪基础上新增了奶牛保险，并覆盖至全国产奶大省。2009年，财政部在原有的补贴品种及补贴比例上，再一次将试点区域扩大至21个省。直至2012年中央财政补贴范围扩大至全国。

在补贴政策的激励下，我国农业保险获得了快速发展。但此阶段，农业保险产品较为单一，主要集中在主粮作物，保障水平依然以保成本为主，补贴涉及范围也较为“普惠”，未能针对各地区域风险、作物等特异性需求实行“特惠”政策，补贴层次和水平、费率厘定较为粗放单一；风险分散机制方面，部分省区对大灾风险管理制度仍处在探索阶段。正是在此背景下，农业保险的“提标、扩面、增品”需求日益高涨。

3.2　异质性视角下多层次农业保险格局的初步形成

2014年，《国务院关于加快发展现代保险服务业的若干意见》指出要提高农业保障水平，扩大农业保险覆盖面，增加农业保险品种，落实农业保险大灾风险准备金制度以及加大农业保险的补贴力度。阳光农业保险公司在黑龙江开始了水稻价格保险的试点工作。2015年，中央一号文件指出要积极开展农产品价格保险试点。2016年，中央一号文件再次提出要提高农业保障水平，扩大农业保险覆盖面，增加农业保险品种，并且要积极开发适合新型农业经营主体的农业保险产品，开展价格保险、收入保险以及天气指数保险的试点工作。2017年，中央一号文件提出要持续推进提高农业保障水平，扩大农业保险覆盖面，增加农业保险品种，支持价格保险、收入保险以及天气指数保险的试点工作。国家在河南、黑龙江等13个粮食主产地以玉米、水稻、小麦等主要粮食产物为对象开展大灾保险试点。2018年9月，《乡村振兴战略规划（2018—2022年）》中提出应设计多层次、可选择、不同保障水平的保险产品，积极开发适应新型农业经营主体需求的保险品种。2019年2月，央行等五部门联合发布《关于金融服务乡村振兴的指导意见》，再次明确应加大对乡村振兴的支持力度，满足乡村振兴多样化、多层次的金融需求。2021年4月，第十三届全国人民代表大会常务委员会第二十八次会议通过《中华人民共和国乡村振兴促进法》，其中第六十六条强调“国家建立健全多层次农业保险体系，完善政策性农业保险制度”，为发展农业保险助力乡村振兴提供了法律支持，更为我国农业保险的多层次发展提供了必要的指引和制度保障。

3.2.1 农业保险多层次化的现实表征

近年来我国在“三农”工作上不断发力，2020年实现全面脱贫，农村工作重心向乡村振兴转移，农业保险持续发挥重要的保障作用和支撑作用，在稳固国家粮食生产、保障农业工作者收入、稳定社会民心上作出了巨大贡献，为解决“三农”问题、实施乡村振兴政策保驾护航。

2020年，我国农业保险保费收入达814.9亿元，农业保险发展实现重大突破，保费规模超越美国，位居世界第一。2021年，农业保险保费收入为975.85亿元，农业保险保费收入持续十几年不断增长（图3-1）。同时，自2008年以来我国农业保险累计为数亿受灾农业生产者支付了超3 000亿元的农业保险赔款，保险赔付金额由2008年的64.14亿元增长至2021年的720.19亿（图3-2）。2021年中国农业保险为1.88亿户农户提供风险保障4.78万亿元，较2020年增加了0.65万亿元。截至2022年年底，我国农业保险保费已达1 192亿元，首次突破千亿大关，同比增幅达23%，继续保持农业保险保费规模全球第一，已经实现三大主粮完全成本保险，为近2亿户次农户生产保驾护航。

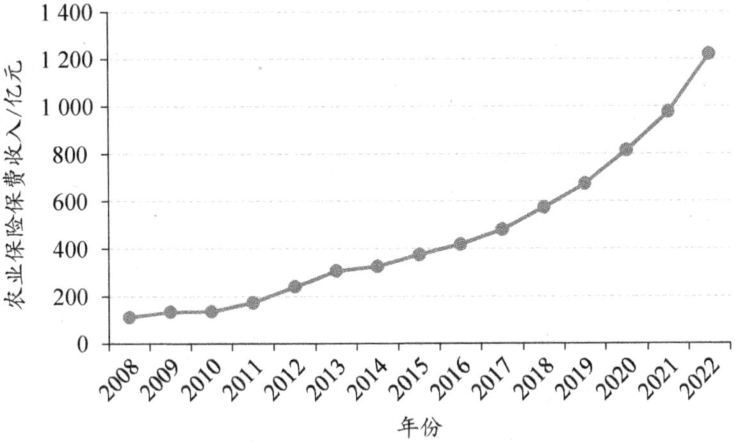

图3-1　2008—2022年我国农业保险保费收入

数据来源：中国银保监会网站。

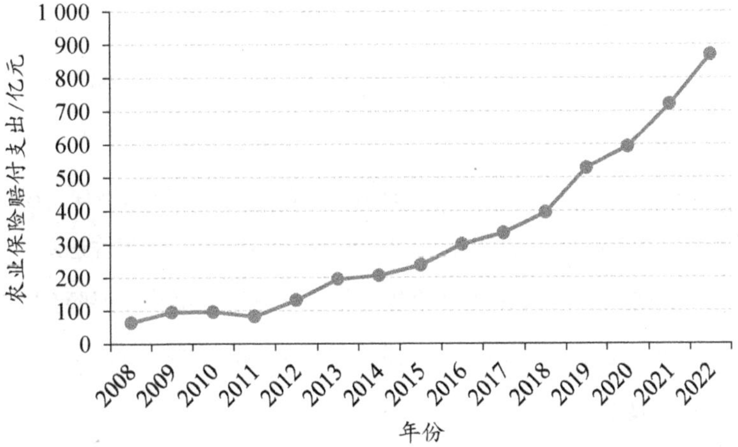

图3-2　2008—2022年我国农业保险赔付支出

数据来源：中国银保监会网站。

近年来我国农业保险的保险深度和保险密度与保费的增长趋势一致，农业保险的保险深度及密度不断提升。农业保险深度由2011年的0.39%扩大至2022年的2.19%，农业保险密度则由2011年的55.7元/人提升至2022年的844.1元/人。[①]

① 数据来源：中国银保监会网站。

总体而言，当前农业保险的发展已经逐步多元化，如经营覆盖面、增值服务、产品创新、支持政策等多维化扩展。

（1）农业保险经营覆盖面更为广阔。近年来，银保监会通过的符合农险经营的险企已经达到29家，风险保障辐射全国，构建起全面贯穿各地区的基层服务网络。脱贫攻坚期间，农业保险响应国家号召，深耕贫困地区、偏远山区，普遍建立农业保险帮扶点，完善保险扶贫服务体系。在中央的大力支持下，各大险企协同发力，已经在我国建成落地农业保险基层服务网点超过40万个，近50万的工作人员遍布基层网络，当前我国农业保险基本覆盖所有县级行政区域，为95% 以上的乡镇、50% 以上的行政村提供高质量的服务。①

（2）农业保险增值服务更为多样。近年来，随着农险产品的不断创新和农民风险意识的提升，农户对于农业保险的要求和期待越来越高，农业保险的服务领域不断拓宽，新兴的增值服务也层出不穷，如开展相关农牧知识培训、开发小程序预警特定天气灾害、禽类畜类的疾病防治等。农业保险不仅仅只提供针对农产品的保障，丰富的增值服务尽可能全面满足了农户的需求，增加了农户的投保积极性。此外，新冠疫情极大冲击了农业保险的承保理赔程序，促使农业保险加速科技赋能，推进农业保险科技化、数字化。App 投保、大数据推荐、AI 客服、在线勘查理赔等，农业保险已开发全流程线上化；卫星遥感、芯片追踪、无人机等新兴科技被广泛应用于承保验标和查勘定损工作，不但减少了保险公司的人力成本，还有效防止了道德风险和逆向选择，无论农户的投保信息以及保险的定损流程都更为透明和精准。

（3）农业保险产品创新不断丰富。近年来，随着农业产业升级和农户保险意识的提高，农业风险分散的需求进一步提高，农业保险持续增品、扩面、提标，同时积极探索着农业保险保障重点由“保本”向“保入”过渡，并在不同地区开展不同种类的准收入类保险试点。自2018年开始，我国对稻谷、小麦、玉米（以下简称三大粮食作物）进行了试点工作并取得了显著成效。三大粮食作物的保额

① 中国农业风险管理研究会．中国农业风险管理发展报告（2022）[M]．北京：中国农业出版社，2022.

大幅提升，种植面积也明显扩大，农民获得感得到了巨大增长，增强了农民对农业保险的信任感。2022年的中央一号文件中提出，三大粮食作物主要生产省县短期内需要实现完全成本保险和种植收入保险的全覆盖。在重庆、万州、黔江等27个产粮大区（县）于2022年起开展稻谷、玉米、马铃薯的完全成本保险，同时糖料蔗、大豆等作物也纳入完全成本保险和种植收入保险保障范围。另外，由于传统农险领域主要是针对一些不可抗力的农业风险，而对于农产品的价格波动无法保障，因此随着我国期货市场的发展，许多省市都开展了“保险＋期货”的试点项目，将农业保险和农产品期货进行有机结合，对农业产业的生产、经营、销售进行全面保障。

（4）农业保险政策支持不断加强。自2018年以来，中央及相关部门出台了一系列乡村振兴相关的文件都提到了农业保险的重要性，近年的中央一号文件也在强调农业保险对于农业产业发展支撑和保障作用。各层级地方政府纷纷响应中央的号召，出台了促进农业保险高质量发展的实施意见，对农业保险的发展和创新加大政策支持力度，助力农业保险的“提标、扩面、增品”，加大保险保费补贴惠农力度，保障农户资金周转顺利，同时对农险企业打开绿色通道，促进勘查理赔流程加速，确保农户能以最快速度得到赔付。从中央到地方都在积极推动农险发展进入下一阶段，通过优化农业保险经营环境、强化对农险企业的监管等，持续促进农业保险规范、健康发展。

3.2.2　存在的主要问题

在中央政府和相关部门牵头、地方政府的大力支持下，我国农业保险取得了显著的成就，但依然存在一些问题和局限性。

（1）保额及费率设定较粗糙，不能满足区域差异化需求。随着农业保险覆盖面的不断扩张以及各类创新农险产品试点的不断开拓，保额和费率设定粗糙的问题渐渐凸显。我国地域辽阔，各省市所处地理环境大不相同，所面临的自然风险也就具有差异性，且各地区农业发展水平也不平衡，而农业保险的费率厘定以及保额却是全国统一标准，这就导致了不可避免的风险。

（2）农险补贴政策有效转化率低，政策补贴机制亟待多样化。近年来财政对农业保险的支持力度不断加强，2021年中国农业保险财政补贴金额达到了333.45亿元，但补贴的有效转化率却较低，补贴效能发挥也不够好。一是我国财政补贴的形式太少，仅有保费补贴这一种，而其他国家则多达四五种补贴形式，这不利于我国扩大农险补贴空间，也不利于规避 WTO 的“黄箱政策”限制。另一则是我国财政补贴未能很好贴合政策导向，还未适应我国农村的新形态、新场景、新发展，导致农险补贴与相关政策配合程度较低，不能很好地促进农业现代化和产业融合。

（3）农险产品未满足多层次需求，产品体系待健全发展。当前我国农业生产主体正渐渐由传统小农户转变为新型农业经营主体，因此在乡村振兴战略的实施过程中，农业生产呈现出小农户与新型农业经营主体并存的二元主体结构。传统小农户占全体生产主体中的大多数，但由于大部分小农户都是自产自销自用一体化，生产规模较小，生产所带来的利润也较低；而新型农业经营主体是我国推进农业产业现代化的中坚力量，生产规模巨大，生产模式机械化、集约化，进行农业生产活动的主要目的是产量最大化，从而获取巨额利润，因此新型农业经营主体所面临的风险也相应增大。生产主体的差异化导致了对农业保险需求的差异化，而我国目前农业保险产品还是以参保农产品为主，未对参保主体进行细分。

（4）农险行业经营存在乱象，缺乏有效农业保险管理体系。由于我国当下对农业保险支持力度的增强，很多保险公司希望抓住乡村振兴时期的机遇去发展农业保险，但也因此出现了许多认为农业保险是高盈利项目从而浑水摸鱼的保险公司，服务质量低下、承保理赔不规范，极大影响了农业保险的高质量发展。但我国目前还未出台针对政策性农业保险的成套法律法规，面对一些实际问题经常处于无法可依的境地，农险经营乱象没办法依法处理，极大影响了农业保险的规范化发展。同时，在乡村振兴的大力推动下我国农业现代化的步伐不断迈进新的领域，这便出现了许多新问题、新困境，农业保险经营面临更大的法律风险，而当前农业保险的管理一般由农业农村部、中国银保监会等部门混合管理，还未能建立一个清晰有效的管理体系。

（5）巨灾风险频发，大灾保险分散机制亟待完善。我国于2014年成立了中国农业保险共同体，经过五年时间，中国农业保险共同体（简称农共体）已经有34家公司参与，承保农业保险再保险业务在制度建设上迈出了重要一步。但近年来，新冠疫情、洪涝灾害、地震等自然灾害频发，农共体已经连续亏损，难以为继，必须尽快建立大灾风险准备金制度，由中央牵头落实组建中国农业再保险公司，完善多层次的巨灾农业保险风险分散机制。

3.2.3 异质性视角下对多层次农业保险发展的新需求

3.2.3.1 宏观层面：农业保险区域异质性对政策异质性的需求

农业生产主要受到自然与经济的影响。环境因素、经济条件以及风险的差异都会导致各省市的农业保险发展有所不同。我国地域辽阔，每个地区的地理条件、气候条件有明显的差异，不同地区的自然条件会导致农产品的类别以及风险状况有所区别，会影响农业保险的发展水平。例如内蒙古、新疆等地地广人稀，平均海拔较高，昼夜温差大，除了少数的盆地、绿洲外并不适合开展种植业，但是拥有丰富的农牧资源，适合发展畜牧业；河南、安徽等省份处于平原地带，降水量充足，土壤肥沃，适合机械化大规模种植；而广西、贵州等省份地处丘陵，地形相对崎岖，交通不便，通常是小规模种植为主，限制了农业生产规模。不同的自然条件也导致了地区风险的差异，通常北方的自然灾害以干旱为主，南方的自然灾害以洪涝为主。

农业在不同地区的经济结构中也会有所差异。自改革开放以来，我国市场经济运行给予了不同地区的社会分工，沿海地区以及直辖市的经济相对发达，经济发达地区的耕地规模不断缩小，农业产值在整个 GDP 的占比越来越小，且地方政府对农业保险的重视程度也不一样，例如上海、天津等地的“菜篮子”政策，支持发展的农业为蔬菜、水果等经济作物，这些地区不可能成为粮食的主产地也不可能为工业产品提供原材料。河南、安徽等粮食主要产地以及边疆地区的农业产值在整个 GDP 中占比较高，这些地区为保障国家粮食安全以及为工业提供原材料作出了重要贡献。

3.2.3.2 中观层面：农险经营范围不断拓宽对农业保险服务及风险分散的需求

2004年，我国正式加入世界贸易组织，原有的价格支持政策不被世贸组织允许，我国开始了政策性农业保险的探索，2007年中央财政开始在湖南、内蒙古等6个省、自治区开始农业保险保费补贴试点工作以及逐步扩大试点范围，在2012年扩大至全国。截至2022年年底，我国农业保险保费已达1 192亿元，同比增长23%，继续保持农业保险保费规模全球第一，已经实现三大主粮完全成本保险，为1.67亿户次农户提供风险保障5.46万亿元。2022年，中央财政对农业保险保费补贴力度加大，对中西部和东北地区的农业保险保费补贴统一提高至45%，三大粮食作物完全成本保险和种植收入保险在13个粮食主产省份产粮大县实现全覆盖，对地方有优势的特色农产品以奖代补的农业保险优惠政策逐步扩大到全国，保费补贴达434.53亿元[①]。随着农业保险覆盖面不断扩大，农业保险对其提标、扩面、增品的服务要求也越来越高。如何扩大农险承保范围，结合“农业保险 + 一揽子金融产品”行动计划，鼓励保险机构研发多层次的“农业保险 +”险种，推广纳入地方特色范畴十分重要。同时，对保险机构也严格要求做到承保理赔业务“五公开”，加快农险信息化建设进程，切实提高承保理赔效率和便民服务水平。

另外，随着农业保险经营保障水平和经营范围的不断拓宽，其自身对风险分散的需求也日趋明显。一是在日益严重的全球气候变暖背景下，极端气候事件日益频发。以2021年12月下旬的寒潮为例，短短两天时间内，内蒙古中西部、华北、东北地区南部、黄淮、江淮、江汉等地，气温普遍下降6℃ ~10℃，其中，降温较多的地方，幅度甚至超过12℃。而农业，无疑是对气温最敏感的行业之一，气候的变化直接影响着农业生产的效益，无论是冬小麦、冬油菜，还是北方的设施蔬菜、南方的露地蔬菜，都在经受着极端天气的考验。除此之外，农业经常面临更多极端的自然灾害，如干旱、洪水、暴风雨等，农作物产量还受疾病、虫害等因素的影响，波动性较大，农产品价格受市场供求关系、国际市场变动等多种因素

① 中华人民共和国财政部.2022年中央财政农业保险保费补贴434.53亿元助推乡村振兴[EB/OL].（2023-02-06）[2024-03-03].http://www.mof.gov.cn/caizhengshipin/czsy/202302/t20230206_3865359.htm?eqid=8c58ae04001fff6b00000003644deba1.

影响，价格波动风险也日趋明显。近年来，农业保险在“提标、扩面、增品”惠及更多农户保障的同时，也对自身的风险管理提出了更高的要求，迫切需要从多个层次分散巨灾风险。

3.2.3.3 微观层面：异质性农业经营主体“多层次”的投保行为及需求

目前我国农村“二元”农户格局日趋明显。由于农业规模化会加剧传统农业风险：大规模农户通过土地流转增加了经营规模，相应的自然风险和市场风险也会被转移和集中；传统小农户通过土地流转将土地转移给了大规模农户，相应的自然风险和市场风险都转移给了大规模农户，而转移土地的农户只负责收纳租金。传统小农户农业生产的主要目的是自产自足，农产品对小农户的收益影响较小，农产品价格下降，农户就自己多吃一些，价格上升时，农户就把农产品售卖，市场价格波动给其带来的风险小，导致小农户对农业保险的需求比较小；大规模农户生产的目的是创造收入，因此与市场的联系更密切，对于市场价格的波动更为敏感。大规模农户由于规模化经营，要转入一定的土地、雇佣工人以及一定的业务外包，需要支付土地的租金、工人工资以及外包服务费，并且农业生产涉及多个生产环节，不能被标准化，对于工人工作以及外包服务不便于监督以及协调，生产过程中各环节出现的问题也不容易发现，导致了工人工作以及外包服务商降低工作的努力程度，滋生了机会主义及侥幸心理等问题。对于大规模农户来说，当发生风险时，风险会被放大。农业保险是抵御农业风险的重要措施，大规模农户更愿意参与农业保险来分散风险、减少损失。但是现阶段的农业保险仅能保障物化成本，发生风险时补偿能力有限，相对来说其风险保障水平比较低，没有切身贴合大规模农户需求，难以适应大规模农户高投入、高成本以及高风险的特征，没有很好地化解大规模农户的风险。

第4章　我国农业保险发展的区域异质性：基于空间视角的分析

2021年6月，《中华人民共和国乡村振兴促进法》正式实施，为“三农”工作提供有力的法治保障，能在整体上保证乡村振兴战略的政策效果。作为乡村振兴战略中农业支持保护制度的重要组成部分，农业保险对促进农业现代化，解决“三农”问题作用重大。2021年，中央一号文件明确提出，要扩大农业保险覆盖面，完善风险分散机制，提高保障水平，为推动农业保险高质量发展注入能量。

如第3章所述，我国农业保险自2007年以来在中央财政的大力支持下步入发展的快车道，截至2022年年底，我国农业保险保费已达1 192亿元，为1.67亿户次农户提供风险保障5.46万亿元。目前，我国农业保险的保费规模已经超越了美国，成为全球最大农险市场，为农村经济发展保驾护航起到了重要作用。然而，由于我国地域辽阔，各地区气候、地理等自然条件差异显著，市场主体经济发展水平不同，农业生产面临的风险不同，导致我国农业保险发展的区域差异明显。以2021年为例，我国农业保险密度最大省区是新疆维吾尔自治区为271.84元 / 人，最小省份是浙江省仅为21.41元 / 人，二者相差达近13倍①。

第1章文献综述已经提到，有不少学者对我国农险发展的空间格局及区域差异进行了相关的研究，主要观点包括我国农业保险业的区域发展不平衡，整体表现为农业保险模式较为成熟的省份优势突出，空间聚集特征较为显著。部分学者利用聚类分析法、Shapley 值分解法等方法从不同角度测量了我国农业保险发展的区域差异。但对于空间计量方法及收敛性分析在保险学中的应用还较为少见，学者

① 数据来源：利用中国银保监会网站公布数据计算所得。

们对保险区域差异、保险发展水平的研究较多，以农业保险为主体对象的研究较少，而从农业保险自身的重要性及特殊性来看，研究其市场结构与区域发展问题是很有必要的。同时，从空间相关性及收敛性入手，运用空间计量方法对我国农业保险的综合发展水平进行研究显得更为全面。在当前我国农业保险的市场结构为极高寡占型的情形下，各类因素的共同影响导致了农业保险发展的区域异质性。因此，如何在不减缓农业保险先发地区优势的条件下，缩小省域间农业保险综合发展水平的差距，促进后发地区农业保险的发展也成为空间异质性视角下研究农业保险高质量发展的热点之一。综上所述，本章拟构建农业保险综合发展指数，研究并分析农业保险发展的空间区域差异性问题，并试图探讨我国农险市场的均衡发展方向，为构建多层次农业保险机制提供证据。

4.1　农业保险发展评价主要指标选择及数据来源

4.1.1　指标选择

参考已有的研究，结合研究目标及数据的可得性，本章选用农业保险保费收入、农业保险保费增长率、农业保险的密度、农业保险的深度、农业保险的市场占有率、农业保险保障水平和赔付率这七个指标，通过变异系数法确定权重，从而构建农业保险综合发展评价指标，并以农业保险综合发展指数刻画我国农业保险2008—2021年的时空演变格局。选取这些指标的依据在于：农业保险保费收入、保费增长率和市场占有率属于规模水平指标，可以反映农业保险业发展的总体规模；农业保险深度和保险密度属于渗透度水平指标，可以从不同角度衡量农业保险渗透率发展水平；而农业保险保障水平和赔付率不仅体现了农业保险保障农民基本生活的能力，又测度了其责任主体的经济承受能力，可以评估农业保险保障效果。因此，本书构建的农业保险综合发展评价指标涵盖了各区域农业保险发展速度，同时兼具发展水平及覆盖面三个方面来测度农业保险综合发展水平，测度结果较为科学可信。

4.1.2　数据来源

因自2008年起农业保险补贴政策在我国广泛推行，本书拟选取2008—2021年全国大部分省、自治区、直辖市数据（由于西藏将牧民人身保险或其他涉农保险计入农业保险统计范围之内，造成其统计单位和其他省份不一致，故分析中将其数据删除，同时未包括港澳台地区），分析我国30个省域的农业保险空间收敛性问题。①

4.2 研究方法

4.2.1 信息量权重法

信息量权重法是一种客观赋权法，也称为变异系数法，其思想在于利用数据的变异系数进行权重赋值，变异系数能够消除测量尺度和量纲的影响。如果变异系数越大，说明其携带的信息越大，因而权重也会越大。本节通过 Stata.15分析软件计算各指标权重，并以此权重构建农业保险综合评价指标体系。

$$W_i = \frac{V_i}{\sum_{i=1}^{n} V_i} \tag{4-1}$$

式中，W_i 为 i 指标的权重；V_i 为 i 指标的变异系数；n 为指标数。

4.2.2 Kernel 密度估计方法

核密度估计作为求解密度函数未知的变量概率分布的一种重要的非参数方法，对数据分布不附加任何假定，是一种从数据样本本身出发研究数据分布特征的方法，不仅可以测度样本分布的整体形态，还能够反映样本分布的动态演变特征。$x_1, x_2, \cdots, x_i$ 为独立同分布 F 的 n 个样本点，设其概率密度函数为 f，核密度估计为以下：

$$\hat{f}(x) = \frac{1}{nh}\sum_{i=1}^{n} K\left(\frac{x_i - x_0}{h}\right) \tag{4-2}$$

式中，$K(\cdot)$ 为 k 维核函数（非负、积分为1，符合概率密度性质，并且均值为0）；h 为带宽；n 为观测数目；x_i 表示独立同分布的样本值；x_0 代表均值。

① 本书数据来源于各期《中国统计年鉴》《中国农村统计年鉴》《中国教育年鉴》以及中国银保监会官方网站等。此外，空间数据来源于省级矢量地图，空间权重矩阵构建采取 Queen 相邻矩阵，考虑到海南省的特殊位置及社会发展经济水准，设定其与广西相邻。

4.2.3　马尔可夫链

4.2.3.1　传统马尔可夫链

马尔可夫链（Markov Chain，MC）是一组具有马尔可夫性质的离散随机变量的集合。对概率空间内以一维可数集为指数集（index set）的随机变量集合，若随机变量的取值都在可数集内，则对于时间 t 的任意 n 个数值，Markov 链满足：

$$P\left\{X\left(t_n\right)\leqslant x_n\left|X\left(t_{n-1}\right)=x_{n-1}\right.\right\} \tag{4-3}$$

式中，$x_n\in R$，$X(t_n)$ 是在条件 $X(t_i)=x_i$ 下的条件分布函数。若农业保险综合评价指数转移概率只与状态 i 有关，而与 n 无关，就可以得到时齐的马尔可夫链。马尔可夫链是通过对应的转移概率定义的，转移概率指的是随机变量从一个时刻到下一个时刻的演变，如果将农业保险综合评价指数划分为完备不交叉的 n 个聚类，通过马尔可夫链能够得到一个 $n\times n$ 维的转移概率矩阵。转移概率表示 t 年农业保险综合评价指数为 i 类型的省份，在 t+1年的时刻转变为 j 类型的概率，其概率计算公式为：

$$P_{ij}^{t,t+1}=\sum n_{ij}^{t,t+1}\Big/\sum n_i^t \tag{4-4}$$

式中，n_i^t 代表样本数期间内第 t 年农业保险综合评价指数为 i 类型的省份数量总和；$n_{ij}^{t,t+1}$ 代表第 t 年为 i 类型且在 t+1年演化成为 j 类型的所有省份数之和。

4.2.3.2　空间马尔可夫链

将空间滞后概念引入传统马尔可夫链当中，得到空间马尔可夫链模型。空间马尔可夫链能全面考虑相邻区域对目标区域某个属性或状态所造成的溢出作用，可分析经济现象的时空演变与区域空间环境的内在关系。空间马尔可夫链分解为 n 个 $n\times n$ 的转移概率矩阵，以第 N 个条件矩阵为例，$P_{ij}(N)$ 表示以某区域在 t 年份的空间滞后因子 N 为条件，该年由状态 i 转移到 t+1年份状态 j 的空间转移概率。空间滞后项表达式为：

$$Lag_j=\sum^{n}Y_iW_{ij} \tag{4-5}$$

式中，Lag_j 代表空间滞后值，Y_i 代表空间属性值，W_{ij} 代表邻近矩阵权重。

4.2.4 基于β收敛的空间计量模型

经济增长的β收敛是指经济增长的速度和初期的经济水平之间具有负相关的关系，是不同经济区域之间长期的变动趋势。且β收敛分为绝对β收敛和条件β收敛两种类型，类比到农业保险市场，绝对β收敛即可以反映在同质的经济体内部，我国30个省域之间农业保险综合发展水平的增长速度与初始水平呈负相关，使得落后地区能够赶上发达地区，从而为缩小地区间经济差距提供了可能。条件β收敛在绝对β收敛的基础上加入了控制变量，能够避免遗漏解释变量，增强了特定地理现象或事物地区差异的解释能力，如果β显著且为负，则表明存在条件β收敛，即收敛于自身的稳定水平。

为区别于标准化模型，空间计量模型主要引入了空间权重矩阵$\boldsymbol{W}$进行修正，根据修正的方法不同构建了适用于截面数据的空间常系数回归模型，主要分为空间滞后模型（SLM）和空间误差模型（SEM）两种。

农业保险综合发展水平β收敛的空间滞后模型（SLM）表示为：

$$\ln\left(\frac{y_{i,\ T+t}}{y_{i,t}}\right)=\alpha+\beta\ln\left(y_{i,t}\right)+\rho\boldsymbol{W}\ln\left(\frac{y_{i\ \ T+t}}{y_{i,t}}\right)+\varepsilon_{i,t} \tag{4-6}$$

式中，$y_{i,t}$为i省第t年的农业保险综合发展水平测度值；$y_{i,T+t}$为i省第T+t年的农业保险综合发展水平测度值，T为时间跨度；α、β为待估参数；ρ为空间滞后系数，用来测量农业保险综合发展水平对空间的依赖程度；$\boldsymbol{W}$为空间权重矩阵；$\varepsilon_{i,t}$为随机误差项。

农业保险综合发展水平β收敛的空间误差模型（SEM）表示为：

$$\ln\left(\frac{y_{i,T+t}}{y_{i,t}}\right)=\alpha+\beta\ln\left(y_{i,t}\right)+\lambda\boldsymbol{W}\varepsilon_{i,t}+\mu \tag{4-7}$$

式中，待估参数中的β用于反映区域空间误差收敛的存在性及收敛速度；λ为空间误差系数；$\boldsymbol{W}$为空间权重矩阵；μ为随机误差项。

4.3 我国区域农业保险发展综合水平评析

4.3.1 农业保险综合发展指数构建

基于已有研究，本节从农业保险发展的规模（保费收入、保费收入增长率和市场占有率）、农业保险渗透度（保险密度、保险深度）、农业保险供给（农业保险保障水平、保险赔付率）几个层面，构建农业保险综合发展评价指标，通过测算该指标，进而对我国省域视角下农业保险的时空格局进行综合评价。根据公式4-1确定权重，表4-1中列出了2008、2012、2016、2021年各指标对应的权重。

表4-1　农业保险综合发展评价体系

主要指标	指标说明	权重			
		2008 年	2012 年	2016 年	2021 年
农业保险保费收入增长率 /%	保费增长率 =[（本年农险保费收入 / 上年农险保费收入）−1]×100%	0.145 8	0.229 6	0.276 6	0.151 0
农业保险保费收入 / 亿元		0.147 4	0.131 9	0.136 8	0.123 6
农业保险密度 /（元 / 人）	保险密度 =（农业保费收入 / 人口总数）×100%	0.187 5	0.139 1	0.145 9	0.158 5
农业保险深度 /%	保险深度 =（农业保费收入 / 农林牧渔业总产值）×100%	0.156 3	0.142 1	0.107 7	0.206 1
农业保险保障水平 /%	保障水平 =（农业保险总保额 / 农林牧渔业总产值）×100%	0.144 4	0.161 3	0.117 4	0.173 3
农业保险赔付率 /%	赔付率 =（农业保险赔付支出 / 农业保险保费收入）×100%	0.051 3	0.061 4	0.041 2	0.044 5
农业保险市场占有率 /%	市场占有率 =（农业保险保费收入 / 财产保险保费收入）×100%	0.167 3	0.134 5	0.174 4	0.143 1

数据来源：经作者计算整理所得。

利用各指标对应的权重可以求出各省每年的农业保险综合评价指数。为了更直观更动态地观察农业保险发展的空间格局，本节选取2008年作为观察起始年；2012年，国务院发布《农业保险条例》，支持发展多种形式的农业保险，健全农业保险制度；2016年财政部发布《关于加大对产粮大县三大粮食作物农业保险支持力度的通知》，进一步提高对产粮大县的农业保险保费补贴比例，政策实施后，财政对农业保险保费的补贴比例中西部地区由40%提高至47.5%，东部地区由35%提高至42.5%；同时，考虑数据的可得性，以2021年作为观察的终点年份，选择2008

年、2012年、2016年、2021年的农业保险综合评价指数（C值）作为观察节点进行分析（见表4-2）。

表4-2　2008年、2012年、2016年、2021年各省农业保险综合评价指数排名

地区	2008年		2012年		2016年		2021年	
	C值	排名	C值	排名	C值	排名	C值	排名
北京	3.424	7	4.278	9	4.995	18	11.405	23
天津	0.774	25	1.239	28	3.220	25	8.165	27
河北	2.505	9	5.543	8	7.651	10	17.504	10
山西	0.780	24	2.170	21	3.489	23	12.125	19
内蒙古	10.288	2	13.365	1	23.137	3	42.510	2
辽宁	2.503	10	3.607	13	7.453	12	16.818	13
吉林	5.539	5	5.957	6	10.099	4	29.532	4
黑龙江	9.320	3	12.621	2	52.230	1	36.462	3
上海	2.287	12	3.376	14	4.800	19	8.432	26
江苏	2.737	8	3.771	11	5.455	15	16.573	14
浙江	1.038	19	1.802	24	2.757	27	5.323	29
安徽	2.118	13	6.520	5	8.288	9	16.834	12
福建	0.560	28	1.669	25	2.347	28	4.430	30
江西	0.728	26	2.896	17	3.749	21	13.118	18
山东	1.489	16	2.716	19	5.354	16	14.829	16
河南	2.003	14	3.735	12	8.301	8	18.092	9
湖北	2.378	11	1.900	22	1.632	30	12.000	21
湖南	5.801	4	5.560	7	9.355	6	19.326	8
广东	0.900	22	1.474	26	3.002	26	12.074	21
广西	1.289	17	0.733	30	4.057	20	16.249	15
海南	0.919	21	2.979	16	6.488	13	24.584	6
重庆	1.547	15	1.242	27	1.991	29	5.776	28
四川	3.876	6	7.190	4	9.881	5	14.481	17
贵州	0.554	29	0.906	29	3.669	22	9.970	24
云南	1.197	18	3.228	15	5.254	17	9.025	25

表4-2（续）

地区	2008 年		2012 年		2016 年		2021 年	
	C 值	排名	C 值	排名	C 值	排名	C 值	排名
陕西	0.876	23	1.806	23	3.473	24	11.649	22
甘肃	0.570	27	2.896	18	5.979	14	17.496	11
青海	0.547	30	2.406	20	7.516	11	28.264	5
宁夏	1.034	20	3.886	10	9.228	7	20.885	7
新疆	14.097	1	9.944	3	27.028	2	51.893	1
均值	2.789		4.047		8.396		17.527	

数据来源：经作者计算整理所得。

由表4-2可知，内蒙古、黑龙江、新疆三省（自治区）的农业保险综合评价指数均位列前三。内蒙古、黑龙江和新疆作为我国的农业大省（自治区），农业经济稳定而健康的发展对于国民经济平稳发展至关重要，加之频繁发生的自然灾害对其农业生产造成重大损失，为控制农业生产和农村发展过程中的风险，使得农业保险迅速发展。而我国多数经济发达地区，农业保险综合评价指数排名靠后，原因可能是产业结构差异导致传统农业保险需求较低。此外，一些传统农业大省，政策性农业保险试点时间较长，如四川、湖南等综合发展指数均位于全国中上水平。

4.3.2　我国农业保险发展区域差异的时空格局

通过测算2008—2021年农业保险合评价指数的 Gini 系数、VAR（变异）系数以及 Theil 指数来分析我国各省域农业保险区域发展差异。由表4-3可以看出，我国农业保险发展存在较大的区域差异。Gini 系数最大值为2009年的0.529，最小值为2021年的0.311，2008—2021年我国农业保险综合评价指数的 Gini 系数呈现波动下降趋势，这意味着农业保险发展虽然存在区域差异，但其区域间的差距呈现逐步缩小趋势。同时，Theil 指数由2008年的0.470下降到2021年的0.162，VAR 指数由2008年的1.160下降到2021年0.622，这些指数皆表现出下降的态势。

表4-3　农业保险综合评价指数区域差异测度

年份	Gini	VAR	Theil
2008	0.515	1.160	0.470
2009	0.529	1.154	0.489
2010	0.418	1.409	0.290
2011	0.471	1.055	0.393
2012	0.390	0.790	0.253
2013	0.410	0.915	0.302
2014	0.396	0.925	0.292
2015	0.380	0.866	0.265
2016	0.453	1.187	0.413
2017	0.351	0.745	0.213
2018	0.343	0.711	0.198
2019	0.355	0.769	0.220
2020	0.354	0.766	0220
2021	0.311	0.622	0.162

数据来源：经本书计算整理所得。

由图4-1可以明显看出，我国各省域农业保险综合评价指数具有显著的空间非均衡特征；从时序演变特征来看，2008—2021年，我国农业保险得到了较快的发展，农业保险综合评价指数得到较大的提高，但省际间的农业保险发展差距十分明显，非均衡特征显著存在。2008—2021年，黑龙江、内蒙古和新疆三个省（自治区）的农业保险发展水平始终名列前茅，相比较而言，华南地区和一些沿海城市（如广东、福建、上海等）的农业保险发展水平有显著的进步空间。此外，不同省份的农业保险发展水平随着时间的推移有不同程度的变化。四川、安徽和河北三省的农业保险发展水平在2008—2012年有明显的上升趋势，新疆维吾尔自治区、青海省、内蒙古自治区的农业保险发展水平在2021年有显著提高，湖南、吉林等农业大省在2008—2021年农业保险发展一直保持在中高等水平。

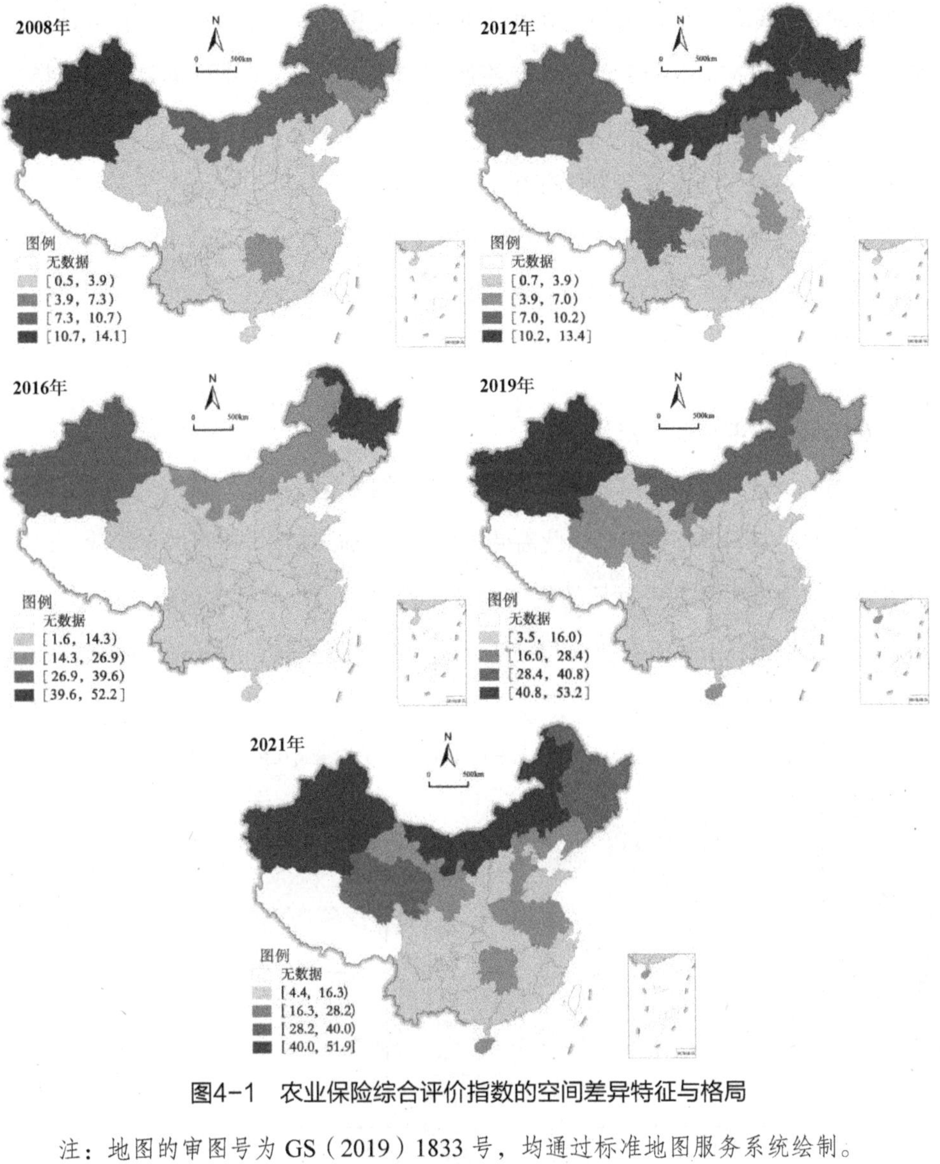

图4-1　农业保险综合评价指数的空间差异特征与格局

注：地图的审图号为 GS（2019）1833 号，均通过标准地图服务系统绘制。

4.4　空间视角下我国农业保险发展区域差异测度

4.4.1　我国农业保险发展的空间自相关分析

4.4.1.1　全局空间自相关分析

全局 Moran's I 统计量是用来度量空间自相关的全局指标，通常反映的是空间邻接或者空间邻近的区域单元属性值的相关程度。本节运用 Geoda 软件计算出2008—2021年的 Moran's I 统计量。二进制邻接矩阵中我国农业保险综合评价指数2008年为0.044，2012年为0.173，2016年为0.206，2021年为0.389，这说明我国各省份之间的农业保险业综合发展存在空间自相关，在分析与讨论农业保险发展的问题上不能忽视地理因素和空间效应。从时间顺序来看，Moran's I 值呈现出波动上升的趋势，从2008年的0.044上升到2021年的0.389，表明2008—2021年间农业保险的空间相互作用一直存在并有增强趋势。

4.4.1.2 局部空间自相关分析

全局 Moran's I 指数不能检验特定区域的自相关性，只能检验整个研究区域农业保险发展的空间自相关性，因此需使用局部 Moran's I 指数进行局部检验，以分析研究农业保险发展在空间里的集聚情况。利用 GeoDa 软件，分别绘制了2008、2012、2016和2021年我国农业保险综合评价指数的莫兰散点图，分析局部空间自相关性，如图4-2至图4-5所示。

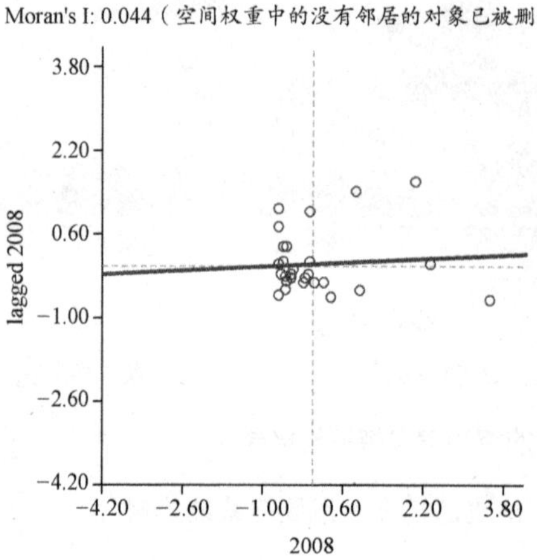

图4-2 2008年我国农业保险综合评价指数的 Moran's I 散点图

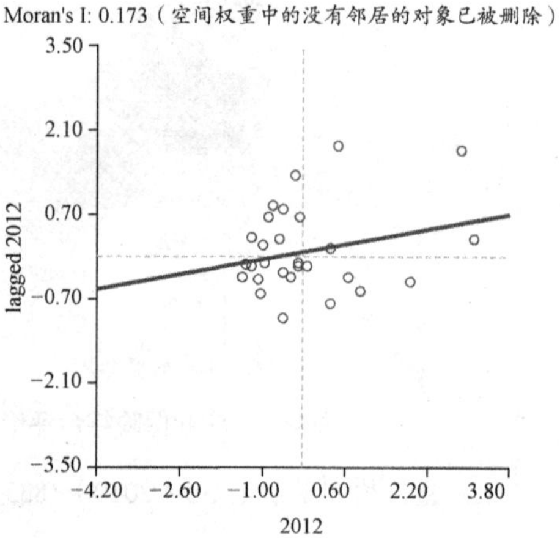

图4-3 2012年我国农业保险综合评价指数的 Moran's I 散点图

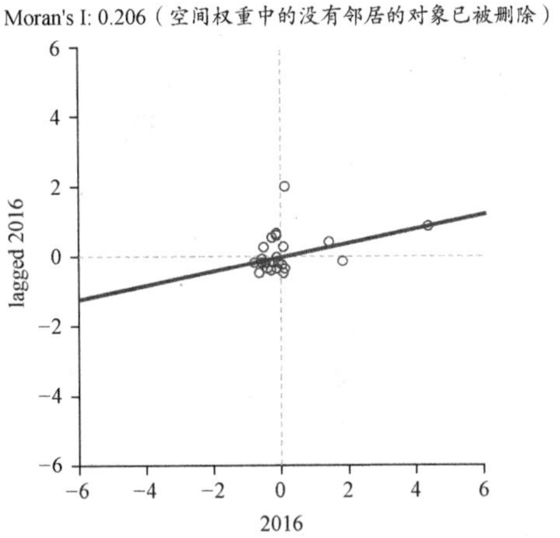

图4-4　2016年我国农业保险综合评价指数的 Moran's I 散点图

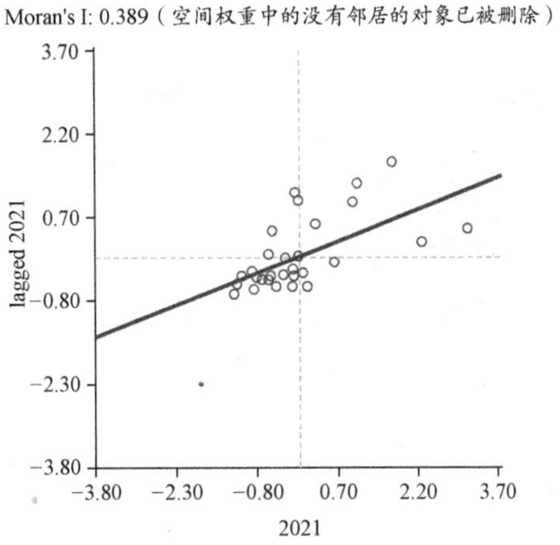

图4-5　2021年我国农业保险综合评价指数的 Moran's I 散点图

从四副莫兰散点图可以看出，在2008—2021年间随着时间的推移，农业保险发展局部空间相关性虽然略有不同，但是变化幅度相对较小，区域间农业保险发展水平的空间格局相对稳定，大多数省份位于第一象限和第三象限，即呈现高高集聚和低低集聚状态，说明临近区域农业保险发展水平相似，即在局部空间里，我国农业保险区域发展存在着较强的正自相关关系，与全局空间自相关检验的结果保持一致。

莫兰散点图可以初步检验局部空间自相关性，但无法具体描述各聚集状况的显著性程度，因此，本节将基于 Queen 相邻权重矩阵，利用 GeoDa 软件得出 LISA 聚类分布图，进一步对莫兰散点图进行可视化描述，如图4-6所示。

由 LISA 聚类图可知，我国部分省域农业保险综合评价指数有明显的空间聚集效应。2008、2012、2016和2021年，农业保险发展主要以黑龙江、吉林两省为中心，与周边的内蒙古自治区、辽宁省等省份共同组成的农业保险综合评价指数高高集聚区。低低集聚区在2012年农业保险发展以海南为中心，与其周边的广西、广东等省份组成；在2016年农业保险发展以福建省为中心，与周边的江西、浙江、广东等省而组成。2021年农业保险发展则以甘肃省为中心，与其周边的青海、宁夏等省区共同组成农业保险综合评价指数低高集聚区。

综合分析莫兰散点图以及 LISA 聚类图可知，我国大多数地区农业保险发展位于同类集聚区内，其中一些地区表现出明显的空间集聚效应。因此，我国区域间农业保险发展存在空间自相关性。

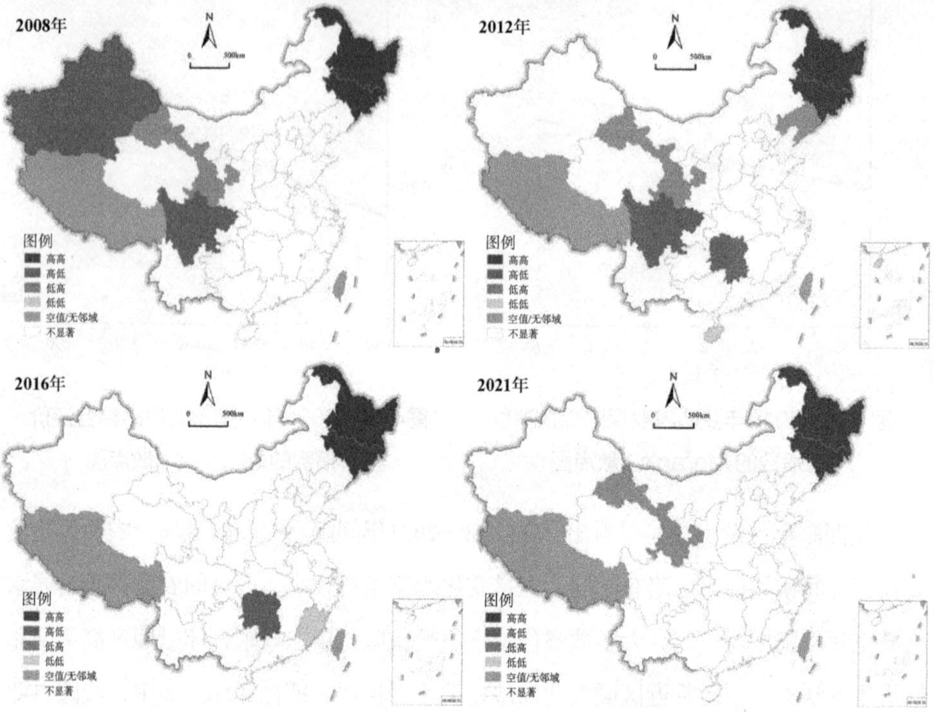

图4-6　2008—2021年农业保险综合评价指数 LISA 聚类图

注：地图的审图号为 GS（2019）1833 号，均通过标准地图服务系统绘制。

4.4.2　农业保险综合评价指数的 Kernel 密度估计

图4-7为全国农业保险综合评价指数分时段的 Kernel 密度估计图。从整体来看，农业保险综合评价指数的核密度分布曲线呈现出右移的趋势，其时段性特征十分明显，曲线由2008年的陡峭形状转变为2021年的相对平滑，2016、2021年的核密度函数曲线向右延伸的现象十分明显，且移动幅度较大，说明我国农业保险综合评价指数得到较大提升；核密度函数的主峰逐渐下降，说明我国各省域农业保险发展的差距逐步缩小。分时段来看，2021年的变化区间明显变大，2008年核密度函数峰度较高，在之后的时间里呈现持续下降的演变趋势，且下降趋势速度较快；同时向右拖尾的面积逐渐增大。

从东、中和西部地区的农业保险综合评价指数的分时段比较来看，三个地区在形态上各有不同，如图4-8至图4-10所示。2008—2021年期间，东部、中部和西部地区的农业保险综合评价指数核密度估计曲线均呈现出整体向右偏移的形态，主峰宽度主要呈现出“增宽”的演进特征，这表明各省域农业保险综合评价指数较为接近，但个别省域保险发展水平较高。同时，东部和西部地区评价指数分布的区间变化相比形态变化更为显著，样本观察期间核密度函数的主峰明显下降，说明我国东部、西部地区农业保险综合发展指数的差距呈逐渐降趋势；2008年东部、西部地区农业保险综合评价指数核密度曲线为高峰且陡峭，而到了2021年，则表现为低峰且平滑的分布形态。另外，东部、中部、西部地区核密度曲线的右侧均有明显的“长尾”现象，意味着该区域农险发展存在内部差异。

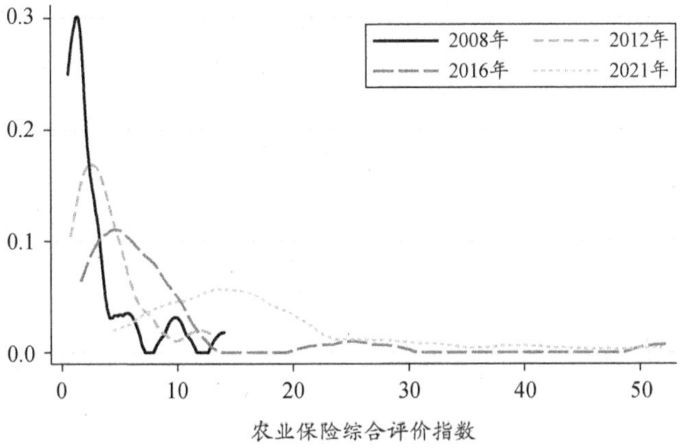

图4-7　全国农险综合评价指数的分时段比较

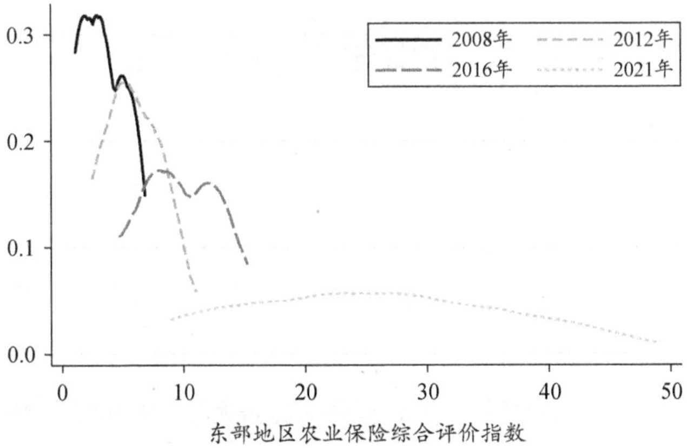

图4-8　东部地区农险综合评价指数的分时段比较

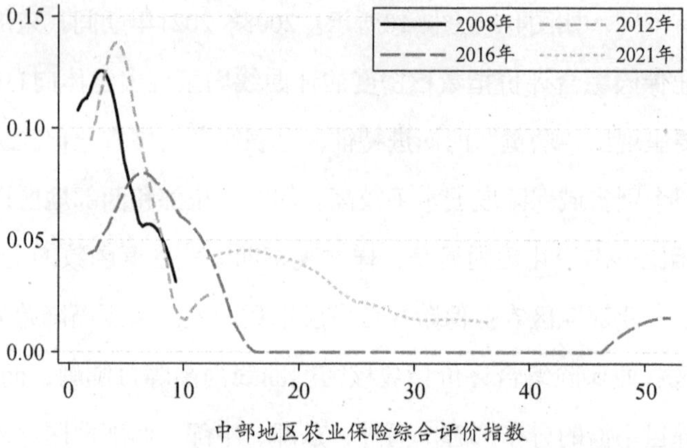

图4-9　中部地区农险综合评价指数的分时段比较

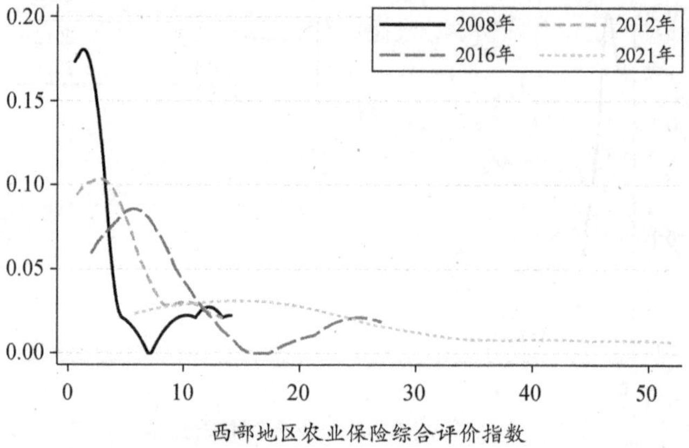

图4-10　西部地区农险综合评价指数的分时段比较

4.4.3　农业保险综合评价指数马尔可夫链转移特征分析

4.4.3.1　传统马尔可夫链

基于2008—2021年我国农业保险综合评价指数的大小差异，以1/4、1/2和3/4分位点为界线，将农业保险综合评价指数划分为低水平、中低水平、中高水平和高水平四种类型，通过 Matlab 软件，计算农业保险综合评价指数传统的马尔可夫转移概率矩阵。

从表4-4可以看出，对角线上的转移概率显著大于非对角线上的转移概率，说明区域间农业保险的发展具有一定的稳定性，要在短期内取得跨越式的提升发展概率较小。同时，对角线两端的概率值最大，分别为0.705和0.950，即对角线处于低水平和高水平的地区稳定性最高，存在向高水平和低水平收敛的趋势。此外，由对角线右上方的转移概率总体大于其他部分，说明我国各省域间农业保险的发展总体有向上转移的趋势，中低水平、中高水平以及高水平向下转移的概率分别为0.115、0.100和0.050，远小于保持稳定和向上转移的概率。

表4-4　农业保险综合评价指数的传统 Markov 链概率转移矩阵

$t/t+1$	低水平	中低水平	中高水平	高水平
低水平	0.705	0.257	0.028	0.010
中低水平	0.115	0.577	0.289	0.019
中高水平	0.010	0.090	0.670	0.230
高水平	0.000	0.025	0.025	0.950

数据来源：经本书计算整理所得。

4.4.3.2　空间马尔可夫链

传统的马尔可夫链未考虑空间效应与农业保险发展演变的关联性，而空间中的各区域间不是相互独立以及分散的，故需要将空间效应加入传统的马尔可夫链中，计算空间马尔可夫转移概率矩阵，来进一步描述农业保险发展的空间演变特征。

表4-5　2008—2021年农业保险综合评价指数的空间 Markov 转移概率矩阵

空间滞后	$t/t+1$	低水平	中低水平	中高水平	高水平
低水平	低水平	0.720	0.240	0.040	0.000
	中低水平	0.467	0.267	0.133	0.133
	中高水平	0.000	0.200	0.600	0.200
	高水平	0.000	0.333	0.000	0.667
中低水平	低水平	0.791	0.186	0.023	0.000
	中低水平	0.083	0.611	0.306	0.000
	中高水平	0.000	0.192	0.654	0.154
	高水平	0.000	0.100	0.100	0.800

表4–5（续）

空间滞后	$t/t+1$	低水平	中低水平	中高水平	高水平
中高水平	低水平	0.333	0.584	0.000	0.083
	中低水平	0.049	0.707	0.244	0.000
	中高水平	0.027	0.054	0.757	0.162
	高水平	0.000	0.000	0.048	0.952
高水平	低水平	0.000	0.000	0.000	0.000
	中低水平	0.000	0.417	0.583	0.000
	中高水平	0.000	0.031	0.594	0.375
	高水平	0.000	0.000	0.000	1.000

数据来源：经本书计算整理所得。

通过对比传统马尔可夫链和空间马尔可夫链可知，空间地理背景对农业保险发展水平的空间动态演变有一定的影响。加入空间效应的空间马尔可夫概率转移矩阵与传统的转移矩阵不同，如传统马尔可夫转移矩阵中，农业保险发展中低水平区域向下转移的概率仅为0.115，但在考虑了空间效应后，其向下转移的概率可能升至0.467，也可能降至0，说明空间地理因素对农业保险的动态演进有一定影响。不同邻域背景下，其对农业保险综合评价指数的转移产生的影响不同，如农业保险低水平地区保持稳定，不发生转移的概率，在四种不同的邻域背景下各不相同，当其与低水平区域相邻时，其保持稳定的概率为0.720，若其与中高水平区域相邻，则该概率变为0.333。此外，当某地区与农业保险发展高于自身水平邻接时，其向上转移的概率增大，反之则会减小。例如，农业保险高水平区域保持稳定的概率，在高水平邻域背景下为100%，但随着邻域背景农业保险水平的下降，其保持稳定的概率也在不断降低，最终下降至0.667；农业保险中高水平区域，在与高水平区域邻接时，其向下转移的概率仅为0.031，但当其与低水平区域相邻时，其向下转移的概率增加至0.2。

为检验空间效应与农业保险的动态演变之间的相关性是否具有统计学上的显著意义，需进行相关检验。

$$Q = -2\log\left(\prod_{l=1}^{k}\prod_{i=1}^{k}\prod_{j=1}^{k}\left(\frac{P_{ij}}{P_{ij}(l)}\right)^{n_{ij}(l)}\right) \quad (4\text{-}8)$$

式中，P_{ij}、$P_{ij}(l)$、$n_{ij}(l)$ $(l=1, 2, \cdots, k)$ 分别为不考虑空间格局的转移概率、邻域类型为 l 的转移概率及对应的样本量。统计量 Q 服从自由度为 $k(k-1)^2$ 的卡方分布。最终计算结果通过了1% 显著性水平下的检验，故农业保险的转移与邻近地区存在显著的空间相关性，用空间马尔可夫转移矩阵的解释效果优于传统马尔可夫链。

4.5　农业保险发展空间区域差异的收敛分析

4.5.1　基于绝对 β 收敛模型的空间计量分析

通过前文选用农业保险综合发展指数从我国农险综合发展水平、规模的方向对其时空格局进行了分析，虽然从宏观上把握了我国30个省域之间农业保险的发展趋势，也反映出了其发展过程中存在地区差异，但仅仅说明我国30个省域之间农业保险综合发展水平存在收敛趋势，不足以揭示我国农业保险的收敛事实，仍需要通过 β 收敛模型更确切地指出其收敛关系。因此，本节拟采用 Anselin 的方法，对我国农业保险发展的空间收敛性进行深层次研究。

本节利用 GeoDa 软件得出绝对 β 收敛模型的相关数据如表4-6所示，并通过对模型间结果的对比分析，考虑是否要进行空间计量模型的选择，同时确定省域间农业保险发展收敛性的最适模型。

表4-6　绝对 β 收敛空间计量模型估计结果

模型参数	标准化模型	空间滞后模型	空间误差模型
α	2.486 3***	2.090 0***	2.504 6***
β	−0.623 2***	−0.644 3***	−0.727 5***
ρ		0.192 9	
λ			0.729 2***
LogL	−19.077 9	−18.503 9	−13.528 1
AIC	42.155 8	43.007 7	31.056 2
SC	44.958 2	48.211 3	33.858 6
R^2	0.600 9	0.619 3	0.767 7

表4-6（续）

模型参数	标准化模型	空间滞后模型	空间误差模型
LMLAG		1.034 3	
R–LMLAG		1.752 4	
LMERR			7.968 4**
R–LMERR			8.686 6**

注：*** 和 ** 分别表示在 1%、5% 的统计水平上显著。

从表4-6的相关数据可知，标准化方程的 β 收敛模型的回归系数为 –0.623 2，其数值小于0，且 P 值在1% 的统计水平上是显著的，其表示我国30个省域之间农业保险综合发展水平的增长速度与初始水平呈负相关，即在研究区域内存在绝对 β 收敛。通过对比各模型自然对数似然函数值 LogL、施瓦茨准则 SC、赤池信息准则 AIC 的值，发现 SLM 模型和 SEM 模型的 LogL 值均大于标准化方程的 β 收敛模型的 LogL=–19.077 9，SEM 模型的 SC=33.858 6，AIC=31.056 2，均为三个模型中的最小值；并且 SLM 模型和 SEM 模型的拟合效果 R^2 也优于标准化方程的 β 收敛模型。此外，对比拉格朗日乘数和稳健性检验值发现，SEM 模型的拉格朗日乘子 LMERR 在5% 的统计水平上显著，而 SLM 模型的拉格朗日乘子 LMLAG 不显著，SEM 模型的稳健性检验值 R–LMERR 在5% 的统计水平上显著，SLM 模型的稳健性检验值 R–LMLAG 不显著。综上所述，本节选用空间误差模型 SEM 模型进行相应分析。

4.5.2 基于条件 β 收敛的空间计量分析

诚如前述，条件 β 收敛模型可以看作对绝对 β 收敛模型的一种稳健性检验，在增加一些变量的基础上以进一步验证绝对 β 收敛模型。

4.5.2.1 变量解释说明

以农业保险收敛性指标为被解释变量，用农业保险综合指数增长率的平均值衡量，即 i 省第 t+T 年农业保险综合发展指数对数与 i 省第 t 年农业保险综合发展指数对数的差值。解释变量为期初农业保险综合发展指数指标，用 i 省第 t 年的农业保险综合发展水平指数对数来表示。

控制变量有农业保险赔付率指标（IND），用当地农业保险赔款额与农业保险保费收入的比值表示；农民收入水平指标（INC），用农村居民人均纯收入表示。风险受灾率指标（PER），用当地农作物受灾面积与播种面积之比表示；产业结构指标（INS），用当地农林牧渔业总产值与生产总值之比表示；农业保险补贴指标（SUB），用当地农业保险保费补贴与当地农林水事务支出之比表示。

4.5.2.2　条件 β 收敛空间计量模型估计结果

考虑到进行绝对 β 收敛模型研究分析时选定的最佳模型是 SEM 模型，故拟继续采用 SEM 模型进行条件 β 的收敛性分析，分析结果如表4-7所示。

表4-7　条件 β 收敛空间计量模型估计结果

变量	系数	标准差	Z 检验
α	2.6900***	0.4794	5.6102
β	−0.7260***	0.0924	−7.8553
IND	−0.2661**	0.2742	−0.9704
INC	−0.0001	0.0001	−1.1411
PER	0.3162	0.3760	0.8416
INS	1.1452	1.0314	1.1103
SUB	−6.5558	8.6387	0.0759
LAMBDA	0.5492***	0.1722	3.1890
R−squared=0.8112			

注：*** 和 ** 分别表示在 1%、5% 的统计水平上显著。

4.5.2.3　结果分析

根据条件 β 收敛空间计量模型显示，回归系数为 −0.726 0小于0，即说明我国30个省域之间农业保险的综合发展存在条件收敛，且在1% 的统计水平上显著。同时，在引入控制变量之后，模型的拟合优度 R^2=0.811 2，得到了一定的优化，说明 SEM 的选取是合理的。

从5个控制变量系数来看，各个控制变量的显著性依据其对收敛稳态性的影响程度的差异而有所不同。第一，风险受灾率 PER 和产业结构 INS 及农业保险补贴 SUB 对农业保险综合发展水平呈正向影响，但是其并未通过10% 的显著性检验，说明容易受到自然灾害威胁的地区以及农林牧渔业在经济中占比大的地区，农业保险需求量虽然较大，但地理环境优越且经济发达地区有更多的技术资源，说明受灾率和产业结构对于缩小区域间农业保险发展水平差距的影响力较小。第二，农户人均纯收入 INC 指标系数为负，说明在我国30个省域之间这些指标存在地区差异。例如东部地区农户的人均纯收入比中部、西部地区的农户要高。第三，农业保险赔付率指标 IND 系数为负，说明我国30个省域之间的保险赔付率存在地区差异，政策倾斜于东部地区，这在一定程度上会对我国农业保险的均衡发展的收敛造成影响，同时也将对各地农业保险补贴政策及保险公司供给提供重要的指引。

4.5.3 分区域检验模型的确定

检验俱乐部收敛应确保小区域所在的整个大区域处于条件收敛状态。基于此，本书将我国30个省域划分为东中西三部，若存在俱乐部收敛，则表示在东中西三大区域的内部农业保险的发展存在绝对收敛。

表4-8 农业保险综合发展指数空间相关性检验结果

参数	东部	中部	西部
LMLAG	2.5745 （0.1086）	1.7553 （0.1852）	0.6055 （0.4365）
R–LMLAG	4.9572** （0.0260）	3.5589* （0.0592）	2.7896* （0.0949）
LMERR	0.1985 （0.6559）	0.4023 （0.5260）	2.4632 （0.1165）
R–LMERR	2.5811 （0.1081）	2.2058 （0.1375）	4.6473* （0.0311）

注：括号内为 *P* 值，**、* 分别表示在 5%、10% 的统计水平上显著。

为了更好地解释农业保险发展是否存在空间俱乐部收敛，在此按我国30个省域的东、中、西三大区域，分别进行俱乐部收敛检验。首先，对农业保险综合发展指数的空间相关性进行检验，并根据 Anselin（1988）提出的判断准则选择合适模型。然后，根据表4-8的相关结果可得出不同区域之间的检验适用于不同的空间计量模型，其中东部和中部适用于 SLM 模型，而西部则应选择 SEM 模型。具体而言，东部和中部区域 SLM 模型的 LMLAG 和 *R*-LMLAG 检验值的显著性略微优于 SEM 模型对应的检验值；相反，西部区域的其 LMERR 和 *R*-LMERR 检验值的显著性略微优于 LMLAG 和 *R*-LMLAG，故中部和西部区域应选择空间误差模型 SEM 进行估计。

4.5.4　空间俱乐部收敛结果及分析

表4-9　农业保险发展的空间俱乐部收敛结果

参数	东部		中部		西部	
	SLM	SEM	SLM	SEM	SLM	SEM
α	3.021 6***	2.366 7***	3.312 0***	2.624 3***	1.657 6***	2.772 6***
β	−0.474 4**	−0.623 9***	−0.660 1***	−0.697 9***	−0.857 0***	−0.754 1***
ρ	−0.466 4***		−0.372 5		0.448 6**	
λ		0.297 9		0.397 7		0.666 1**
R^2	0.648 3	0.423 4	0.929 6	0.902 3	0.718 6	0.792 0
稳态值	2.049 4	1.457 4	1.995 1	1.545 6	0.892 6	1.580 6
收敛速度 /%	4.95	7.52	8.30	9.21	14.96	10.79
半生命周期 / 年	14.01	9.21	8.35	7.53	4.63	6.42

注：***、**、* 分别表示在 1%、5%、10% 的统计水平上显著。

表4-9中东部、中部和西部三大区域的 β 系数全为负，且均通过了1% 或5% 的统计水平的检验，说明我国省域间农业保险的发展差异在空间上具有明显缩小的趋势，存在绝对 β 收敛，即在东中西三大区域内存在俱乐部收敛。但由于各区域内资源禀赋、保费补贴政策差异、社会经济发展水平等存在明显差异，其空间收敛的路径和速度也呈现出差异。

具体来看，我国农业保险在三大区域的 β 系数分别为 −0.474 4、−0.660 1 和 −0.754 1，各自的收敛速度分别为4.95%、8.30% 和10.79%，收敛速度最快的是西部地区，收敛速度最慢的是东部地区，说明后发地区的农业保险具有较大的发展潜力，先发地区的农业保险的发展在一定程度上发挥了空间溢出效应，区域内部省域之间的农业保险发展整体水平呈现出逐渐缩小的态势。总体来说，我国东、中、西三大区域内部中有明显的俱乐部收敛趋势。

4.6 小　结

根据以上从不同维度对我国农业保险发展的时空格局进行探索。不难发现，我国农业保险的综合发展水平呈逐年上升的趋势，但是东部、中部、西部各省区之间差异较大，长期则趋于稳态收敛发展。这在一定程度上验证了前述的增长极理论和循环因果积累理论。由此可见，一方面，农业保险后发地区可利用区域间要素的合理流动和配置，充分利用相邻省区的优势要素溢出效应，利用好后发优势，以促进农业区域保险均衡发展。另一方面，政府也应根据各省区的风险特征、资源禀赋等客观因素差异实施多层次、特色化、因地制宜的农业保险政策。保险公司也应实施差异化的农业保险经营模式或提供差异化的保险产品和服务，满足不同主体的保险需求。

第5章　我国农业保险供给的异质性：基于政府补贴与保险公司视角的分析

众所周知，农业保险因其准公共物品的特性，政府的财政补贴政策成为确保广泛推行的重要供给。如前所述，在农业保险运行过程中，农户、保险公司、政府三方行为主体相互之间有着不同的利益诉求。农业保险的双重外部性及准公共物品的特征，政府为农户及保险公司提供补贴支持，以达到保障农民收入、稳定农村经济、服务民生的目的；农户在获得保费补贴后，可能会增加对农业保险的有效需求，以获取有效的风险保障，这样则使得原来难以分散的农业风险可以满足大数法则的要求，加之，政府的税费优惠及巨灾兜底等措施，使保险公司产生了供给农业保险产品的这一意愿。然而，一方面，各地产业结构、农业风险、财政实力存在巨大的差异，中央政府与地方政府之间很可能在补贴供给方面存在一定的分歧；另一方面，在当前农户主体逐渐分化的背景下，小农可能存在有效需求不足，而新型农业经济主体则存在保障水平不足等新问题，农户在生产资料有限的情况下，针对政府的补贴及保险公司的异质性供给会作出怎样最优决策？尤其是在“保险＋期货”逐渐推广的背景下，将对保险公司、农户、政府的收益和支付产生哪些影响？本章将重新审视异质性视角下的三者关系，厘清农业保险主体行为的逻辑推演及理论模型，考察其“需求分化”“利益互动”及“效用获取”的动态博弈下的行为决策理论模型，并分别从政府补贴与保险公司角度展开实证分析。

5.1 农户、政府、保险公司三方博弈模型构建

5.1.1 问题描述与假设

考虑到农业保险面向从事农业生产的农户，相较于传统的农业保险的体系，存在小规模农户投保农业保险不足，且农业保险的保障程度无法满足大规模农户的现象，因此，本节拟区分农户规模异质性，优化农业保险兜底农业生产的资源配置。同时，根据各地区域经济发展水平差异，中央及地方政府通过对各地农业保险提供差异化的制度供给，如采取差异化补贴，以鼓励农户积极投保。因此，各级政府的供给行为将对农业保险体系产生重要影响。同时，从事农业生产的农户往往存在无法从事其他生产活动而产生的机会成本，因此农户往往出于自身收益最大化的角度考虑农业生产的投入禀赋。保险人通过向农户收取保费以及发生风险时进行赔偿，其目标同样为自身收益最大化考虑。据此，在农户、保险人、地方政府的三方博弈模式下，如何据此构建多层次农业保险机制，优化农业保险发展路径是亟待解决的问题。针对上述问题，做出如下假设：

假设1：政府用于扶持地方农业发展财政支出的有限性，设财政补贴最高为 S，分别用于农户购买农业保险补贴，以及农户生产农业产品的直接补贴。

假设2：将农户从事的生产分为农业生产与非农业生产，其初始禀赋投入与生产回报为正相关，且大规模农户农业生产单位禀赋投入的效率高于小规模农户。

假设3：理性人假设，保险人与农户均以自身效用最大化为目标，且农户为风险规避型，其风险波动系数为 δ。

假设4：市场中存在 m 个小规模农户，n 个大规模农户（如新型农业经营主体），政府与保险人且单个农户行为的变化导致保险人资金变动以及地方政府支出变动忽略不计。

5.1.2 模型参数设置

由上述假设1，设地方政府的行为集合为 (S_1, S_0)=（补贴，不补贴），当地方

政府处于 S_1 状态时，对农户的保费补贴支出为 $S_{1-1}=\sum_{i=1}^{m}\alpha\pi M_{i-ins}+\sum_{j=1}^{n}\alpha\pi M_{j-ins}$，式中，$M_{i\text{-}ins}$、$M_{j\text{-}ins}$ 分别为任意小规模农户 i 和任意大规模农户 j 的农业保险标的种植面积，π 为农业保险中单位种植面积所需保费，α 为地方财政对农业保险的补贴比例。对农户直接生产补贴为 $S_{1-2}=\sum_{i=1}^{m}sM_i+\sum_{j=1}^{n}sM_j$，式中，$M_i$、$M_j$ 为任意小规模农户 i 和任意大规模农户 j 农业生产种植面积，s 为每单位农业种植面积补贴。设中央政府给予地方政府用于补贴农业生产的财政支出上限为 S，则有 $S_{1\text{-}1}+S_{1\text{-}2}\leqslant S$，且有 $M_{i\text{-}ins}\leqslant M_i$，$M_{j\text{-}ins}\leqslant M_j$。最后，为助力于地方农业保险工作的开展，中央政府将对地方政府投保进行补偿 S，m、n 分为中央政府对地方政府每单位农业生产与投保农业保险补偿额度。

保险人以自身收益最大化为目标，其状态包括农业风险事故发生时的承保状态以及未发生时的未承保状态，(A_1, A_0)=（承保，不承保），不妨令农业保险出险概率为 q。再次，保险人分别向期权公司以每单位农产品产量支付期权费 p_l，行权价格为 k_l 的方式购买看跌期货期权，则保险人上述期权损益为 $I_l=[(k_l-P_o)^+-p_l]M_{ins}\xi_0$、$\xi_0$ 为期权标的每单位种植面积农产品产出，期权标的的期货价格为 P_o。

农户同样以自身收益最大化为目标，其状态为 (B_1, B_0)=（投保，不投保），与此同时，令不同农户的初始禀赋 IE 存在差异，将其分为进行农业生产 IE_{agri} 与进行非农业生产 IE_{nagri} 两个部分，则有 $IE^i_{agri}+IE^i_{nagri}=IE^i$，$i\in m$，$IE^j_{agri}+IE^j_{nagri}=IE^j$，$j\in m$，有 $M_i=\varphi(IE^i_{agri})$，$\varphi(\cdot)$ 为生产投入转化函数，$\varphi(0)=0$，$\varphi'(\cdot)>0$，$\varphi''(\cdot)<0$。农户种植产出 $O=M\xi$，其中 ξ 为每单位面积农产品产量，代表农户农产品生产效率。农业风险发生后，农产品损失占比为 θ，则 $c=\theta OP\sigma$，其中，P 为单位产量农产品市场价格，O 为农业保险中标的农产品产量，σ 为保险人赔付金额占总损失的比例，则 $d=\theta OP(1-\sigma)$ 为免赔额部分。由于农户存在着从事非农业生产而产生的机会成本，令 $O_{i\text{-}n}=\zeta_i\varphi(IE^i_{nagri})$ 为农户 i 从事非农业生产产出，ζ_i 为农户 i 的非农业生产效率，$P_{i\text{-}n}$ 为农户 i 从事非农业生产单位产出价格，则农户 i 从事非农业生产收益为 $W_{n\text{-}agri}=O_{i\text{-}n}P_{i\text{-}n}$。

农户 i 的期望效用最大化模型：

$$\max U_i\left(IE_{agri}^i, IE_{nagri}^i, M_{i-ins}\right)=(1-q)\left(M_i\xi_i P+sM_i+O_{i-n}P_{i-n}-(1-\alpha)\pi M_{i-ins}\right)+$$
$$q\left((1-\theta)M_i\xi_i P+sM_i+O_{i-n}P_{i-n}-(1-\alpha)\pi M_{i-ins}+\frac{M_{i-ins}}{M_i}c_i\right)-$$
$$\delta_i q(1-q)\left(\theta M_i\xi_i P-\frac{M_{i-ins}}{M_i}c_i\right)^2$$
$$s.t.\begin{cases}M_i=\varphi\left(IE_{agri}^i\right),\ \forall i\in m\\ O_{i-n}=\zeta_i\varphi\left(IE_{nagri}^i\right),\ \forall i\in m\\ c_i=\theta M_{i-ins}\xi P\sigma,\ \forall i\in m\\ IE_{agri}^i+IE_{nagri}^i=IE_i,\ \forall i\in m\\ M_{i-ins}\leqslant M_i,\ \forall i\in m\\ IE_{agri}^i\geqslant 0,\ IE_{nagri}^i\geqslant 0\end{cases}\qquad (5\text{-}1)$$

化简如下：

$$\max U_i\left(IE_{agri}^i, M_{i-ins}\right)=\left(s+(1-q\theta)\xi_i P\right)\varphi\left(IE_{agri}^i\right)+\zeta_i\varphi\left(IE_i-IE_{agri}^i\right)P_{i-n}+$$
$$\left(q\theta\xi_i P\sigma-(1-\alpha)\pi\right)M_{i-ins}-\delta_i q(1-q)\left(\theta\xi_i P\varphi\left(IE_{agri}^i\right)-q\theta\xi_i P\sigma M_{i-ins}\right)^2$$
$$s.t.\begin{cases}M_{i-ins}\leqslant M_i,\forall i\in m\\ IE_{agri}^i\geqslant 0, IE_{agri}^i\leqslant IE_i,\forall i\in m\end{cases}\qquad (5\text{-}2)$$

由模型（5-2）构建拉格朗日函数如下：

$$L\left(IE_{agri}^i, M_{i-ins},\lambda_1,\lambda_2,\lambda_3,\lambda_4\right)=\left(s+(1-q\theta)\xi_i.P\right)\varphi\left(IE_{agri}^i\right)+\zeta_i\varphi\left(IE_i-IE_{agri}^i\right)P_{i-n}+$$
$$\left(q\theta\xi_i P\sigma-(1-\alpha)\pi\right)M_{i-ins}-\delta_i q(1-q)\left(\theta\xi_i P\varphi\left(IE_{agri}^i\right)-q\theta\xi_i P\sigma M_{i-ins}\right)^2+$$
$$\lambda_1\left(\varphi\left(IE_{agri}^i\right)-M_{i-ins}\right)+\lambda_2 IE_{agri}^i+\lambda_3\left(IE_i-IE_{agri}^i\right)$$

KKT 条件如下：

$$\frac{\partial L}{\partial IE_{agri}^i}=0;\ \frac{\partial L}{\partial M_{i-ins}}=0;$$

$$\lambda_1\left(\varphi\left(IE_{agri}^i\right)-M_{i-ins}\right)=0;\ \lambda_2 IE_{agri}^i=0;\ \lambda_3\left(IE_i-IE_{agri}^i\right)=0;$$

$$IE_{agri}^i\geqslant 0;\ IE_i-IE_{agri}^i\geqslant 0;\ \lambda_1\geqslant 0;\ \lambda_2\geqslant 0;\ \lambda_3\geqslant 0$$

由 λ_1、λ_2、λ_3 是否为0共八种情况对最优化问题加以讨论。

①$\lambda_1\neq 0$，$\lambda_2\neq 0$，$\lambda_3\neq 0$ 时，由互补松弛条件，$IE_{agri}^i=0$，$IE_i-IE_{agri}^i=0$，与 $IE_i>0$ $\neq 0$矛盾，此时无最优解。

②$\lambda_1 \neq 0$，$\lambda_2 \neq 0$，$\lambda_3 = 0$ 时，由互补松弛条件，$M_{i\text{-}ins} = \varphi(IE^i_{agri})$，$IE^i_{agri} = 0$，$IE^i_{nagri} = IE_i$，模型（5-2）的最优解为 $IE^i_{agri} = 0$，$IE^i_{nagri} = IE_i$，$M_{i\text{-}ins} = \varphi(IE^i_{agri}) = 0$。由 $\frac{\partial L}{\partial M_{i-ins}} = 0$、$\frac{\partial L}{\partial IE^i_{agri}} = 0$ 有解，当且仅当 $q\theta\xi_i P\sigma > (1-\alpha)\pi$，$\big((1+q\theta+q\theta\sigma)\xi_i P + s - (1-\alpha)\pi\big)\varphi'(0) < \zeta_i P_{i\text{-}n}\varphi'(IE_i)$ 时，$IE^i_{agri} = 0$，$M_{i\text{-}ins} = 0$ 为最优解。

③ $\lambda_1 \neq 0$，$\lambda_2 = 0$，$\lambda_3 \neq 0$ 时，由互补松弛条件，$M_{i\text{-}ins} = \varphi(IE^i_{agri})$，$IE^i_{agri} = IE_i$，$IE^i_{nagri} = 0$，由 $\frac{\partial L}{\partial M_{i-ins}} = 0$、$\frac{\partial L}{\partial IE^i_{agri}} = 0$ 有解，当且仅当：

$$q\theta\xi_i P\sigma\big(1+2\delta_i q(1-q)\theta\xi_i P\varphi(IE_i)(1-q\sigma)\big) > (1-\alpha)\pi$$

$$\big(s+\xi_i P-(1-\sigma)q\theta\xi_i P-2\delta_i q(1-q)\varphi(IE_i)(1-q\sigma)^2(\theta\xi_i P)^2-(1-\alpha)\pi\big)\varphi'(IE_i) > \zeta_i P_{i\text{-}n}\varphi'(0)$$

模型（5-2）的最优解为 $IE^i_{agri} = IE_i$，$M_{i\text{-}ins} = \varphi(IE_i)$。

④ $\lambda_1 \neq 0$，$\lambda_2 = 0$，$\lambda_3 = 0$ 时，由互补松弛条件，$M_{i\text{-}ins} = \varphi(IE^i_{agri})$，且由目标函数取极值的必要条件 $\frac{\partial L}{\partial M_{i-ins}} = 0$、$\frac{\partial L}{\partial IE^i_{agri}} = 0$，有 $q\theta\xi_i P\sigma\big(1+2\delta_i q(1-q)\theta\xi_i P\varphi(IE_i)(1-q\sigma)\big) > (1-\alpha)\pi$，存在 $IE^i_{agri} = IE^*_{agri}$ 满足

$$\frac{\varphi'\left(IE^*_{agri}\right)}{\varphi'\left(IE_i - IE^*_{agri}\right)} = \frac{\zeta_i P_{i-n}}{s+\xi_i P-(1-\sigma)q\theta\xi_i P-2\delta_i q(1-q)\varphi\left(IE^*_{agri}\right)(1-q\sigma)^2(\theta\xi_i P)^2-(1-\alpha)\pi}$$

此时，模型（5-2）的最优解为 $IE^i_{agri} = IE^*_{agri}$，$M_{i\text{-}ins} = \varphi(IE^*_{agri})$，$IE^*_{agri}$、$IE^*_{nagri}$ 满足 $IE^*_{agri} + IE^*_{nagri} = IE_i$。

⑤$\lambda_1 = 0$，$\lambda_2 \neq 0$，$\lambda_3 \neq 0$ 时，由互补松弛条件，$IE^i_{agri} = 0$，$IE_i - IE^i_{agri} = 0$，与 $IE_i > 0 \neq 0$ 矛盾，此时无最优解。

⑥$\lambda_1 = 0$，$\lambda_2 \neq 0$，$\lambda_3 = 0$ 时，由互补松弛条件，$IE^i_{agri} = 0$，$IE^i_{nagri} = IE_i$，由 $\frac{\partial L}{\partial M_{i-ins}} = 0$、$\frac{\partial L}{\partial IE^i_{agri}} = 0$，当且仅当：

$$q\theta\xi_i P\sigma = (1-\alpha)\pi\;;\;\big(s+(1-q\theta)\xi_i P\big)\varphi'(0) < \zeta_i P_{i\text{-}n}\varphi'(IE_i)$$

模型（5-2）最优解为 $IE^i_{agri} = 0$，$M_{i\text{-}ins} = 0$。

⑦$\lambda_1 = 0$，$\lambda_2 = 0$，$\lambda_3 \neq 0$ 时，由互补松弛条件，$IE^i_{agri} = IE_i$，$IE^i_{nagri} = 0$，同理，当且仅当存在 $M_{i\text{-}ins} = M^*_{i\text{-}ins}$：

$$q\theta\xi_i P\sigma\big(1+2\delta_i q(1-q)\theta\xi_i P\big(\varphi(IE_i)-q\sigma M^*_{i\text{-}ins}\big)\big) = (1-\alpha)\pi$$

$\left(s+(1-q\theta)\xi_iP-2\delta_iq(1-q)\varphi(IE_i)-q\sigma M_{i\text{-}ins}^*\right)(\theta\xi_iP)^2\varphi'(IE_i)>\zeta_iP_{i\text{-}n}\varphi'(0)$

时，模型（5-2）最优解为 $IE_{agri}^i=IE_i$，$M_{i\text{-}ins}=M_{i\text{-}ins}^*$。

⑧ $\lambda_1=0$，$\lambda_2=0$，$\lambda_3=0$ 时，由 $\dfrac{\partial L}{\partial M_{i-ins}}=0$ 、$\dfrac{\partial L}{\partial IE_{agri}^i}=0$，当且仅当 $IE_{agri}^i=IE_{agri}^*$、$M_{i\text{-}ins}=M_{i\text{-}ins}^*$ 满足：

$$q\theta\xi_iP\sigma\left(1+2\delta_iq(1-q)\theta\xi_iP\left(\varphi(IE_{agri}^*)-q\sigma M_{i\text{-}ins}^*\right)\right)=(1-\alpha)\pi$$

$$\frac{\varphi'\left(IE_{agri}^*\right)}{\varphi'\left(IE_i-IE_{agri}^*\right)}=\frac{\zeta_iP_{i-n}}{s+(1-q\theta)\xi_iP-2\delta_iq(1-q)\left(\varphi\left(IE_{agri}^*\right)-q\sigma M_{i-ins}^*\right)(\theta\xi_iP)^2}$$

模型（5-2）的最优解为 $IE_{agri}^i=IE_{agri}^*$，$M_{i\text{-}ins}=M_{i\text{-}ins}^*$，$M_{i\text{-}ins}=\varphi(IE_{agri}^*)$，$IE_{agri}^*$、$IE_{nagri}^*$ 满足 $IE_{agri}^*+IE_{nagri}^*=IE_i$。

综上所述，根据农户是否购买全额农业保险，以及从事农业生产活动情况，共分为以上八种情况。考虑到一般情况，令农户处于购买部分保险的情形，且农户同时从事农业生产与非农业生产，则农户购买全额保险与仅从事农业生产可作为该情形下的特殊情形。此时：$IE_{agri}^i=IE_{agri}^*$，$M_{i\text{-}ins}=M_{i\text{-}ins}^*$ 满足：

$$q\theta\xi_iP\sigma\left(1+2\delta_iq(1-q)\theta\xi_iP\left(\varphi(IE_{agri}^*)-q\sigma M_{i\text{-}ins}^*\right)\right)=(1-\alpha)\pi \tag{5-3}$$

$$\frac{\varphi'\left(IE_{agri}^*\right)}{\varphi'\left(IE_i-IE_{agri}^*\right)}=\frac{\zeta_iP_{i-n}}{s+(1-q\theta)\xi_iP-2\delta_iq(1-q)\left(\varphi\left(IE_{agri}^*\right)-q\sigma M_{i-ins}^*\right)(\theta\xi_iP)^2} \tag{5-4}$$

进一步得出如下结论：

（1）在政府无补贴的情况下，即 $\alpha=0$，$s=0$ 不难得出，相较于补贴状态，$\varphi(IE_{agri}^*)-q\sigma M_{i\text{-}ins}^*$ 增加，$\dfrac{\varphi'\left(IE_{agri}^*\right)}{\varphi'\left(IE_i-IE_{agri}^*\right)}$ 减少，即 IE_{agri}^* 下降，意味着农户的农业生产活动投入下降，由 $\varphi(IE_{agri}^*)$ 为增函数，$\varphi(IE_{agri}^*)-q\sigma M_{i\text{-}ins}^*$ 增加，则 $M_{i\text{-}ins}^*$ 下降，即农业保险投入已有所下降。

（2）在保险人不承保农业保险的情况下，即每亩保费 $\pi=0$ 且，赔付损失比例 $\sigma=0$，不难得出等式（5-3）恒成立，此时 IE_{agri}^* 满足：

$$\frac{\varphi'\left(IE_{agri}^*\right)}{\varphi'\left(IE_i-IE_{agri}^*\right)}=\frac{\zeta_iP_{i-n}}{s+(1-q\theta)\xi_iP-2\delta_iq(1-q)\varphi\left(IE_{agri}^*\right)(\theta\xi_iP)^2}$$

相较于承保状态时，$\dfrac{\varphi'\left(IE_{agri}^{*}\right)}{\varphi'\left(IE_{i}-IE_{agri}^{*}\right)}$ 较大，即未承保状态时农户农业生产投入 IE_{agri}^{*} 较小。

（3）考虑农业生产的自然风险与市场风险，

$$q\theta\xi_i P\sigma\left(1+2\delta_i q(1-q)\theta\xi_i P\left(\varphi\left(IE_{agri}^{*}\right)-q\sigma M_{i-ins}^{*}\right)\right)=(1-\alpha)\pi$$

$$\varphi\left(IE_{agri}^{*}\right)-q\sigma M_{i-ins}^{*}=\left(\frac{(1-\alpha)\pi}{q\theta\xi_i P\sigma}-1\right)\Big/2\delta_i q(1-q)\theta\xi_i P$$

$$\frac{\varphi'\left(IE_{agri}^{*}\right)}{\varphi'\left(IE_{i}-IE_{agri}^{*}\right)}=\zeta_i P_{i-n}\Bigg/\left(s+(1-q\theta)\xi_i P-\left(\frac{(1-\alpha)\pi}{q\theta\xi_i P\sigma}-1\right)(\theta\xi_i P)\right)$$

令 $g(P,\theta)=s+(1-q\theta)\xi_i P-\left(\dfrac{(1-\alpha)\pi}{q\theta\xi_i P\sigma}-1\right)(\theta\xi_i P)$，

则 $\dfrac{\partial g(P,\theta)}{\partial P}=(1-q\theta)\xi_i+\theta\xi_i>0$，$\dfrac{\partial g(P,\theta)}{\partial\theta}=(1-q)\xi_i P>0$

因此，随着农产品市场价格 P 的下降以及农产品损失比例 θ 的下降，$g(P,\theta)$ 有所下降，则农户农业生产投入 IE_{agri}^{*} 有所下降，由 $\varphi(IE_{agri}^{*})-q\sigma M_{i\text{-}ins}^{*}$ 上升，导致投保面面积 $M_{i\text{-}ins}^{*}$ 下降。

5.1.3 收益矩阵构建及分析

在上述农户最优决策的基础上，博弈主体均做出策略选择，农户选择投保的概率为 x，不投保的概率为 $1-x$；保险人选择承保的概率为 y，不承保的概率为 $1-y$；政府对农业保险的补贴概率为 z，不补贴的概率为 $1-z$，由上述假设条件及博弈主体行为分析，构建农户、保险人及政府三方博弈收益矩阵如表5-1所示。

由表5-1所示收益矩阵可知，在保险人承保概率为 y，以及政府补贴概率为 z 的条件下，农户投保与不投保的期望收益分别为：

$$U_x^1=yzU_i(IE_{agri}^1,M_{i\text{-}ins}^1)+y(1-z)U_i(IE_{agri}^2,M_{i\text{-}ins}^2)+(1-y)zU_i(IE_{agri}^3,0)+(1-y)(1-z)U_i(IE_{agri}^4,0)$$

$$U_x^2=yzU_i(IE_{agri}^1,0)+y(1-z)U_i(IE_{agri}^2,0)+(1-y)zU_i(IE_{agri}^3,0)+(1-y)(1-z)U_i(IE_{agri}^4,0)$$

表5-1 “农户 *i*、保险人、地方政府”收益矩阵

		政府	
		补贴	不补贴
		z	$1-z$
农户投保 x	保险人承保 y	$U_i\left(IE_{agri}^1, M_{i-ins}^1\right)$ $M_{i-ins}^1\pi + I_l^1 - M_{i-ins}^1/\varphi\left(IE_{agri}^1\right)\cdot c_1$ $S - M_{i-ins}^1\alpha\pi - s\varphi\left(IE_{agri}^1\right)$	$U_i\left(IE_{agri}^2, M_{i-ins}^2\right)$ $M_{i-ins}^2\pi + I_l^2 - M_{i-ins}^2/\varphi\left(IE_{agri}^2\right)\cdot c_2$ $S - s\varphi\left(IE_{agri}^2\right) - \left(\varphi\left(IE_{agri}^1\right) - \varphi\left(IE_{agri}^2\right)\right)m$ $-\left(M_{i-ins}^1 - M_{i-ins}^2\right)n$
	保险人不承保 $1-y$	$U_i\left(IE_{agri}^3, 0\right)$ 0 $S - s\varphi\left(IE_{agri}^3\right) - M_{i-ins}^1 n -$ $\left(\varphi\left(IE_{agri}^1\right) - \varphi\left(IE_{agri}^3\right)\right)m$	$U_i\left(IE_{agri}^4, 0\right)$ 0 $S - s\varphi\left(IE_{agri}^4\right) - \left(\varphi\left(IE_{agri}^1\right) - \varphi\left(IE_{agri}^4\right)\right)m$ $-M_{i-ins}^1 n$
农户不投保 $1-x$	保险人承保 y	$U_i\left(IE_{agri}^1, 0\right)$ 0 $S - s\varphi\left(IE_{agri}^1\right) - M_{i-ins}^1 n$	$U_i\left(IE_{agri}^2, 0\right)$ 0 $S - s\varphi\left(IE_{agri}^2\right) - \left(\varphi\left(IE_{agri}^1\right) - \varphi\left(IE_{agri}^2\right)\right)m$ $-M_{i-ins}^1 n$
	保险人不承保 $1-y$	$U_i\left(IE_{agri}^3, 0\right)$ 0 $S - s\varphi\left(IE_{agri}^3\right) - \left(\varphi\left(IE_{agri}^1\right) -\right.$ $\left.\varphi\left(IE_{agri}^3\right)\right)m - M_{i-ins}^1 n$	$U_i\left(IE_{agri}^4, 0\right)$ 0 $S - s\varphi\left(IE_{agri}^4\right) - \left(\varphi\left(IE_{agri}^1\right) - \varphi\left(IE_{agri}^4\right)\right)m$ $-M_{i-ins}^1 n$

农户的平均期望收益为：

$$\overline{U}_x = xU_x^1 + (1-x)U_x^2$$

$$= (1-y)zU_i(IE_{agri}^3, 0) + (1-y)(1-z)U_i(IE_{agri}^4, 0) + xyzU_i(IE_{agri}^1, M_{i-ins}^1) +$$

$$xy(1-z)U_i(IE_{agri}^2, M_{i-ins}^2) + (1-x)yzU_i(IE_{agri}^1, 0) + (1-x)y(1-z)U_i(IE_{agri}^2, 0)$$

同理可得，保险人承保与不承保的期望收益分别为：

$$U_y^1 = xz\left(M_{i-ins}^1\pi + I_l^1 - \frac{M_{i-ins}^1}{\varphi\left(IE_{agri}^1\right)}c_1\right) + x(1-z)\left(M_{i-ins}^2\pi + I_l^2 - \frac{M_{i-ins}^2}{\varphi\left(IE_{agri}^2\right)}c_2\right)$$

$$U_y^2 = 0$$

保险人的平均期望收益为：

$$\overline{U}_y = y\left(xz\left(M_{i-ins}^1\pi + I_l^1 - \frac{M_{i-ins}^1}{\varphi\left(IE_{agri}^1\right)}c_1\right) + x\left(1-z\right)\left(M_{i-ins}^2\pi + I_l^2 - \frac{M_{i-ins}^2}{\varphi\left(IE_{agri}^2\right)}c_2\right)\right)$$

政府补贴与不补贴的期望收益分别为：

$$U_z^1 = S - ys\varphi\left(IE_{agri}^1\right) - xyM_{i-ins}^1\alpha\pi - \left(1-x\right)yM_{i-ins}^1 n +$$
$$\left(1-y\right)\left(-s\varphi\left(IE_{agri}^3\right) - M_{i-ins}^1 n - \left(\varphi\left(IE_{agri}^1\right) - \varphi\left(IE_{agri}^3\right)\right)m\right)$$

$$U_z^2 = xyM_{i-ins}^2 n + S - \varphi\left(IE_{agri}^1\right)m - M_{i-ins}^1 n + \left(1-y\right)\varphi\left(IE_{agri}^4\right)\left(m-s\right) +$$
$$y\varphi\left(IE_{agri}^2\right)\left(m-s\right)$$

$$\overline{U}_z = zU_z^1 + \left(1-z\right)U_z^2$$
$$= S + z\left(-ys\varphi\left(IE_{agri}^1\right) - xyM_{i-ins}^1\alpha\pi - \left(1-x\right)yM_{i-ins}^1 n +\right.$$
$$\left.\left(1-y\right)\left(-s\varphi\left(IE_{agri}^3\right) - M_{i-ins}^1 n - \varphi\left(IE_{agri}^1\right)m - \varphi\left(IE_{agri}^3\right)m\right)\right) +$$
$$\left(1-z\right)\left(xyM_{i-ins}^2 n - \varphi\left(IE_{agri}^1\right)m - M_{i-ins}^1 n +\right.$$
$$\left.\left(1-y\right)\varphi\left(IE_{agri}^4\right)\left(m-s\right) + y\varphi\left(IE_{agri}^2\right)\left(m-s\right)\right)$$

5.1.4　演化博弈稳定均衡求解

通过求解上述农户、保险人、政府各策略下的期望收益及平均期望收益，构造三方的复制动态方程分别如下：

$$F\left(x\right) = dx/dt = x\left(U_x^1 - \overline{U}_x\right)$$
$$= xy\left(1-x\right)\left(z\left(U_i\left(IE_{agri}^1, M_{i-ins}^1\right) - U_i\left(IE_{agri}^1, 0\right)\right) +\right.$$
$$\left.\left(1-z\right)\left(U_i\left(IE_{agri}^2, M_{i-ins}^2\right) - U_i\left(IE_{agri}^2, 0\right)\right)\right)$$
$$= xy\left(1-x\right)\left(z\left(\left(q\theta\xi_i P\sigma - \left(1-\alpha\right)\pi\right)M_{i-ins}^1 - \delta_i q\left(1-q\right)\left(\theta\xi_i P\right)^2\right.\right.$$
$$\left.\left(\varphi\left(IE_{agri}^1\right) - q\sigma M_{i-ins}^1\right)^2 + \delta_i q\left(1-q\right)\left(\theta\xi_i P\right)^2\varphi^2\left(IE_{agri}^1\right)\right) +$$
$$\left(1-z\right)\left(\left(q\theta\xi_i P\sigma - \left(1-\alpha\right)\pi\right)M_{i-ins}^2 - \delta_i q\left(1-q\right)\left(\theta\xi_i P\right)^2\left(\varphi\left(IE_{agri}^2\right) - q\sigma M_{i-ins}^2\right)^2 +\right.$$
$$\left.\left.\delta_i q\left(1-q\right)\left(\theta\xi_i P\right)^2\varphi^2\left(IE_{agri}^2\right)\right)\right)$$

$$F(y)=dy/dt=y\left(U_y^1-\overline{U}_y\right)$$
$$=y(1-y)x\left(z\left(M_{i-ins}^1\pi+I_l^1-\frac{M_{i-ins}^1}{\varphi\left(IE_{agri}^1\right)}c_1\right)+(1-z)\left(M_{i-ins}^2\pi+I_l^2-\frac{M_{i-ins}^2}{\varphi\left(IE_{agri}^2\right)}c_2\right)\right)$$
$$=y(1-y)x\left(z\left(M_{i-ins}^1\pi+\left(\left(k_l-P_o\right)^+-p_l\right)M_{i-ins}^1\xi_i-\theta\xi_iP\sigma M_{i-ins}^1\right)+\right.$$
$$\left.\left((1-z)\left(M_{i-ins}^2\pi+\left(\left(k_l-P_o\right)^+-p_l\right)M_{i-ins}^2\xi_i-\theta\xi_iP\sigma M_{i-ins}^2\right)\right)\right)$$
$$F(z)=dz/dt=z\left(U_z^1-\overline{U}_z\right)$$
$$=z(1-z)\left(y\varphi\left(IE_{agri}^1\right)(m-s)+xyM_{i-ins}^1\left(n-\alpha\pi\right)+(1-y)\varphi\left(IE_{agri}^3\right)(m-s)-\right.$$
$$\left.xyM_{i-ins}^2n-(1-y)\varphi\left(IE_{agri}^4\right)(m-s)-y\varphi\left(IE_{agri}^2\right)(m-s)\right)$$
$$=z(1-z)\left((m-s)\left(y\varphi\left(IE_{agri}^1\right)+(1-y)\varphi\left(IE_{agri}^3\right)-(1-y)\varphi\left(IE_{agri}^4\right)-y\varphi\left(IE_{agri}^2\right)\right)+\right.$$
$$\left.xy\left(M_{i-ins}^1(n-\alpha\pi)-M_{i-ins}^2n\right)\right)$$

分别对 $F(x)$、$F(y)$、$F(z)$ 求导，得：

$$F'(x)=\left(y-2xy\right)\left(z\left(\left(q\theta\xi_iP\sigma-(1-\alpha)\pi\right)M_{i-ins}^1-\delta_iq(1-q)\left(\theta\xi_iP\right)^2\left(\varphi\left(IE_{agri}^1\right)-q\sigma M_{i-ins}^1\right)^2+\right.\right.$$
$$\left.\delta_iq(1-q)\left(\theta\xi_iP\right)^2\varphi^2\left(IE_{agri}^1\right)\right)+(1-z)\left(\left(q\theta\xi_iP\sigma-(1-\alpha)\pi\right)M_{i-ins}^2-\right.$$
$$\left.\left.\delta_iq(1-q)\left(\theta\xi_iP\right)^2\left(\varphi\left(IE_{agri}^2\right)-q\sigma M_{i-ins}^2\right)^2+\delta_iq(1-q)\left(\theta\xi_iP\right)^2\varphi^2\left(IE_{agri}^2\right)\right)\right)$$
$$F'(y)=\left(x-2xy\right)\left(z\left(M_{i-ins}^1\pi+\left(\left(k_l-P_o\right)^+-p_l\right)M_{i-ins}^1\xi_i-\theta\xi_iP\sigma M_{i-ins}^1\right)+\right.$$
$$\left.(1-z)\left(M_{i-ins}^2\pi+\left(\left(k_l-P_o\right)^+-p_l\right)M_{i-ins}^2\xi_i-\theta\xi_iP\sigma M_{i-ins}^2\right)\right)$$
$$F'(z)=(1-2z)\left((m-s)\left(y\varphi\left(IE_{agri}^1\right)+(1-y)\varphi\left(IE_{agri}^3\right)-(1-y)\varphi\left(IE_{agri}^4\right)-y\varphi\left(IE_{agri}^2\right)\right)+\right.$$
$$\left.xy\left(M_{i-ins}^1\left(n-\alpha\pi\right)-M_{i-ins}^2n\right)\right)$$

（1）农户博弈行为的演化稳定性分析，由 $F(x)=0$，存在 z_0，满足：

$$\frac{1}{z_0}=1-\frac{\left(q\theta\xi_i P\sigma-(1-\alpha)\pi\right)M_{i-ins}^1-\delta_i q(1-q)(\theta\xi_i P)^2\left(\varphi\left(IE_{agri}^1\right)-q\sigma M_{i-ins}^1\right)^2+\delta_i q(1-q)(\theta\xi_i P)^2\varphi^2\left(IE_{agri}^1\right)}{\left(q\theta\xi_i P\sigma-(1-\alpha)\pi\right)M_{i-ins}^2-\delta_i q(1-q)(\theta\xi_i P)^2\left(\varphi\left(IE_{agri}^2\right)-q\sigma M_{i-ins}^2\right)^2+\delta_i q(1-q)(\theta\xi_i P)^2\varphi^2\left(IE_{agri}^2\right)}<0$$

$$q\theta\xi_i P\sigma[1+2\delta_i q(1-q)\theta\xi_i P(\varphi(IE_{agri}^*)-q\sigma M_{i-ins}^*)]=(1-\alpha)\pi$$

不妨令：

$$g(z)=z\Big(\left(q\theta\xi_i P\sigma-(1-\alpha)\pi\right)M_{i-ins}^1-\delta_i q(1-q)(\theta\xi_i P)^2\left(\varphi\left(IE_{agri}^1\right)-q\sigma M_{i-ins}^1\right)^2+\delta_i q(1-q)(\theta\xi_i P)^2\varphi^2\left(IE_{agri}^1\right)\Big)$$

$$t(z)=z\Big(\left(q\theta\xi_i P\sigma-(1-\alpha)\pi\right)M_{i-ins}^1-\delta_i q(1-q)(\theta\xi_i P)^2\left(\varphi\left(IE_{agri}^1\right)-q\sigma M_{i-ins}^1\right)^2+\delta_i q(1-q)(\theta\xi_i P)^2\varphi^2\left(IE_{agri}^1\right)\Big)+(1-z)\Big(\left(q\theta\xi_i P\sigma-(1-\alpha)\pi\right)M_{i-ins}^2-\delta_i q(1-q)(\theta\xi_i P)^2\left(\varphi\left(IE_{agri}^2\right)-q\sigma M_{i-ins}^2\right)^2+\delta_i q(1-q)(\theta\xi_i P)^2\varphi^2\left(IE_{agri}^2\right)\Big)$$

由 $q\theta\xi_i P\sigma\left(1+2\delta_i q(1-q)\theta\xi_i P\left(\varphi\left(IE_{agri}^*\right)-q\sigma M_{i-ins}^*\right)\right)=(1-\alpha)\pi$

得：

$$\begin{aligned}g(z)&=z\Big(\left(q\theta\xi_i P\sigma-(1-\alpha)\pi\right)M_{i-ins}^1-\delta_i q(1-q)(\theta\xi_i P)^2\left(\varphi\left(IE_{agri}^1\right)-q\sigma M_{i-ins}^1\right)^2+\delta_i q(1-q)(\theta\xi_i P)^2\varphi^2\left(IE_{agri}^1\right)\Big)\\&=z\Big(-q\theta\xi_i P\sigma 2\delta_i q(1-q)\theta\xi_i P\left(\varphi\left(IE_{agri}^*\right)-q\sigma M_{i-ins}^*\right)M_{i-ins}^1+\delta_i q(1-q)(\theta\xi_i P)^2\Big(\varphi^2\left(IE_{agri}^1\right)-\left(\varphi\left(IE_{agri}^1\right)-q\sigma M_{i-ins}^1\right)^2\Big)\Big)\\&=z\Big(\delta_i q(1-q)(\theta\xi_i P)^2\Big(2\varphi\left(IE_{agri}^1\right)q\sigma M_{i-ins}^1-\left(q\sigma M_{i-ins}^1\right)^2-q\sigma 2\varphi\left(IE_{agri}^1\right)M_{i-ins}^1+q\sigma 2q\sigma\left(M_{i-ins}^1\right)^2\Big)\Big)\\&=z\left(\delta_i q(1-q)(\theta\xi_i P)^2 q\sigma\left(M_{i-ins}^1\right)^2\right)\end{aligned}$$

$$= z\left(\delta_i q(1-q)(\theta\xi_i P)^2 q\sigma\left(M_{i-ins}^1\right)^2\right)$$

故

$$t'(z) = z\left(\left(q\theta\xi_i P\sigma-(1-\alpha)\pi\right)M_{i-ins}^1-\delta_i q(1-q)(\theta\xi_i P)^2\left(\varphi\left(IE_{agri}^1\right)-q\sigma M_{i-ins}^1\right)^2+\right.$$

$$\left.\delta_i q(1-q)(\theta\xi_i P)^2\varphi^2\left(IE_{agri}^1\right)\right)+$$

$$(1-z)\left(\left(q\theta\xi_i P\sigma-(1-\alpha)\pi\right)M_{i-ins}^2-\delta_i q(1-q)(\theta\xi_i P)^2\left(\varphi\left(IE_{agri}^2\right)-q\sigma M_{i-ins}^2\right)^2+\right.$$

$$\left.\delta_i q(1-q)(\theta\xi_i P)^2\varphi^2\left(IE_{agri}^2\right)\right)$$

$$=\left(\delta_i q(1-q)(\theta\xi_i P)^2 q\sigma\left(M_{i-ins}^1\right)^2\right)-\left(\delta_i q(1-q)(\theta\xi_i P)^2 q\sigma\left(M_{i-ins}^2\right)^2\right)$$

$$=\left(\delta_i q(1-q)(\theta\xi_i P)^2 q\sigma\left(\left(M_{i-ins}^1\right)^2-\left(M_{i-ins}^2\right)^2\right)\right)>0$$

根据复制动态方程 $F(x)$ 可得，当 $z\neq z_0$ 且 $y\neq 0$ 时，农户演化博弈均衡状态点为 $x=0$，$x=1$，演化博弈稳定均衡点满足 $F(x)=0$、$F'(x)<0$，由 $g'(z)\geqslant 0$，得出：

（i）当 $y=0$时，$x\in[0,1]$ 均为农户的稳定均衡点。

（ii）由 $z>z_0^*$，$F'(x)|_{x=0}>0$，$F'(x)|_{x=1}<0$，因此农户在该条件下的演化稳定状态为 $x=1$，因此农户行为更倾向于选择购买农业保险。

（2）保险人博弈行为的演化稳定性分析，同理，由 $F(y)=0$，存在 z_1 满足：

$$\frac{1}{z_1}=1-\frac{M_{i-ins}^1\pi+\left(\left(k_l-P_o\right)^+-p_l\right)M_{i-ins}^1\xi_i-\theta\xi_i P\sigma M_{i-ins}^1}{M_{i-ins}^2\pi+\left(\left(k_l-P_o\right)^+-p_l\right)M_{i-ins}^2\xi_i-\theta\xi_i P\sigma M_{i-ins}^2}=1-\frac{M_{i-ins}^1}{M_{i-ins}^2}<0$$

同理，令 $h(z)=\left(z\left(M_{i-ins}^1\pi+((k_l-P_o)^+-p_l)M_{i-ins}^1\xi_i\right)-\theta\xi_i P\sigma M_{i-ins}^1+(1-z)\left(M_{i-ins}^2\pi+((k_l-P_o)^+-p_l)M_{i-ins}^2\xi_i-\theta\xi_i P\sigma M_{i-ins}^2\right)\right)$，有 $h'(z)=\left(\pi+((k_l-P_o)^+-p_l)\xi_i-\theta\xi_i P\sigma\right)\left(M_{i-ins}^1-M_{i-ins}^2\right)$

当 $\pi+((k_l-P_o)^+-p_l)\xi_i-\theta\xi_i P\sigma\geqslant 0$时，即保险人承保农户期望收益大于等于0时：

$h'(z)\geqslant 0$

当 $\pi+((k_l-P_o)^+-p_l)\xi_i-\theta\xi_i P\sigma<0$时，即保险人承保农户期望收益小于0时：

$h'(z)<0$

根据复制动态方程 $F(y)$ 可得，当 $z\neq z_1$ 且 $x\neq 0$ 时，农户演化博弈均衡状态点

为 $y=0$，$y=1$，演化博弈稳定均衡点满足 $F(y)=0$、$F'(y)<0$，由 $h'(z)\geqslant 0$，得出：

（i）当 $x=0$时，$y\in[0,1]$ 均为农户的稳定均衡点。

（ii）当 $\pi+((k_l-P_o)^+-p_l)\xi_i-\theta\xi_iP\sigma>0$时，$F'(y)|_{y=0}>0$，$F'(y)|_{y=1}<0$，因此，保险人在该条件下的演化稳定状态为 $y=1$，因此，保险人行为更倾向于选择承保农业保险。

（iii）当 $\pi+((k_l-P_o)^+-p_l)\xi_i-\theta\xi_iP\sigma<0$时，$F'(y)|_{y=0}<0$，$F'(y)|_{y=1}>0$，因此，保险人在该条件下的演化稳定状态为 $y=0$，因此，保险人行为更倾向于选择不承保农业保险。

（3）政府博弈行为的演化稳定性分析，由 $F(z)=0$存在 x_0 满足：

$$x_0=\frac{(m-s)\Big(y\big(\varphi\big(IE_{agri}^1\big)-\varphi\big(IE_{agri}^2\big)\big)+(1-y)\big(\varphi\big(IE_{agri}^3\big)-\varphi\big(IE_{agri}^4\big)\big)\Big)}{y\big(M_{i-ins}^2n-M_{i-ins}^1(n-\alpha\pi)\big)}$$

令：$k(x)=\Big((m-s)\big(y\varphi(IE_{agri}^1)+(1-y)\varphi(IE_{agri}^3)-(1-y)\varphi(IE_{agri}^4)-y\varphi(IE_{agri}^2)\big)+xy\big(M_{i\text{-}ins}^1(n-\alpha\pi)-M_{i\text{-}ins}^2n\big)\Big)$

则：$k'(x)=y\big(M_{i\text{-}ins}^1(n-\alpha\pi)-M_{i\text{-}ins}^2n\big)$

当 $M_{i\text{-}ins}^1(n-\alpha\pi)\geqslant M_{i\text{-}ins}^2n$ 时，即地方政府补贴时期望收益大于等于0时：

$$k'(x)\geqslant 0,\ x_0<0$$

当 $M_{i\text{-}ins}^1(n-\alpha\pi)<M_{i\text{-}ins}^2n$ 时，即地方政府补贴时期望收益小于0时：

$$k'(x)<0,\ x_0>0$$

（i）当 $M_{i\text{-}ins}^1(n-\alpha\pi)\geqslant M_{i\text{-}ins}^2n$ 时，$F'(z)|_{z=0}>0$，$F'(z)|_{z=1}<0$，因此，地方政府在该条件下的演化稳定状态为 $y=1$，因此，政府行为更倾向于选择进行农业保险补贴。

（ii）当 $M_{i\text{-}ins}^1(n-\alpha\pi)<M_{i\text{-}ins}^2n$ 时：

①若 $\dfrac{(m-s)\big(\varphi\big(IE_{agri}^1\big)-\varphi\big(IE_{agri}^2\big)\big)}{M_{i-ins}^2n-M_{i-ins}^1(n-\alpha\pi)}\geqslant 1$，此时 $x\in[0,1]$ 均小于或等于 x_0，由 $k'(x)<0$，此时 $k(x)\geqslant 0$，$F'(z)|_{z=0}>0$，$F'(z)|_{z=1}<0$，因此，政府在该条件下的演化稳定状态为 $y=1$，政府行为更倾向于选择进行农业保险补贴。

②若 $\frac{(m-s)\left(\varphi\left(IE_{agri}^{1}\right)-\varphi\left(IE_{agri}^{2}\right)\right)}{M_{i-ins}^{2}n-M_{i-ins}^{1}\left(n-\alpha\pi\right)}<1$，当 $x<x_0$ 时，$k(x)>0$，$F'(z)\mid_{z=0}>0$，$F'(z)\mid_{z=1}<0$，因此，政府在该条件下的演化稳定状态为 $y=1$，政府行为更倾向于选择进行农业保险补贴；当 $x\geqslant x_0$ 时，$k(x)\leqslant 0$，$F'(z)\mid_{z=0}<0$，$F'(z)\mid_{z=1}>0$，因此，政府在该条件下的演化稳定状态为 $y=0$，政府行为更倾向于不选择进行农业保险补贴。

综合所述，农户在保险人承保概率不为0的情形下，稳定均衡策略为投保农业保险，且农业生产投入与农业保险投入满足式（5-3）与式（5-4）；保险人在农户投保概率不为0的情形下，若承保期望收益大于0，则选择承保，若承保期望收益小于0，则选择不承保；政府在补贴时农业保险损益为正时，选择补贴策略，或在农业保险损益为负，但保险人承保概率较大，农户农业生产投入较大时，选择补贴策略。

对于农业高风险地区，q 越大，$q\theta\xi_iP\sigma>\pi$ 越容易满足，因此高风险地区农户对农业保险需求更大，对于农业低风险地区，q 越小，$q\theta\xi_iP\sigma>\pi$ 越难以满足，农户对农业保险的需求较少。政府若采取农业保费补贴政策，农户是否投保农业保险条件变为 $q\theta\xi_iP\sigma>(1-\alpha)\pi$，相较于 $q\theta\xi_iP\sigma>\pi$，其更容易实现。意味着政府补贴可以扩大农业保险的广度。

针对农户规模的异质性，在上述模型体现为参数的差异，相较于传统型农户 i，新型农户 j 作为农业生产专业户，从生产技术、生产设备、专业化程度考虑，新型农户 j 的农业生产投入产出更高，因此相同农业生产投入情况下 $\varphi(IE^{j}_{agri})>\varphi(IE^{i}_{agri})$，考虑到农户全额保险的条件：

$$q\theta\xi_iP\sigma\left(1+2\delta_iq(1-q)\theta\xi_iP\left(\varphi(IE^{j}_{agri})-q\sigma M^{*}_{i-ins}\right)\right)>(1-\alpha)\pi$$

更容易满足。因此相较于传统型农户，新型农户对农业保险的需求较大。

针对完全从事非农业生产的农户，无论地方政府是否对农业生产进行补贴，其收益均为 $W^{1}_{i-n}=\zeta_iP_{i-n}\varphi(IE_i)$，但随着农业补贴的增加，农户从事非农业生产的机会成本增加。随着地方政府对农户每亩补贴 S 的增加以及保费补贴比例 α 的增加，$\varphi'(IE^{*}_{agri})$ 下降，$\varphi'(IE^{*}_{nagri})$ 上升，意味着用户的初始禀赋向农业生产转变，但保费补贴能同时对农业生产投入与农业保险投保产生影响，而每亩补贴 S 则通过对农业生产投入产生影响而间接地影响农业保险的投入。一方面，地方政府实力越强时，其更倾向于提供更高的农业保险补贴率，此时农户投保农业保险的条件更容易满足，因此地方政府实力越强的地区，农户对农业保险的需求更大。同理，保险人对农业保险免赔额设置越高，意味着农业保险赔付比例 σ 越小，农户购买农业保险的条件越难满足，此时农户对农业保险的需求越小。另一方面，地方政府对农户的补贴能够提高农户从事农业生产的积极性，但考虑地方政府扶持农业财政支出的有限性，对农户农业生产的补贴比例越高，意味着对农业保险补贴比例有所下降，因此，地方政府需综合考虑农业产量的合理区间与农户收益的安全兜底，并因地制宜，制定相应的财政补贴制度。

考虑农户进行农业生产受地区限制，即农户进行农业生产的同时往往无法进行跨区的非农业生产活动，这意味着农户非农业生产的单位产出价格 $P_{i\text{-}n}$ 受地方经济的影响，地方经济发展水平越高，即从事非农业生产的单位产出越高，$\varphi'(IE^*_{agri})$ 下降，$\varphi'(IE^*_{nagri})$ 上升，农户往往更倾向于从事非农业生产，且在经济较为发达的地区，农户从事非农业生产活动单位产出较高的占比更大，而财政补贴仅针对从事农业生产活动的部分，因而财政补贴对农业生产的激励作用相对有限，因此经济较为发达的地区相对于经济欠发达的地区可以减少财政上农业补贴支出，经济欠发达地区所需的农业补贴政策力度更大。

5.1.5 “保险 + 期货”模式下各方行为决策

上述分析了农户生产资料有限情形下，以生产活动收益最大化为目标的农业生产投入、非农业投入、投保农业保险最优决策行为，以及政府补贴行为、保险人承保行为、市场风险及自然风险对农户生产活动决策产生的影响。农户在购买保险的情形下，保险人须在风险发生时，保证农户承保部分收益，单位产出保费设定为 $q\theta\xi_i P\sigma$，农业保险承保工作服务成本往往较高，加之保险公司运营成本、资金管理成本等，往往存在一定比例的附加保费，记附加保费比例为 r_{add}，故单位产出总保费可表示：

$$\pi = q\theta\xi_i P\sigma(1+r_{add}) \tag{5-5}$$

保险人往往通过期货期权的方式进行风险转移，将风险转移至期货公司，最终期货公司将风险转移至市场。上述提到保险人上述期权损益为 $I_l=\left((k_l-P_o)^+-p_l\right)M_{ins}\xi_0$。令保险人将净保费全用于购买场外看跌期权，有 $p_lM_{ins}\xi_0=q\theta\xi_iP\sigma$，其中 p_l 为每单位农产品产量支付期权费 p_l，得到期权标的农产品总量为：

$$M_{ins}\xi_0=\frac{q\theta\xi_iP\sigma}{p_l}$$

保险人收益情况为：

$$W_{ins}=M_{i-ins}q\theta\xi_iP\sigma\left(1+r_{add}\right)+\left(\left(k_l-P_o\right)^+-p_l\right)M_{ins}\xi_0-\frac{M_{i-ins}^1}{\varphi\left(IE_{agri}^1\right)}c_1$$

$$=M_{i-ins}\left(q\theta\xi_iP\sigma r_{add}+\xi_0\max\left\{k_l-P_o,0\right\}-p_l\xi_0\right)$$

通常情况下，保险公司通过选定期权敲定价格 k_l，使得

$$\min_{k_l}Var\left(W_{ins}\right)$$

由于现货价格与期货价格的随机性与相关性，且保险人的收益函数分布函数无法确定，故保险人最优期权价格敲定进行套期保值较为复杂，涉及期权套期保值模型的相关研究，与本书相关性较小。由上述博弈均衡分析，保险人承保条件为承保收益为正，可得到附加保费比例表达式为：

$$r_{add}>\frac{p_l\xi_0-\xi_0\max\{k_l-P_o,0\}}{q\theta\xi_iP\sigma} \tag{5-6}$$

因此保险人承保时，附加保费比例与保险人期权收益、农业风险发生概率、单位面积保费收取有关，期权收益越大，承保条件越宽松，附加保费要求越小，同理，单位面积保费收取越多，承保条件越宽松，附加保费收取越小。因此，期货期权可有效地减少保险人承保风险，特别在农业风险发生概率较大，且风险发生后农产品损失较大的情形下，作用更为明显。

保险人“保险＋期货”模式通过影响保险人承保时附加保费还将对农户生产活动决策（即投保农业保险）产生影响。期货期权有效地对保险人承保农业风险进行转移，为保险人承保农业风险起到了兜底作用，可在一定情况下减少承保农业保险所需的附加保费，提高农户农业生产活动投入的积极性，以及增加了农业保险投入比例。

5.2 财政补贴对农业保险发展影响的实证分析

诚如前述，自我国实施保险保费补贴政策以来，我国农业保险取得了跨越式的发展。农业保险补贴作为重要的制度供给，已成为影响各地区农业保险发展的重要因素之一。本节拟采用面板数据衡量各地农业保险补贴政策对各地农业保险发展的影响程度。

5.2.1 数据来源与模型构建

5.2.1.1 数据来源

考虑到2007年中央财政开始对农业保险进行补贴，仅对内蒙古、湖南、四川等6个省份补贴，补贴制度不够完善，且样本缺失值较多，并且农业保险保费补贴有一定的时滞，故本节以2008年为研究起点，所使用的数据为2008—2020年的省际面板数据。数据来源于《中国保险年鉴》，中国银行保险监督管理委员会网站，EPS 数据平台中的中国宏观经济数据库、中国财政税收数据库、中国农林数据库以及中国“三农”数据库等。

5.2.1.2 变量设定与描述

被解释变量。参考黄琦等（2017）的研究，本节以农业保险密度作为模型的被解释变量，具体用农业保险保费收入与乡村人口比值来表示。

核心解释变量。同样，参考李嘉浩等（2022）的研究，本节着重考察各地财政支农的异质性对农业保险发展的影响，考虑到政策性农业保险制度下，财政补贴对农业保险发展的巨大推动作用，因此，本部分的核心解释变量为地方农业保险保费补贴。该补贴越高，说明该省区财政支农越高。

控制变量。综合考察农业保险发展特性，本节拟选取3类控制变量。即经济特征变量、环境特征变量和风险特征变量。详细见表5-2。

（1）经济特征变量主要包括：一是农村居民家庭人均可支配收入，其值代表了地区异质性背景下农村经济发展水平下的农户收入水平，这将直接反映农户购买农业保险的能力；二是中央政府对农业保险保费补贴。由于各地 GDP 水平、产业结构、财政收入等经济发展水平指标存在较大差异，我国中央政府从2008年开始逐步对各地采取了差异化补贴政策，故将此列入经济特征变量。

（2）环境特征变量主要包括：一是受教育水平，一般来说，该地区农户受教育水平越高，其对农业保险接受程度也越高，反之则越低；二是农作物总播种面积，这主要是与本地资源禀赋、产业结构相关，主要用以反映该地农业生产主要状况。

（3）风险特征变量主要包括当地农户农药使用量、化肥施用量、农用机械总动力、有效灌溉率和受灾率等，主要反映该地农业生产的基本风险状况。

表5-2　变量说明

变量类别	变量名称及字母表示	变量解释
被解释变量	农业保险发展水平，用 ln *insden* 表示	农业保险密度，具体表示为农业保险保费收入与乡村人口的比值
	农业保险发展水平，用 ln *insdep* 表示	农业保险深度，具体表示为农业保险保费收入与农林牧渔总产值的比值
核心解释变量	地方财政的支农实力，用 ln *s*1 表示	地方政府对农业保险保费补贴，具体表示为省级农业保险保费补贴与地县市农业保险保费之和（亿元）
经济特征变量	可支配收入，用 ln *inc* 表示	农村居民家庭人均可支配收入（元/人）
	中央对农业保险保费补贴，用 ln *s*2 表示	中央对农业保险保费补贴（亿元）
环境特征变量	教育，用 ln *edu* 表示	地区对教育的投入（亿元）
	农作物播种面积，用 ln *tsaoc* 表示	农作物总播种面积（千公顷）
风险特征变量	农药使用量，用 ln *pes* 表示	农药使用量（吨）
	化肥施用量，用 ln *fer* 表示	农用化肥施用量（按折纯法计算）（万吨）
	农用机械总动力，用 ln *mec* 表示	农用机械总动力（万千瓦）
	有效灌溉率，用 *rirr* 表示	有效灌溉面积与农作物总播种面积的比值
	受灾率，用 *rdisa* 表示	受灾面积与农作物总播种面积的比值

注：除有效灌溉率和受灾率之外，其余指标均取对数。

5.2.1.3　变量的描述性统计

表5-3给出了所有变量的全样本描述性统计。

表5-3　变量描述性统计

variable	N	mean	sd	min	max
$\ln insden$	403	3.805	1.293	−0.918	6.551
$\ln insdep$	403	−5.779	1.050	−9.292	−3.277
$\ln s1$	403	0.929	1.297	−4.168	3.106
$\ln s2$	388	0.727	1.528	−7.025	3.594
$\ln inc$	403	9.164	0.525	7.910	10.46
$\ln edu$	403	6.343	0.779	3.969	8.187
$\ln tsaoc$	403	8.106	1.204	4.484	9.610
$\ln fer$	403	4.714	1.239	1.482	6.574
$\ln pes$	403	10.29	1.397	6.571	12.06
$\ln mec$	403	7.601	1.115	4.543	9.499
$rirr$	403	0.443	0.192	0.172	1.233
$rdisa$	395	0.0850	0.0720	0	0.376

5.2.1.4　模型设定

由于本部分研究涉及不同横截面与时间序列，故采用面板模型。模型设定如下：

$$\ln Y_{it}=\alpha+\beta\ln s1_{it}+\gamma X_{it}+\varepsilon_{it} \tag{5-7}$$

式中，$\ln Y_{it}$ 为被解释变量，Y 为农业保险发展水平，用保险密度作为代理变量；$\ln s1_{it}$ 为核心解释变量，$s1$为地方政府对农业保险保费补贴，代表地方财政的支农实力；X_{it} 表示其他各类控制变量。

5.2.2　实证分析

5.2.2.1　基准模型回归

对于面板模型的选择，主要有三种类型，分别是固定效应模型、随机效应模型与混合回归，通常使用豪斯曼检验来确定模型，表5-4为豪斯曼的检验结果。根据 hausman 检验，p=0.000 0，hausman 结果显著，说明固定效应模型优于随机效应模型。

表5-4 豪斯曼检验结果

卡方统计量	自由度	p 值
43.48	9	0.0000

本节根据方程（5-7），拟研究地方财政支农实力对农业保险发展的影响。表5-5为地方财政支农实力对农业保险密度的回归结果，其中，模型（1）为混合回归下未加入控制变量时地方财政支农实力对农业保险密度的影响，模型（2）为混合回归下加入控制变量后地方财政支农实力对农业保险密度的影响，模型（3）为固定效应模型下未加入控制变量时地方财政支农实力对农业保险密度的影响，模型（4）为固定效应模型下加入控制变量后地方财政支农实力对农业保险密度的影响，模型（5）为随机效应模型下未加入控制变量时地方财政支农实力对农业保险密度的影响，模型（6）为随机效应模型下加入控制变量后地方财政支农实力对农业保险密度的影响。根据方程（5-7），模型的平均膨胀因子 *VIF* 的均值为8.76，小于传统的经验值10，因此不存在严重的多重共线性问题，并且研究结果表明，无论是否加入控制变量，地方财政支农实力对农业保险密度的影响始终是正向的。其中，混合回归没有考虑个体的异质性，估计结果可能有偏。根据模型（4）的估计结果，地方政府的农林水事务支出对农业保险的密度的影响是正向的，在1% 水平上显著，说明地方政府支农实力越强，农业保险发展水平越高。中央财政对农业保险的密度的影响是正向的，在1% 水平上显著，说明中央财政补贴越高，农业保险发展越好。农村居民家庭人均可支配收入对农业保险的密度的影响是正向的，且在1% 水平上显著，说明人均可支配收入越高，农业保险发展越好。化肥施用量对农业保险的密度的影响是负向的，在1% 水平上显著，说明化肥施用量越大，农业保险发展水平越低。农用机械总动力对农业保险的密度有负向影响，在10% 水平上显著，对机械投入越多的地区具备风险防控能力更强，可能选择自己承担风险。有效灌溉率对农业保险的密度有负向影响，在10% 水平上显著，灌溉率高的地区通常地理位置较好，相对受灾情况更低，农户由于逆向选择降低了农业保险的参与程度。受灾率对农业保险的密度有正向影响，在1% 水平上显著，灾害越多的地方农户越倾向参与农业保险。

表5-5　地方财政保费补贴对农业保险密度的影响

	(1)	(2)	(3)	(4)	(5)	(6)
	ln *insden*	**ln *insden***	**ln *insden***	**ln *insden***	**ln *insden***	**ln *insden***
ln *s*1	0.740*** (0.033)	0.632*** (0.031)	0.954*** (0.015)	0.698*** (0.024)	0.950*** (0.015)	0.693*** (0.026)
ln *s*2		0.318*** (0.024)		0.127*** (0.019)		0.173*** (0.020)
ln *inc*		0.995*** (0.069)		0.676*** (0.097)		0.891*** (0.082)
ln *edu*		−0.752*** (0.043)		−0.083 (0.082)		−0.448*** (0.068)
ln *tsaoc*		0.342*** (0.072)		0.111 (0.218)		0.172 (0.106)
ln *fer*		−0.006 (0.052)		−0.569*** (0.179)		−0.157 (0.103)
ln *pes*		−0.153*** (0.025)		0.072 (0.110)		−0.195*** (0.053)
ln *mec*		−0.564*** (0.049)		−0.128* (0.076)		−0.232*** (0.067)
rirr		0.631*** (0.117)		−0.626* (0.354)		−0.033 (0.185)
rdisa		0.674*** (0.242)		0.779*** (0.180)		0.743*** (0.198)
_cons	3.118*** (0.053)	1.435** (0.716)	2.919*** (0.020)	−0.383 (1.665)	2.923*** (0.140)	0.784 (0.862)
N	403.000	381.000	403.000	381.000	403.000	381.000
r^2	0.551	0.949	0.918	0.972		

注：***、**、* 分别表示检验统计量在 1%、5%、10% 的水平上显著，括号内为标准误。

5.2.2.2　稳健性检验

为了确保结果的稳健性，本节分别采用“替换被解释变量、截尾回归、工具变量”三种方法进行稳健性检验。

（1）替换被解释变量。

为了得到可信的估计结果，本节对被解释变量进行了替换，用农业保险深度作为农业保险发展的代理变量。具体回归结果如表5-6所示。模型（1）为固定效应模型下未加入控制变量时地方财政补贴对农业保险深度的影响，模型（2）为固定效应模型下加入控制变量后地方财政补贴对农业保险深度的影响。由模型（2）可知，地方财政支农实力对农业保险深度的影响为正，且在1% 水平上显著。因此，地方财政支农实力对农业保险发展的促进作用结论是稳健的。

表5-6　地方财政农险保费补贴对农业保险深度的影响

	（1）	（2）		（1）	（2）
	ln *insdep*	ln *insdep*		ln *insdep*	ln *insdep*
ln *s*1	0.654*** （0.014）	0.648*** （0.027）	ln *mec*		−0.298*** （0.087）
ln *s*2		0.138*** （0.022）	rirr		−0.568 （0.409）
ln *inc*		0.101 （0.112）	rdisa		0.831*** （0.207）
ln *edu*		−0.234** （0.095）	_cons	−6.386*** （0.019）	0.233 （1.924）
ln *tsaoc*		−0.345 （0.252）	*N*	403.000	381.000
ln *fer*		−0.510** （0.207）	r^2	0.852	0.923
ln *pes*		0.149 （0.127）			

注：***、**、* 分别表示检验统计量在 1%、5%、10% 的水平上显著，括号内为标准误。

（2）截尾回归。

本节通过对地方政府对农业保险保费补贴左右1% 进行截尾处理，处理后进行回归。具体回归结果如表5-7所示。模型（1）为截尾后固定效应模型下未加入控制变量时地方财政支农实力对农业保险密度的影响，模型（2）为截尾后固定效应模型下加入控制变量后地方财政支农实力对农业保险密度的影响。由模型（2）可知，在截尾后地方财政补贴农业保险密度的影响为正，且在5% 水平上显著。因此，地方农险保费补贴对农业保险发展的促进作用结论是稳健的。

表5-7 截尾后地方财政农险保费补贴对农业保险密度的影响

	（1）	（2）		（1）	（2）
	ln *insden*	ln *insden*		ln *insden*	ln *insden*
ln *s*1	1.016^{***} （0.031）	0.706^{***} （0.049）	ln *mec*		−0.120 （0.090）
ln *s*2		0.125^{**} （0.050）	rirr		−0.624 （0.541）
ln *inc*		0.671^{***} （0.118）	rdisa		0.778^{***} （0.260）
ln *edu*		−0.090 （0.087）	_cons	2.850^{***} （0.029）	−0.334 （2.227）
ln *tsaoc*		0.100 （0.281）	*N*	395.000	374.000
ln *fer*		-0.535^{***} （0.182）	r^2	0.947	0.969
ln *pes*		0.062 （0.104）			

注：***、** 分别表示检验统计量在 1%、5% 的水平上显著，括号内为标准误。

（3）工具变量。

为缓解模型中潜在的内生性问题，此处引入工具变量进行内生性检验。对于地方农业保险保费补贴，选择地方农业保险保费补贴的滞后一期作为工具变量。表5-8的结果显示，滞后一期的地方政府农业保险保费补贴对农业保险密度影响仍为正，与表3的第（4）列结果相比，系数从0.698下降到0.625，且都在1% 水平上显著，这进一步验证了本书结果的稳健性，地方财政支农实力对农业保险发展具有重要的作用。此外，一阶段 *F* 值为346.99，大于10，说明工具变量不存在弱有效性。根据 hausman 检验，$p=0.000\ 0$，说明地方农业保险保费补贴作为解释变量存在内生性。

表5-8　地方财政保费补贴滞后一期的评估效果

	（1）		（1）
	ln *insden*		ln *insden*
ln *s*1	0.625*** （0.044）	ln *mec*	−0.088 （0.085）
ln *s*2	0.222*** （0.033）	rirr	−0.386 （0.610）
ln *inc*	0.632*** （0.128）	rdisa	0.571** （0.280）
ln *edu*	−0.099 （0.086）	_cons	−0.715 （2.462）
ln *tsaoc*	0.152 （0.305）	*N*	343.000
ln *fer*	−0.404** （0.188）	Firststep F	346.99
ln *pes*	0.005 （0.104）		

注：***、** 分别表示检验统计量在 1%、5% 的水平上显著，括号内为标准误。

5.2.2.3　异质性分析

考虑到不同地区自然条件、地理条件以及经济发展水平差别显著，本书将在第4章基础上进一步研究不同地域区分下地方财政保费补贴对农业保险密度的影响。结合我国区域产业结构、经济发展水平等异质性特征，将地区分为东、中、西地部区，粮食主产区与非粮食主产区域。其中，东部地区包括北京、天津、河北、辽宁、上海、江苏、浙江、福建、山东、广东、海南11个省市，中部地区包括山西、吉林、黑龙江、安徽、江西、河南、湖南、湖北8个省份，西部地区包括内蒙古、广西、重庆、四川、贵州、云南、西藏、陕西、甘肃、青海、宁夏、新疆12个省市、自治区。粮食主产区为河北、内蒙古、辽宁、吉林、黑龙江、江苏、安徽、江西、山东、河南、湖北、湖南、四川13个省、自治区。

（1）东、中、西部地区。

东、中、西地区的具体回归结果如表5-9所示。

表5-9　东、中、西地区的异质性分析

	(1)	(2)	(3)	(4)	(5)	(6)
	ln*insdep*	ln*insdep*	ln*insdep*	ln*insdep*	ln*insdep*	ln*insdep*
ln*s*1	0.815*** (0.029)	0.874*** (0.079)	0.681*** (0.036)	0.756*** (0.254)	0.625*** (0.014)	0.463*** (0.029)
ln*s*2		0.032 (0.028)		0.176 (0.284)		0.329*** (0.028)
ln*inc*		0.480 (0.301)		−0.216 (0.257)		0.014 (0.091)
ln*edu*		−0.423** (0.213)		−0.077 (0.191)		−0.256*** (0.095)
ln*tsaoc*		−0.346 (0.623)		0.678 (0.818)		−0.413* (0.249)
ln*fer*		−1.179*** (0.408)		0.252 (1.084)		−0.385** (0.157)
ln*pes*		0.828*** (0.256)		−0.047 (0.656)		0.187* (0.100)
ln*mec*		−0.942*** (0.227)		−0.131 (0.146)		−0.319*** (0.120)
rirr		−1.245 (1.129)		−2.175* (1.102)		−0.591* (0.322)
rdisa		0.795** (0.381)		1.458*** (0.453)		0.468** (0.192)
_cons	−6.689*** (0.036)	−1.597 (5.244)	−6.633*** (0.053)	−9.676 (7.725)	−6.109*** (0.019)	1.067 (1.760)
N	141.000	120.000	102.000	102.000	152.000	152.000
r^2	0.861	0.917	0.798	0.864	0.932	0.980

注：***、**、* 分别表示检验统计量在 1%、5%、10% 的水平上显著，括号内为标准误。

模型（1）为地区为东部时固定效应模型下未加入控制变量时地方财政支农实力对农业保险密度的影响。模型（2）为地区为东部时固定效应模型下加入控制变量后地方财政支农实力对农业保险密度的影响。模型（3）为地区为中部时固定效应模型下未加入控制变量时地方财政支农实力对农业保险密度的影响。模型（4）为地区为中部时固定效应模型下加入控制变量后地方财政支农实力对农业保险密度的影响。模型（5）为地区为西部时固定效应模型下未加入控制变量时地方财政支农实力对农业保险密度的影响。模型（6）为地区为西部时固定效应模型下加入控制变量后地方财政支农实力对农业保险密度的影响。由模型（2）、（4）、（6）的结果可知，地方财政支农实力对农业保险密度的影响是正向的，且都在1% 水平上显著，进一步说明了结果的稳健性，进一步分析可知，东部地区地方财政支农实力对农业保险密度的影响更大，中部地区地方财政保费补贴对农业保险密度的影响次之，西部地区地方财政支农实力对农业保险密度的影响最小。可能的原因是东部财政经济实力强，农业保险发展较早，农户的风险意识更强，中部地区具有一定的经济实力，西部地区经济实力差，中部地区是粮食的主要生产地区，地方政府对农业保险发展更重视，西部地区大多为丘陵地带，地理条件差且地方经济实力有限，政府对农业保险补贴费用有些力不从心。

（2）粮食主产区与其他地区。

粮食主产区与其他地区的具体回归结果如表5-10所示，模型（1）为地区为粮食主产区时固定效应模型下未加入控制变量时地方财政支农实力对农业保险密度的影响。模型（2）为地区为粮食主产区时固定效应模型下加入控制变量后地方财政支农实力对农业保险密度的影响。模型（3）为地区为其他地区时固定效应模型下未加入控制变量时地方财政支农实力对农业保险密度的影响。模型（4）为地区为其他地区时固定效应模型下加入控制变量后地方财政支农实力对农业保险密度的影响。由模型（2）、（4）的结果可知，地方财政支农实力对农业保险密度的影响是正向的，且都在1% 水平上显著，进一步说明了结果的稳健性，进一步分析可知，粮食主产区地方财政农业保险保费补贴对农业保险密度的影响更大，其他地区地方对农业保险密度的影响次之。可能的原因是在粮食的主要生产地区，农业经济占比较高，地方政府对农业保险发展更重视。相比之下，非粮食主产区第一产业占比较低，农业保险发展重要性相对较低，因此中央与地方政策等支持也相对较弱。

表5-10　粮食主产区与其他地区的异质性分析

	(1)	(2)	(3)	(4)
	ln*insdep*	ln*insdep*	ln*insdep*	ln*insdep*
ln*s*1	0.766*** (0.060)	0.910*** (0.157)	0.662*** (0.033)	0.647*** (0.048)
ln*s*2		0.142 (0.129)		0.130** (0.060)
ln*inc*		−0.009 (0.235)		−0.028 (0.145)
ln*edu*		−0.390 (0.222)		−0.237* (0.130)
ln*tsaoc*		−0.362 (0.640)		−0.735* (0.400)
ln*fer*		0.770* (0.426)		−0.666*** (0.212)
ln*pes*		−0.333 (0.210)		0.213* (0.119)
ln*mec*		−0.334 (0.230)		−0.114 (0.070)
rirr		−1.974** (0.701)		−0.666 (0.638)
rdisa		0.790 (0.517)		0.590** (0.220)
_cons	−7.029*** (0.099)	1.428 (4.987)	−6.067*** (0.015)	2.958 (2.543)
N	166.000	166.000	229.000	208.000
r^2	0.771	0.850	0.913	0.968

注：***、**、* 分别表示检验统计量在 1%、5%、10% 的水平上显著，括号内为标准误。

5.3 基于 DEA 和 Malmquist 的农险公司异质性供给分析

农业保险市场的经营主体，毫无疑问也就是农业保险产品和服务最重要的供给者，其产品和服务的供给效率对我国农业保险经营的发展有着重要的影响。当前，按照农业保险经营规模保险公司可区分为综合类保险公司和专业性农业保险公司，其经营形式有股份制和相互制之分。股份制公司其所有权归股东所有，目前我国农险市场主要由人保财险和安华农保这些公司为股份制代表占据主导地位；相互制即投保人为公司所有人，以阳光农险为代表，提供农业互助产品，在2015年出台《相互保险组织监管试行办法》后开始逐步发展。截至2022年，我国财产险公司中，人保财险、平安产险和太平洋产险共计占市场比重为63.61%，人寿财险、中华联合和大地财险共计占市场比重为13.91%。[①] 本节将对我国主要农业保险产品和服务的供给主体的经营效率进行对比分析，以从供给角度更好地揭示出农业保险服务的异质性，并为多层次农业保险的供给优化提供必要的依据。

5.3.1 DEA 数据包络分析方法和 Malmquist 方法介绍

本部分将选用非参数法来估算农业保险公司的效率，原因在于各保险公司并没有明确的投入与产出的生产函数形式，而非参数法适用于评价保险公司这种具有较为复杂生产关系的决策单位，使用该方法衡量的 DMU 效率不受所选择投入产出数据量纲的影响。而且，我国保险公司信息公开程度较低，专业农业保险公司成立时间短，存在数据统计的口径不统一和信息披露不全面等问题，难以获得大量全面而准确的数据，而非参数法对于样本数量要求低。相比无界分析法，DEA 模型更为成熟，被学界广泛应用。综上所述，本书认为采用 DEA 模型来测度我国农业保险的经营效率这一选择较为合理，如图5-1所示。

① 数据来源：经中国银保监会网站整理所得。

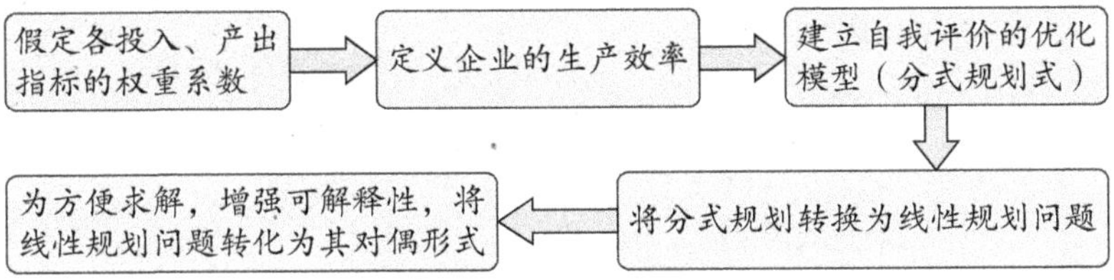

图5-1　DEA 建模流程图

5.3.1.1　CCR 模型

DEA 分析中非常重要的一个概念是技术效率，它指的是一个生产单元的生产过程达到本行业技术水平的程度。技术效率使用产出和投入的比例衡量，在多投入多产出的情形下则采用加权的方式进行处理来确定综合的投入产出情况，具体计算方式为：

$$v = v_1x_1 + v_2x_2 + \cdots + v_mx_m$$

$$u = u_1x_1 + u_2x_2 + \cdots + u_qx_q \qquad (5\text{-}8)$$

式中，v_i 表示投入的权重，u_i 表示产出的权重。假设现有 n 个决策单元（DMU），m 个投入变量和 q 个产出变量，则第 k 个决策单元的产出投入比可以很方便表示为：

$$h^{(k)} = \frac{u^{(k)}}{v^{(k)}} = \frac{u_1y_{k1} + u_2y_{k2} + \cdots + u_qy_{kq}}{v_1x_{k1} + v_2x_{k2} + \cdots + v_mx_{km}} = \frac{\sum_{i=1}^{q} u_iy_{ki}}{\sum_{j=1}^{m} v_jx_{kj}} \qquad (5\text{-}9)$$

假设规模报酬不变，进一步将技术效率限定在 [0, 1] 区间，得到投入导向的 DEA 模型，用线性规划表示为：

$$\max \sum_{i=1}^{q} u_iy_{ki}$$

$$s.t.\begin{cases} \sum_{i=1}^{q} u_iy_{ri} - \sum_{j=1}^{m} v_jx_{rj} \leqslant 0 \\ \sum_{j=1}^{m} v_jx_{kj} = 1 \\ u_i \geqslant 0; v_j \geqslant 0 \\ i = 1,2,\cdots,q; j = 1,2,\cdots,m; r = 1,2,\cdots,n \end{cases} \qquad (5\text{-}10)$$

在上述线性规划的等式中左右同乘一个效率值 θ，一般而言，为方便求解，将其转换为对偶模型，因为对偶模型的决策变量中包含了效率值。其对偶形式为：

$$\min\theta$$
$$s.t.\begin{cases}\sum_{r=1}^{n}\lambda_r x_{rj}\leqslant\theta x_{kj}\\ \sum_{r=1}^{n}\lambda_r y_{ri}\geqslant y_{ki}\\ \lambda\geqslant 0\\ i=1,2,\cdots,q;\ j=1,2,\cdots,m;\ r=1,2,\cdots,n\end{cases}\tag{5-11}$$

式中，λ 表示 DMU 的线性组合系数，k 表示待评价的决策单元，决策参数为 $[\lambda_1, \lambda_2, \cdots, \lambda_n, \theta]$。该对偶规划背后的经济含义相当于使用加权法构造一个不存在的就决策单元，其投入不大于待评价的 DMU 的投入，产出不小于待评价 DMU 的产出。

5.3.1.2　BCC 模型

两个模型最显著的不同点在于：CCR 模型假定规模报酬不变，而 BCC 模型假定规模报酬可变。CCR 模型假设生产技术的规模收益不变，或者虽然生产技术的规模收益可变，但假设所有被评价的 DMU 均处于最优生产规模阶段，即处于规模收益不变阶段。而在实际生产中，许多生产单位并没有处于最优规模的生产状态，因此 CCR 模型得出的技术效率包含了规模效率的成分 BCC 模型由 Banker、Charnes 和 Cooper 于1984年提出，假设规模报酬可变，就算得出的技术效率消除了规模因素的影响，因此也称为纯技术效率（PTC）。

为使投影点的生产规模与被评价 DMU 的生产规模处于同一水平，BCC 模型在 CCR 对偶模型的基础上增加了下列约束条件：

$$\sum_{r=1}^{n}\lambda_r=1\tag{5-12}$$

5.3.1.3　非期望产出的 SBM 模型

在径向模型中，效率改善主要指的是投入或产出的等比例线性变化，同时忽略了平行于坐标轴的弱有效的情形，SBM 模型的出现正是为了纳入无效率的松弛改进，保证最终的结果是强有效的。考虑到非期望产出的情形，这些非期望产出在低效情况下的情形并非产出不足，而是“产出过多”，因此需要引入新的松弛向量以规范非期望产出。记为 Y 期望产出，Z 为非期望产出，分别有个 q_1、q_2 个，一个基本的 SBM 形式为：

$$\min \rho = \frac{1-\frac{1}{m}\sum_{j=1}^{m}\left(s_j^-/x_{kj}\right)}{1+\frac{1}{q}\left(\sum_{i=1}^{q_1}\left(s_i^+/y_{ki}\right)+\sum_{i=1}^{q_2}\left(s_i^{+}{}'/z_{ki}\right)\right)}$$

$$s.t.\begin{cases}\lambda X+\vec{s}^{\,-}=\vec{x}_k\\ \lambda Y-\vec{s}^{\,+}=\vec{y}_k\\ \lambda Z+\vec{s}^{\,+}{}'=\vec{z}_k\\ \lambda,\vec{s}^{\,-},\vec{s}^{\,+},\vec{s}^{\,+}{}'\geqslant 0\end{cases} \tag{5-13}$$

目标函数在最优选择处的取值 ρ 表示效率值，由于该模型同时从产出和投入两个方面考察无效率的表现，当某一个决策单元达到效率最优时，有 $\rho^*=1, s^-=0, s^+=0, s^+{}'=0$。通过 Charnes-Cooper 变换，得到线性规划模型如下：

$$\min \rho = t-\frac{1}{m}\sum_{j=1}^{m}\left(S_i^-/x_{kj}\right)$$

$$s.t.\begin{cases}t+\frac{1}{q}\left(\sum_{i=1}^{q_1}\left(s_i^+/y_{ki}\right)+\sum_{i=1}^{q_2}\left(s_i^+/y_{ki}\right)\right)=1\\ \lambda X+s^-=tx_k\\ \lambda Y-\vec{s}^{\,+}=t\vec{y}_k\\ \lambda Z+\vec{s}^{\,+}{}'=t\vec{z}_k\\ \lambda,\vec{s}^{\,-},\vec{s}^{\,+},\vec{s}^{\,+}{}'\geqslant 0\\ \lambda,\vec{s}^{\,-},\vec{s}^{\,+},\vec{s}^{\,+}{}',t\geqslant 0\end{cases} \tag{5-14}$$

若 $\rho^*<1$，则称该决策单元为 SBM 非有效，由于得到了投入过量和产出不足的具体数值，可以对该决策单元通过 SBM 投射进行优化：

$$\begin{cases}x_k=x_k-s^{-*}\\ y_k=y_k+s^{+*}\\ z_k=z_k-s^{+\prime *}\end{cases} \tag{5-15}$$

5.3.1.4　Malmquist 指数模型

在规模报酬可变的条件下，令 (x^t, y^t) 在 t 期的距离函数为 $D_v^t(x^t, y^t)$，在 t+1期的距离函数为 $D_v^{t+1}(x^t, y^t)$；(x^{t+1}, y^{t+1}) 在 t 期的距离函数为 $D_v^t(x^{t+1}, y^{t+1})$，在 t+1期的距离函数为 $D_v^{t+1}(x^{t+1}, y^{t+1})$。

在 t 期的技术条件下，从 t 期到 t+1期技术效益的变化值为：

$$M^t = \frac{D_v^t\left(x^{t+1}, y^{t+1}\right)}{D_v^t\left(x^t, y^t\right)} \tag{5-16}$$

在 t+1期的技术条件下，从 t 期到 t+1期技术效益的变化值为：

$$M^{t+1} = \frac{D_v^{t+1}\left(x^{t+1}, y^{t+1}\right)}{D_v^{t+1}\left(x^t, y^t\right)} \tag{5-17}$$

为了消除由于技术时期的选择对 Malmquist 指数测算产生的冲击影响，对上述两个时期测算的 Malmquist 指数计算平均值，从而衡量全要素生产率的变化情况：

$$M\left(x^t, y^t, x^{t+1}, y^{t+1}\right) = \sqrt{M^t \times M^{t+1}} = \sqrt{\frac{D_v^t\left(x^{t+1}, y^{t+1}\right) \times D_v^{t+1}\left(x^{t+1}, y^{t+1}\right)}{D_v^t\left(x^t, y^t\right) \times D_v^{t+1}\left(x^t, y^t\right)}} \tag{5-18}$$

如果 Malmquist 指数大于1，则意味着随着时间推生产效率在不断进步。

5.3.2 评价指标体系构建

5.3.2.1 数据来源

本节的数据源自各期《中国保险年鉴》，考虑到中原农险成立于2015年，在现在的农业保险市场中拥有重要的地位，并且前面年份数据缺失值较多，因此本节以2015年为研究起点，选取2015—2021年保险公司的经营数据进行实证分析。又因为一些保险公司开展的农业保险业务相对较小，因此本节未全部选取2021年开展农业保险业务的33家公司，只根据保险业务的大小选取排名靠前的14家公司，其中包括了8家综合类保险公司与6家专业性农业保险公司，这14家公司的农业保险保费收入之和占当年农业保险总保费收入的97.25%，其中8家综合性保险公司的农业保险保费收入之和占当年农业保险总保费收入的80.78%，6家专业性农业保险公司的农业保险保费收入之和占当年农业保险总保费收入的16.47%，选取这些保险公司作为分析样本能够充分反映出我国农业保险公司的真实经营状况。

5.3.2.2 探索性数据分析

本节搜集的14家开展农险业务的公司经营数据包含总保费收入、农险业务收入、总赔付支出、总人数、手续费及佣金支出、业务及管理费、实收资本和资本公积等指标，针对这9个指标进行探索性数据分析。在DEA模型当中，各投入与产出之间必须符合“正向性假设”，也即当增加投入的数量时，产出的数量也随之增加。通常的做法是皮尔逊相关系数进行检验，它衡量的是两个变量之间线性相关的程度。对样本相关系数估算，计算方式如下：

$$r_{X,Y}=\frac{\sum_{k=1}^{n}\left(X_i-\bar{X}\right)\left(Y_i-\bar{Y}\right)}{\sqrt{\sum_{k=1}^{n}\left(X_i-\bar{X}\right)^2}\sqrt{\sum_{k=1}^{n}\left(Y_i-\bar{Y}\right)^2}} \tag{5-19}$$

然后，通过python编程调用pandas库中的corr（ ）函数计算两两指标变量之间的相关系数得到9×9系数矩阵，将矩阵可视化为对应的热力图如图5-2所示。取值为[0, 1]表示正向相关，且相关系数越大表明其相关性越强，在热力图中颜色越深表示相关性越强，此时应考虑变量融合或者变量衍生。

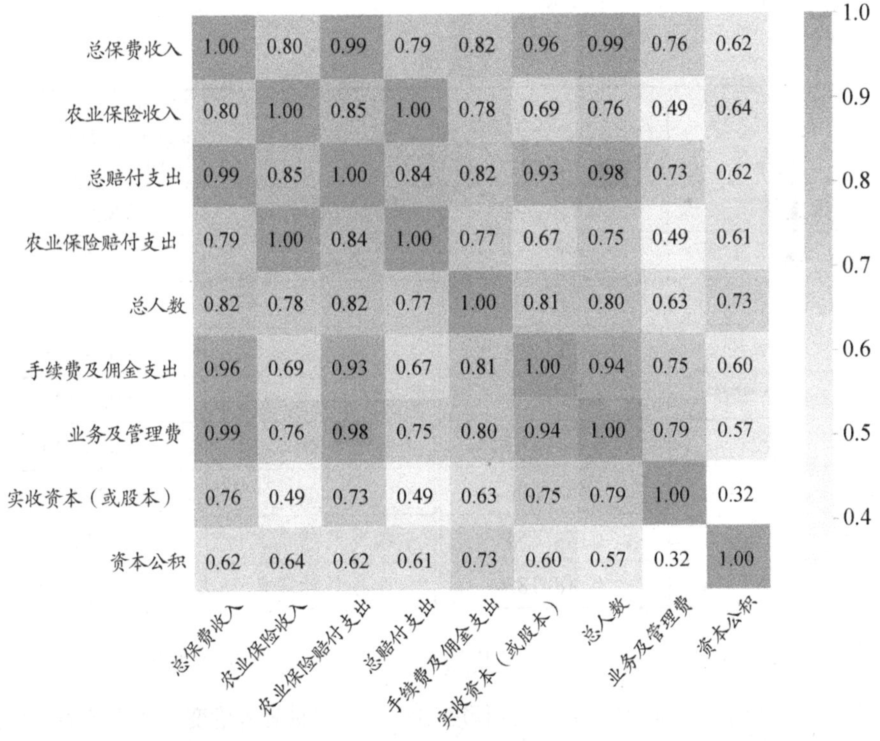

图5-2　Pearson相关性热力图

5.3.2.3 指标重要性测量

CART 回归树（Regression Tree）通过计算各个特征各个值划分的两部分 $\boldsymbol{D}_1$ 和 $\boldsymbol{D}_2$ 的误差平方和，选择误差平方和最小的作为最优特征和最优切分点：

$$\min_{A,a}\left[\min_{c_1}\sum_{x_i\in D_1(A,a)}\left(y_i-c_1\right)^2+\min_{c_2}\sum_{x_i\in D_2(A,a)}\left(y_i-c_2\right)^2\right] \tag{5-20}$$

其中，c_1 为 D_1 的样本输出均值，c_2 为 D_2 的样本输出均值。该公式的解释为对于任意划分特征 A，对应的任意划分点 a 两边划分成的数据集 $\boldsymbol{D}_1$ 和 $\boldsymbol{D}_2$，求出使 $\boldsymbol{D}_1$ 和 $\boldsymbol{D}_2$ 各自集合的均方差最小，同时 $\boldsymbol{D}_1$ 和 $\boldsymbol{D}_2$ 的均方差之和最小所对应的特征和特征值划分点。本节利用回归树特征选择时设置的最大深度为5，以限制复杂度。

由于本节将以农险收入和农险赔付支出作为 DEA 模型的产出，因此以这两个指标分别作为目标变量，基于 CART 回归决策树计算指标的重要性程度如表5-11所示，为指标选取提供参考依据。

表5-11　指标重要性

指标	指标重要性（以农业保险收入作为目标变量）	指标	指标重要性（以农业保险赔付支出作为目标变量）
资本公积	0.836 104	总保费收入	0.829 933
总保费收入	0.052 572	资本公积	0.059 502
总赔付支出	0.040 608	总赔付支出	0.038 746
实收资本（或股本）	0.029 248	公司名称	0.029 537
业务及管理费	0.019 040	实收资本（或股本）	0.023 137
年份	0.014 983	年份	0.018 330
手续费及佣金支出	0.006 606	总人数	0.000 815
公司名称	0.000 654	手续费及佣金支出	0.000 000
总人数	0.000 185	业务及管理费	0.000 000

结合图5-2和表5-11可知，业务及管理费和手续费及佣金支出的相关系数为0.94，呈高度相关，且两者的重要性程度均较低，此时应考虑变量融合或者变量衍生，综合考虑两指标的性质可将其合并成一个衡量保险公司的新指标“经营投入”。图5-2资本公积和实收资本的重要性排名非常靠前，说明其能体现保险公司稳健、

持续发展农险业务的潜力。此外，将公司和年份作为影响农险保费收入和赔付支出的特征，其重要性排名均比较靠后，说明不同公司在不同时期的保费收入和支出差异并不明显，需要进一步分析综合类保险公司和专业性农业保险在农险经营方面的异质性。

5.3.2.4　指标选取与描述性统计分析

在DEA模型的投入与产出的设计上，主要参考孙蓉等（2016）的做法。对于投入指标的选取。首先，保险公司在实际的运行过程当中，需要进行承保理赔等环节，因此会产生一定的费用，包括承保环节中的手续费以及佣金支出费用、运营环节当中的业务及管理费用。其次，由于农业保险在开展过程中需要用到大量的人力资源，因此劳动力投入也是其中的一个重要指标。最后，保险公司的资本规模反映了保险公司的整体实力，本节选取了实收资本与资本公积之和作为保险公司的资本规模代理变量。需要说明的是对于现有保险公司所披露的数据，它并未给出对于农业保险相关业务的确切数据，而卜振兴（2014）粗略地将各公司所有业务的投入数据作为计算农险效率的数据，这样处理方式显然不科学。因此，本节对于相关的投入指标做了一个加权处理，以农业保险的保费收入与总保费收入的比例作为权重，再使用这个权重去计算相关的农业保险业务的指标。对于产出指标的选取，首先，农业保险保费收入是保险公司开展农业保险业务的一个主要收入来源，体现了保险公司的对于农业保险承保的整体实力。其次，农业保险赔付支出是农业保险保障农业生产、农民增收的重要方式。因此选取农业保险保费收入与农业保险赔付支出作为主要的产出指标，其中农业保险保费收入作为期望产出，农业保险赔付支出作为非期望产出。相关的指标以及计算方法如表5-12所示，相关的数据描述性统计如表5-13所示，投入产出指标的Pearson相关系数如表5-14所示。

对数据做描述性统计分析时出现了缺失值的情况，采用前后两年的均值进行填补处理。由表5-13可知，本节的数据集跨期7年共计98条，而且各指标之间最大值和最小值差异巨大，主要原因在于专业性保险公司起步较晚、规模较小，大部分仍处于扩张阶段。由表5-14可知，各投入指标与产出指标之间的相关系数均在0.7

以上，正相关性较强，符合“正向性”原则，具有合理性，基于此的效率评价具有可靠性。

表5-12　指标与相应计算方法

指标	指标计算
保费收入（百万元）	农业保险总保费收入
赔付支出（百万元）	农业保险总赔付支出
人员投入（人）	基于保费收入的人员投入（总人数 × 农业保险保费收入 / 总保费收入）
资本规模（百万元）	基于保费收入的资本规模（（实收资本 + 资本公积）× 农业保险保费收入 / 总保费收）
经营费用（百万元）	基于保费收入的经营费用（手续费以及佣金支出费用 + 业务及管理费用 × 农业保险保费收入 / 总保费收）

表5-13　数据描述性统计

指标名称	count	mean	std	min	25%	50%	75%	max
保费收入	98	4 298.09	7 388.18	70.39	812.58	1 805.29	3 425.46	42 653.78
赔付支出	98	3 074.31	5 536.41	3.16	462.00	1 036.66	2 535.98	33 205.16
人员投入	98	5 053.70	9 543.99	171.90	520.67	1 549.31	3 281.70	39 756.19
资本规模	98	957.35	838.90	47.60	288.74	803.93	1 242.58	3 171.42
经营费用	98	1 317.71	2 227.69	53.86	248.61	481.30	980.78	11 438.99

表5-14　投入产出指标的 Pearson 相关系数

投入指标		人员投入	资本规模	经营费用
产出指标	保费收入	0.910 950	0.743 488	0.987 302
	赔付支出	0.900 081	0.733 149	0.978 299

5.3.3　实证结果及分析

本节选择静态的数据包络法 CCR、BCC 模型以及基于非期望产出 SBM 模型通过 Python 编程及对各农业保险公司经营效率进行了测算，得到表5-15到表5-21，动态的 Malmquist 指数模型则运用 DEAP Version2.1软件实现，得到表5-22与表5-23，实证结果如下。

表5-15　2015年各公司经营效率结果分析

公司名称	效益分析			规模报酬分析	
	技术效益（BCC）	规模效益（CCR/BCC）	综合技术效益（CCR）	有效性	类型
综合类保险公司					
人保财险	1	1	1	DEA 强有效	规模报酬固定
国寿财险	0.997	0.855	0.853	非 DEA 有效	规模报酬递减
大地保险	1	0.652	0.652	非 DEA 有效	规模报酬递增
太保产险	0.836	0.999	0.835	非 DEA 有效	规模报酬递增
平安产险	1	1	1	DEA 强有效	规模报酬固定
中华联合	1	0.838	0.838	非 DEA 有效	规模报酬递减
紫金财险	0.850	0.536	0.455	非 DEA 有效	规模报酬递增
北部湾财险	0.911	0.586	0.534	非 DEA 有效	规模报酬递增
专业性农业保险公司					
安信农险	1	1	1	DEA 强有效	规模报酬固定
安华农险	0.920	0.905	0.833	非 DEA 有效	规模报酬递减
阳光农险	0.946	0.923	0.873	非 DEA 有效	规模报酬递减
国元农险	1	0.683	0.683	非 DEA 有效	规模报酬递减
中航安盟	1	0.891	0.891	非 DEA 有效	规模报酬递减
中原农险	0.478	0.136	0.065	非 DEA 有效	规模报酬递增

表 5-16　2016年各公司经营效率结果分析

公司名称	效益分析			规模报酬分析	
	技术效益（BCC）	规模效益（CCR/BCC）	综合技术效益（CCR）	有效性	类型
综合类保险公司					
人保财险	1	1	1	DEA 强有效	规模报酬固定
国寿财险	0.995	0.808	0.804	非 DEA 有效	规模报酬递减
大地保险	1	0.577	0.577	非 DEA 有效	规模报酬递增
太保产险	0.789	0.980	0.773	非 DEA 有效	规模报酬递减
平安产险	1	1	1	DEA 强有效	规模报酬固定
中华财险	1	0.595	0.595	非 DEA 有效	规模报酬递减
紫金产险	0.759	0.679	0.515	非 DEA 有效	规模报酬递增

表5-16（续）

公司名称	效益分析			规模报酬分析	
	技术效益（BCC）	规模效益（CCR/BCC）	综合技术效益（CCR）	有效性	类型
北部湾财险	0.482	0.536	0.258	非 DEA 有效	规模报酬递增
专业性农业保险公司					
安信农险	0.379	0.934	0.355	非 DEA 有效	规模报酬递增
安华农险	0.792	0.808	0.640	非 DEA 有效	规模报酬递减
阳光农险	0.847	0.811	0.687	非 DEA 有效	规模报酬递减
国元农险	1	0.845	0.845	非 DEA 有效	规模报酬递减
中航安盟	0.462	0.790	0.365	非 DEA 有效	规模报酬递减
中原农险	0.170	0.835	0.142	非 DEA 有效	规模报酬递增

表 5-17　2017年各公司经营效率结果分析

公司名称	效益分析			规模报酬分析	
	技术效益（BCC）	规模效益（CCR/BCC）	综合技术效益（CCR）	有效性	类型
综合类保险公司					
人保财险	1	1	1	DEA 强有效	规模报酬固定
国寿财险	1	0.716	0.716	非 DEA 有效	规模报酬递减
大地保险	1	0.669	0.669	非 DEA 有效	规模报酬递增
太保产险	0.746	0.958	0.715	非 DEA 有效	规模报酬递减
平安产险	1	1	1	DEA 强有效	规模报酬固定
中华财险	1	0.527	0.527	非 DEA 有效	规模报酬递减
紫金产险	0.920	0.406	0.373	非 DEA 有效	规模报酬递增
北部湾财险	0.619	0.465	0.288	非 DEA 有效	规模报酬递增
专业性农业保险公司					
安信农险	0.416	0.782	0.325	非 DEA 有效	规模报酬递增
安华农险	1	1	1	DEA 强有效	规模报酬固定
阳光农险	0.748	0.811	0.606	非 DEA 有效	规模报酬递减
国元农险	1	0.484	0.484	非 DEA 有效	规模报酬递减
中航安盟	0.436	0.755	0.329	非 DEA 有效	规模报酬递减
中原农险	0.235	0.982	0.230	非 DEA 有效	规模报酬递增

表 5-18　2018年各公司经营效率结果分析

公司名称	效益分析			规模报酬分析	
	技术效益（BCC）	规模效益（CCR/BCC）	综合技术效益（CCR）	有效性	类型
综合类保险公司					
人保财险	1	1	1	DEA 强有效	规模报酬固定
国寿财险	0.942	0.586	0.551	非 DEA 有效	规模报酬递减
大地保险	1	0.419	0.419	非 DEA 有效	规模报酬递增
太保产险	0.709	0.939	0.665	非 DEA 有效	规模报酬递减
平安产险	1	1	1	DEA 强有效	规模报酬固定
中华财险	1	0.466	0.466	非 DEA 有效	规模报酬递减
紫金财险	1	0.342	0.342	非 DEA 有效	规模报酬递增
北部湾财险	0.819	0.487	0.399	非 DEA 有效	规模报酬递增
专业性农业保险公司					
安信农险	1	1	1	DEA 强有效	规模报酬固定
安华农险	0.785	0.733	0.575	非 DEA 有效	规模报酬递减
阳光农险	0.694	0.776	0.538	非 DEA 有效	规模报酬递减
国元农险	1	0.674	0.674	非 DEA 有效	规模报酬递减
中航安盟	0.475	0.848	0.403	非 DEA 有效	规模报酬递减
中原农险	0.344	0.920	0.316	非 DEA 有效	规模报酬递减

表 5-19　2019年各公司经营效率结果分析

公司名称	效益分析			规模报酬分析	
	技术效益（BCC）	规模效益（CCR/BCC）	综合技术效益（CCR）	有效性	类型
综合类保险公司					
人保财险	1	1	1	DEA 强有效	规模报酬固定
国寿财险	1	0.616	0.616	非 DEA 有效	规模报酬递减
大地财险	1	0.413	0.413	非 DEA 有效	规模报酬递增
太保产险	0.732	0.978	0.716	非 DEA 有效	规模报酬递增
平安产险	1	1	1	DEA 强有效	规模报酬固定
中华财险	0.990	0.565	0.559	非 DEA 有效	规模报酬递减
紫金财险	0.811	0.480	0.390	非 DEA 有效	规模报酬递增
北部湾财险	1	0.429	0.429	非 DEA 有效	规模报酬递增

表5-19（续）

公司名称	效益分析			规模报酬分析	
	技术效益（BCC）	规模效益（CCR/BCC）	综合技术效益（CCR）	有效性	类型
专业性农业保险公司					
安信农险	1	1	1	DEA 强有效	规模报酬固定
安华农险	0.644	0.933	0.601	非 DEA 有效	规模报酬递减
阳光农险	1	1	1	DEA 强有效	规模报酬固定
国元农险	0.988	0.606	0.598	非 DEA 有效	规模报酬递减
中航安盟	0.424	0.773	0.327	非 DEA 有效	规模报酬递增
中原农险	0.474	0.951	0.451	非 DEA 有效	规模报酬递减

表 5-20　2020年各公司经营效率结果分析

公司名称	效益分析			规模报酬分析	
	技术效益（BCC）	规模效益（CCR/BCC）	综合技术效益（CCR）	有效性	类型
综合类保险公司					
人保财险	1	1	1	DEA 强有效	规模报酬固定
国寿财险	0.684	0.998	0.683	非 DEA 有效	规模报酬递增
大地财险	1	0.532	0.532	非 DEA 有效	规模报酬递增
太保产险	0.778	0.999	0.776	非 DEA 有效	规模报酬递增
平安产险	1	1	1	DEA 强有效	规模报酬固定
中华财险	1	0.608	0.608	非 DEA 有效	规模报酬递减
紫金财险	0.979	0.466	0.456	非 DEA 有效	规模报酬递增
北部湾财险	1	0.468	0.468	非 DEA 有效	规模报酬递增
专业性农业保险公司					
太平洋安信	1	1	1	DEA 强有效	规模报酬固定
安华农险	0.620	0.999	0.619	非 DEA 有效	规模报酬递增
阳光农险	0.749	1	0.749	非 DEA 有效	规模报酬递增
国元农险	1	0.778	0.778	非 DEA 有效	规模报酬递减
中航安盟	0.493	0.766	0.378	非 DEA 有效	规模报酬递增
中原农险	0.507	0.980	0.497	非 DEA 有效	规模报酬递减

表5-21　2021年各公司经营效率结果分析

公司名称	效益分析			规模报酬分析	
	技术效益（BCC）	规模效益（CCR/BCC）	综合技术效益（CCR）	有效性	类型
综合类保险公司					
人保财险	1	1	1	DEA 强有效	规模报酬固定
国寿财险	0.852	0.871	0.742	非 DEA 有效	规模报酬递减
大地保险	0.993	0.486	0.483	非 DEA 有效	规模报酬递增
太保产险	1	0.813	0.813	非 DEA 有效	规模报酬递减
平安产险	1	1	1	DEA 强有效	规模报酬固定
中华财险	0.772	0.830	0.641	非 DEA 有效	规模报酬递减
紫金财险	0.659	0.564	0.372	非 DEA 有效	规模报酬递增
北部湾财险	1	0.443	0.443	非 DEA 有效	规模报酬递增
专业性农业保险公司					
太平洋安信	1	1	1	DEA 强有效	规模报酬固定
安华农险	0.701	0.880	0.617	非 DEA 有效	规模报酬递增
阳光农险	0.699	0.914	0.638	非 DEA 有效	规模报酬递增
国元农险	0.722	0.993	0.716	非 DEA 有效	规模报酬递减
中航安盟	0.509	0.624	0.317	非 DEA 有效	规模报酬递增
中原农险	0.587	0.913	0.535	非 DEA 有效	规模报酬递增

表5-22　各公司横截面和时间序列上均可比的效率值

	2015 年	2016 年	2017 年	2018 年	2019 年	2020 年	2021 年	平均值
人保财险	0.642	0.526	0.543	0.623	0.657	0.682	1.000	0.668
国寿财险	0.752	0.645	0.549	0.450	0.504	0.374	0.591	0.552
大地保险（财险）	0.439	0.369	0.365	0.300	0.358	0.295	0.400	0.361
太保产险	0.674	0.570	0.522	0.449	0.489	0.454	0.814	0.567
平安产险	1.000	0.783	0.822	0.728	0.847	0.888	1.000	0.867
中华联合（财险）	0.513	0.458	0.412	0.392	0.447	0.471	0.590	0.469
安信农险(太平洋安信)	0.820	0.763	1.000	0.941	1.000	1.000	1.000	0.932
安华农险	0.438	0.612	0.402	0.534	0.542	0.604	0.690	0.546
阳光农险	0.635	1.000	0.638	0.633	0.601	0.771	0.856	0.733
国元农险	0.677	0.536	0.702	0.739	0.820	0.713	1.000	0.741

表5-22（续）

	2015 年	2016 年	2017 年	2018 年	2019 年	2020 年	2021 年	平均值
紫金财险（产险）	0.442	0.339	0.332	0.330	0.488	0.480	0.424	0.405
北部湾财险	0.305	0.401	0.432	0.562	0.404	0.456	0.549	0.444
中航安盟	0.343	0.529	0.447	0.511	0.328	0.361	0.423	0.420
中原农险	0.083	0.245	0.458	0.471	0.679	0.698	0.707	0.477
平均值	0.555	0.555	0.545	0.547	0.583	0.589	0.717	

表5-23　不同模型计算结果对比

综合类保险公司	非期望SBM	BCC	CCR	强有效	专业性保险公司	非期望SBM	BCC	CCR	强有效
人保财险	0.668	1	1	7	中航安盟	0.420	0.542	0.430	0
国寿财险	0.552	0.924	0.709	0	国元农险	0.741	0.959	0.683	0
大地财险	0.326	1	0.472	0	安华农险	0.546	0.780	0.698	1
大地保险	0.375	0.999	0.560	0	安信农险	0.905	0.759	0.736	3
太保产险	0.567	0.798	0.756	0	阳光农险	0.733	0.812	0.727	1
平安产险	0.867	1	1	7	中原农险	0.477	0.399	0.320	0
中华联合	0.513	1	0.838	0	太平洋安信	1	1	1	2
中华财险	0.462	0.960	0.566	0					
紫金产险	0.335	0.839	0.444	0					
紫金财险	0.433	0.860	0.403	0					
北部湾财险	0.444	0.833	0.403	0					
平均值	0.504	0.928	0.650		平均值	0.689	0.750	0.656	

注：表中各保险公司效率值为历年效率值算数平均。

5.3.3.1　横向静态比较

（1）综合技术效益。

下面测算结果从效益和规模报酬两方面对2015—2021年样本保险公司经营效率进行分析。CCR 模型是在规模报酬不变的假定下测算综合技术效益，表示在技术水平一定时，投入不变前提下，以位于效率前沿面上的样本保险公司为参照，所要求达到的实际产出比例。

总体来看，2021年平安产险和太平洋安信均达到最优经营状态，综合技术效益最低的是紫金财险、北部湾财险和中航安盟，效率值分别为37.2%、44.3%、31.7%。根据表5-24和图5-3可知，自2015年起到2021年，我国8家综合类农险公司和6家专业性农险公司的综合效率均值分别为65% 和65.6%，表明我国专业性农险公司整体综合效益较高，每年浪费均控制在35% 以内较稳定的状态。

表5-24　2015—2021年 Malmquist 指数及分解指标

年份	技术效率指数	技术进步指数	纯技术效率指数	规模效率指数	Malmquist 指数
综合类保险公司					
2015—2016	1.026	0.968	1.009	1.016	0.993
2016—2017	0.97	1.034	0.988	0.981	1.003
2017—2018	1.001	1.044	1.012	0.989	1.045
2018—2019	0.992	1.126	0.955	1.039	1.117
2019—2020	1.041	0.949	1.043	0.998	0.988
2020—2021	0.987	1.245	1	0.987	1.229
专业性农业保险公司					
2015—2016	1.203	1.050	0.961	1.252	1.262
2016—2017	1.012	1.185	0.955	1.06	1.198
2017—2018	0.961	1.042	0.941	1.022	1.002
2018—2019	0.981	1.134	1.000	0.98	1.112
2019—2020	0.996	0.983	1.003	0.993	0.979
2020—2021	1.033	0.994	1.155	0.895	1.027

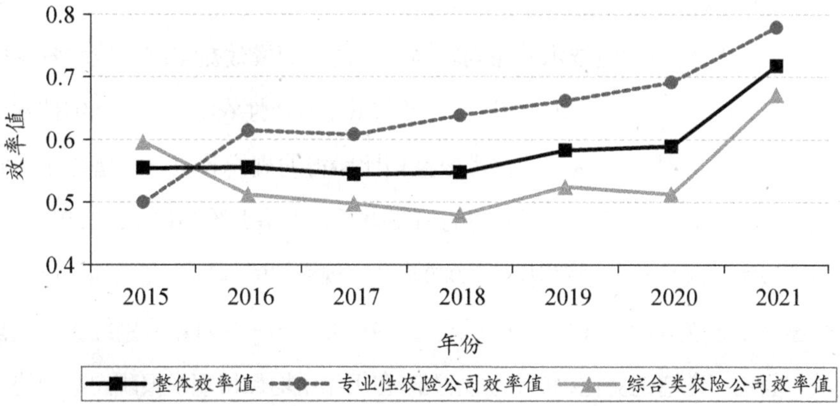

图5-3　非期望 SBM 测算综合类保险公司和专业性农险公司效率变化趋势

安华农险作为成立最早的农险公司之一，在2008年实现首次盈利之后综合技术效益持续增高，分别在2011年和2017年达到有效值，2017年后一直处于非 DEA 有效状态，整体而言安华农险的综合效益处于不平稳状态。中原农险和中航安盟在专业性农险公司中表现最糟糕，7年来综合效益均呈非 DEA 有效状态且效率值较低，表明两家公司近年来在投入方面存在较多资源浪费具体而言，在2015—2018年中航安盟的经营效率均优于中原农险，而在2019年及之后两者地位发生逆转。国元农险在样本保险公司中表现并非最佳，但其成立时间短，综合效益均值在2018年后为仅次于安信农险，表明投入资源得到较为充分的利用。平安产险和人保财险的效率一直为100%，表明投入资源得到充分利用，其中平安产险作为我国第二大财产保险公司，2021年平安产险保费收入达2 700.43亿元，其不仅有完善的产品链，更在产品终端建立优秀的服务体系，在农险领域的尝试和突破中取得成绩与其不断提高理赔的网络化、自动化程度的创新意识有着密不可分的关系。

（2）技术效益。

总体上看，我国农险公司的纯技术效益都非常高，其中综合类保险公司的各年效率值保持在85% 以上比较平稳的状态，显著高于专业性农险公司的经营效率，而且专业农险公司在2016年出现暴跌，之后恢复较为缓慢。从各家保险公司情况来看，人保财险和平安产险在历年的技术效益均值均达到100%，位于效率前沿面上，由此表明这几家保险公司的农险技术效益一直处于稳定有效的状态。

（3）规模效益。

由于各保险公司的纯技术效益均较高，因此其规模效益与综合技术效益相差不多。此外，综合类农险公司的综合技术效益低于专业性农险公司，而纯技术效益却相反，因此综合技术效益与纯技术效益相比所得的规模收益自然是专业性农险公司整体状况较好。从各家保险公司的情况来看，中华财险2015—2021年连续7年处于规模报酬递减状态，国寿财险在2020年处于规模报酬递增，在其他年份均为规模报酬递减；阳光农险在2015—2018年、2019年和2020—2021年分别经历了规模报酬递减、固定、递增的变化趋势，国元农险在历年中均保持规模报酬递减趋势；中原农险自2016年以来效率值在同性质公司行列中处于相对较高水平，而中航安盟在

2015—2018年处于规模报酬递减，之后一直是规模报酬递增的状态，表明其适当增加投入，扩大公司规模，能够获得经营效率的提高。

（4）非期望 SBM 测算。

Python3.8的环境下运用 Jupyter 工具通过编写函数实现，将2015—2021年的人员投入、资本规模和经营费用作为投入指标，保费收入作为期望产出指标，赔付支出作为非期望产出，以上均作为输入数据，调用自编函数计算，整理输出结果如表5-22所示。

安信农险有4年，平安产险有2年，阳光农险和国元农险各有1年处于效率前沿面上，而且这几家公司的效率均值分别排在前6的地位，除平安产险外其他3家公司均为专业性农险公司。大地保险、紫金财险、北部湾财险和中航安盟效率值均处于低水平均衡状态。纵向来看，2021年的效率均值最高，为71.7%，2017年整体效率值极低，低于55%，在2021年以前均处于较低水平，无明显波动。

将各保险公司分成专业性农险公司和综合类保险公司分别绘制变化图，如图5-3所示。根据非期望 SBM 模型测算出来在时间上的趋势：各保险公司经营农险的效率仍处于较低水平，但有逐渐上升的趋势，仍然存在较大改进空间。专业性农险公司的效率逐步上升且趋势明显，在2016—2017年效率表现为负增长，2017年后一直保持较大增长幅度；综合类农险公司的效率整体变化呈波浪状，无明显变化规律，在2016—2018年处于下行路线，拉低了保险公司的整体效率，在2019年稍有恢复的迹象，却可能因为新冠肺炎疫情这一重大公共卫生事故的发生使其在2020年跌落谷底，2021年保证上升趋势。总而言之，上述各保险公司的整体经营效率在专业性农险公司的加持下较为平稳，表明专业性质的农险公司有较强的农业风险抵御能力，农险产品供给种类丰富。

此外，值得一提的是，综合类保险公司经营农险的规模和经营农险的公司数量都要多于专业性农险公司，因此对整体的效率的影响较大，在图5-3中表现为变化曲线的趋同性。

（5）不同模型测算效率比较。

为了使分析更可靠、全面，同时将 BCC、CCR 和非期望 SBM 计算出来的效率值进行比较，如表5-23和图5-4所示。

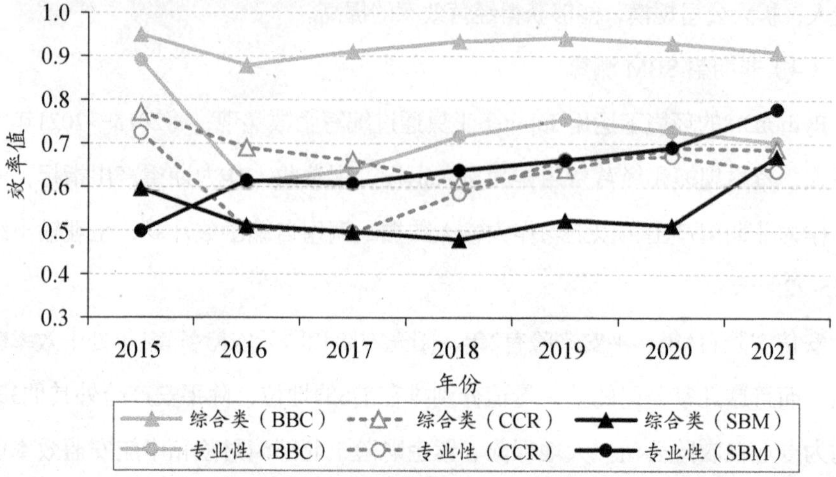

图5-4　BCC和CCR对综合类保险公司和专业性农险公司测算

根据表5-23中不同模型测算的效率值结果，表明我国农业保险供给确实存在明显的异质性特征。除安信农险外，非期望SBM模型测算得出的效率值明显低于BCC和CCR，是由于前者为基于面板数据进行的测算，后者为每一年度单独测算所取得的算数平均值，就适用性而言，前者的结果较可靠。SBM把松弛投入和松弛产出这样的无效率因素也考虑在内，相对于BCC是一种更严格的效率评价方法。

根据图5-4可知，三种方法测算出来的异质性农险公司曲线变动形状具有一定的相似性，BCC方法测算得到农业保险公司在2019—2021年呈小幅度下降趋势，CCR方法测算结果则显示农险公司在2020—2021年有轻微降低，非期望SBM则与前两者相反，呈上升趋势，只有非期望SBM测算得到专业性农险公司的整体经营效率高于综合类保险公司。而且各模型测算出来的效率值存在明显差异，比如BCC方法的估计值明显较高，其次是CCR，SBM偏低。因为CCR方法的估计值包含了BCC的估计值，小于1的效率值相当于比例对其缩小。此外，由图中黑色曲线可知，综合类保险公司和专业性农险公司的效率高低分别在2019年发生反转，即在2018年后2020年前曲线出现两个交点。

5.3.3.2　纵向动态比较（Malmquist 指数）

传统的 DEA 模型可以反映静态的投入产出效率情况，但如果是面板数据，则需要使用 Malmquist 指数进行研究，Malmquist 指数可以测度一段时期内效率的动态变化。它可以分解为综合技术效益指数（*EC*）和技术进步指数（*TC*），前者是基于规模报酬固定的技术效率变化，后者则可以反映两个相邻时期内生产前沿面的变动方向。综合技术效益指数可以进一步分解为纯技术效益指数（*PTC*）和规模效率指数（*SEC*）。

$$\text{全要素生产率（}TFP\text{）}=EC\times TC \tag{5-21}$$

$$EC=PTC\times SEC \tag{5-22}$$

全要素生产率中的要素是指除了劳动和资本外的其他所有物质要素，主要包括技术进步、组织创新、专业化和生产创新等。全要素生产率的变动包括技术进步和组织管理水平变动，其中技术进步可由要素质量的提高和科学技术进展引起，组织管理水平则受到技术水平发挥、规模经济和要素配置的影响。当 *TFP* 大于1时，说明从 t 期到 t+1期的生产率有进步，等于1时表明生产率保持不变，否则表示生产率有所倒退。其他指数变化分析方式类似，以1为基准进行衡量。

根据表5-24可知，8家综合类保险公司的 TFP 2016—2019年、6家专业性农险公司在2015—2019年均大于1，其中综合类保险公司的 TFP 分别为1.003、1.045和1.117，生产率表现为逐年进步的趋势，而专业性农险公司的生产率表现则相反。2019—2020年的 Malmquist 指数均小于1，生产率发生倒退，在生产前沿面向原点移动的情况下综合技术效益退步太大而无法挽回。2019年末为疫情初期，交通的闭塞导致农业出现需求疲软、供应链断裂等问题，保险公司在短期内出现赔付激增，也直接增加了地方财政压力、农业保险公司的理赔难度。2020—2021年进步最大，主要是受到技术进步的变动影响。

根据表5-25可知，8家综合类保险公司中平安产险平均而言是生产效率进步最大的，其他7家公司经营效率均有所进步；6家专业性农业保险公司中5家公司有进步，其中中原农险处于最高的生产率水平，中航安盟处于最低的生产率水平，且表现出倒退趋势，主要是规模效益有所退步。

表5-25 各公司 Malmquist 指数及分解指标

公司名称	技术效率指数	技术进步指数	纯技术效率指数	规模效率指数	Malmquist 指数
综合类保险公司					
人保财险	1.000	1.087	1.000	1.000	1.087
国寿财险	1.000	1.035	1.000	1.000	1.035
大地保险	1.004	1.063	1.000	1.004	1.068
太保产险	1.000	1.019	1.000	1.000	1.019
平安产险	1.000	1.113	1.000	1.000	1.113
中华联合	1.000	1.053	1.000	1.000	1.053
紫金财险	1.017	1.061	1.007	1.010	1.078
北部湾财险	0.999	1.021	1.000	0.999	1.021
专业性农业保险公司					
安信农险	1.000	1.052	1.000	1.000	1.052
安华农险	1.000	1.052	1.000	1.000	1.052
阳光农险	1.000	1.034	1.000	1.000	1.034
国元农险	1.000	1.095	1.000	1.000	1.095
中航安盟	0.897	1.110	1.000	0.897	0.996
中原农险	1.317	1.032	1.000	1.317	1.358

通过图5-5中不同指标的时序图对综合类保险公司和专业性农业保险公司进行异质性分析。专业性农业保险公司在2019—2020年 Malmquist 指数小于1，生产率水平严重退步，主要原因来自两个方面，技术创新的限制以及规模效率的退步；综合类保险公司在2016—2019年的 Malmquist 指数均大于1，说明连续进步，自2019年进步幅度减小甚至退步；综合类保险公司的综合技术效益指数基本保持在1上下轻微浮动，进步、退步都不明显；综合类保险公司的技术进步指数序列形状与 Malmquist 序列形状相似，表明全要素生产率的变动主要是技术进步引起的。

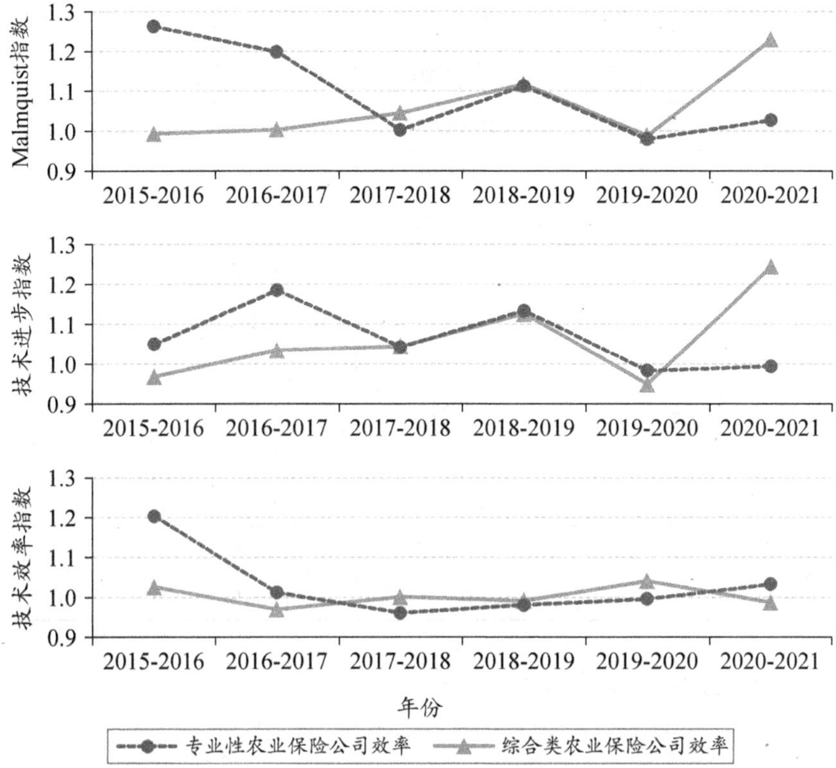

图5-5　Malmquist 指数及分解指标变化图

5.3.3.3　效率值的改进路径

在投入导向下的非期望SBM模型，可以计算在产出既定的条件下，各项投入和非期望产出可以改进的途径和程度。本节中的运行结果显示期望产出农业保险保费收入已经基本没有改进的空间。限于篇幅这里以2021年为例进行分析，由表5-21可知，2021年仅有人保财险、平安产险和太平洋安信3家公司效率值为强有效，其松弛量为0。其他10家效率值较低的公司投入和非期望产出松弛量见表5-26所示。

表5-26中的结果对低效率值的各公司提升具有借鉴意义。除安华农险、阳光农险、紫金财险、北部湾财险和中原农险不需要在赔付支出方面做出调整外，其他公司都需要在3个投入指标上做出相应精简调整，才能达到效率最优。比如，中华财险需要把经营农险的人员投入和资本规模分别减至5 143人、1 613.41百万元，而中原农险需要把投入业务中的资本、经营费用分别减至1 076.11百万元、90.64

百万元。

表5-26　2021年各公司投入和非期望产出松弛量

	人员投入 / 人	资本规模 / 百万元	经营费用 / 百万元	赔付支出 / 百万元
国寿财险	2 809	815.78	0.00	844.66
大地保险	915	408.09	19.72	131.29
太保产险	1079	405.82	0.00	50.26
中华财险	5 143	1 613.41	0.00	959.86
安华农险	1 210	260.41	0.00	0.00
阳光农险	1 045	7.67	0.00	0.00
紫金财险	356	710.31	227.62	0.00
北部湾财险	338	306.72	0.00	0.00
中航安盟	676	342.25	88.13	712.70
中原农险	0	1 076.11	90.64	0.00

5.3.3.4　效率的影响因素分析

（1）研究假设与模型设定。

通过利用 DEA 的不同模型对农业保险公司经营效率进行实证分析与比较后发现，我国农业保险经营效率存在改进的空间。为深入研究保险公司对农业保险经营效率的影响，首先在理论层面对可能影响农业保险经营效率的因素以及影响方向进行分析，然后通过实证对其进行验证，通过样本数据进一步估算影响程度。一般来说，农业保险经营效率主要有外部宏观因素与内部微观因素两大类，然而，农业保险的经营效率主要与内部微观的因素有关，外部因素只是有间接的影响。因此，本节选择内部微观因素对农业保险经营效率进行分析，并且选取了以下可能影响农业保险经营效率的几个因素：

第一，农业保险资产规模。农业保险运营需要一定的资产，资产规模在一定程度上决定了农业保险的经营实力。

第二，经营费用率。经营费用主要是由手续费、佣金支出以及业务管理费组成。经营费用率的高低反映了保险公司的经营实力以及对于业务能力的管理运营水平。通常，费用率越低，公司的业务管理运营水平就越强。

第三，农业保险收入占比。农业保险收入占比在一定程度上体现了公司运营农业保险的专业化程度，能够形成更高效的经营模式，进而影响其经营效率。

第四，行业比重。市场份额更大的公司能够提供更优质的产品与服务，能够通过对于市场的影响力减少营销成本，更有利于开拓农业保险业务。

考虑到前文使用 DEA 测算出来的农业保险效率值处于0~1，即左右两侧都存在受限点，通过 OLS 无法得到一致估计。对于取值受限的被解释变量，本节采用面板 Tobit 模型基于极大似然法 MLE 对测算出来的农业保险效率值作为被解释变量、上述假定的变量作为解释变量进行回归分析，更准确地分析影响农险效率的主要因素。具体模型如下：

$$EF_{tk} = \alpha_0 + \alpha_1 \ln asset_{tk} + \alpha_2 \exp rat_{tk} + \alpha_3 rate_{tk} + \alpha_4 ms_{tk} + \varepsilon_{tk} \quad (5\text{-}23)$$

模型中，EF_{tk} 为被解释变量，代表上文中所求的综合技术效益（CCR），k 与 t 分别代表公司与年份，α 为待估系数，$\ln asset$ 代表农业保险公司资产规模，以农业保险的保费收入与总保费收入的比例作为权重，再使用这个权重去计算农业保险的资产规模，然后取自然对数。$\exp rat$ 代表经营费用率，用经营费用占保费收入之比表示。$rate$ 代表农业保险收入占比，用农业保险收入占总保费收入之比表示。ms 表示行业比重，用该公司当年农业保险收入占行业农业保险保费收入之比表示，模型的计算均基于前文中源于《中国保险年鉴》的数据。其中，经营费用率、农业收入占比和行业比重均为无量纲指标，农业保险资产规模做了对数处理，一方面使数据平稳化，另一方面在一定程度上消除异方差。Tobit 分析采用2015—2021年的面板数据，共98条样本数据，为避免效率已经达到最优且经营规模较大的公司如人保财险和平安产险的数据对模型造成较大偏差，如前文所述两家公司的农险行业比重已经超过80%，根据拉依塔准则，相比于其他公司其表现为异常。以便更好分析经营效率的影响因素，因此剔除人保财险和平安产险这两个样本公司的数据，最后的数据容量为84条。各变量的描述性统计如表5-27所示。

（2）面板 Tobit 结果分析。

根据上述模型，利用 Stata16，对其进行随机面板 Tobit 模型分析，引入各解释变量进行逐步回归，依次检验每个变量对被解释变量的影响，具体的回归结果如表5-28所示。

表5-27 数据描述性统计

variable	N	mean	sd	min	max
ln *asset*	84	6.458	0.873	3.862	8.062
exp *rat*	84	0.335	0.143	0.132	1.282
rate	84	0.373	0.302	0.005	0.934
ms	84	0.042	0.041	0.002	0.181

表5-28 随机面板 Tobit 回归结果

	(1)	(2)	(3)	(4)
	EF	***EF***	***EF***	***EF***
ln *asset*	−0.020 (0.029)	−0.022 (0.026)	−0.029 (0.025)	-0.055^{*} (0.031)
exp *rat*		-0.478^{***} (0.098)	-0.518^{***} (0.100)	-0.507^{***} (0.099)
rate			0.259^{**} (0.118)	0.315^{***} (0.122)
ms				1.168 (0.821)
常数	0.823^{***} (0.194)	0.991^{***} (0.173)	0.953^{***} (0.165)	1.051^{***} (0.175)
rho	0.689	0.669	0.538	0.524
Wald 检验	0.50	24.76^{***}	30.08^{***}	33.00^{***}
对数似然值	42.396	53.152	54.970	55.965
σ_u	0.178^{***} (0.040)	0.150^{***} (0.035)	0.116^{***} (0.029)	0.112^{***} (0.027)
σ_e	0.120^{***} (0.010)	0.106^{***} (0.009)	0.107^{***} (0.009)	0.106^{***} (0.009)
N	84	84	84	84

注：***、**、* 分别表示检验统计量在 1%、5%、10% 的水平上显著，括号内为标准误。

rho 表示个体效应的方差占混合方差的比重。*Wald* 检验是参数联合检验的方式之一，与多元线性回归中的 *F* 检验类似，原假设是每个自变量的总体回归系数为0，由表可知该检验在1% 水平下显著，因此拒绝原假设，而认为整个模型的设置是合理的。

回归结果表明：

①资本规模负向影响农业保险公司经营效率，假设第一点不成立。在假定其他条件保持不变的情况下，当资本规模增加1% 时，可使综合技术效益平均减少0.05%，此结果能够解释对于保险公司供给意愿不强的成因第三点，即我国农业保险的存量效应已经基本释放完毕，即低成本扩张阶段基本结束，进入规模报酬固定或递减状态，使得农业保险的增量用户边际成本较高，因此增强了保险公司的农业保险业务经营惰性，导致效率降低，但是这种影响非常微弱。另一个原因可能是存在异方差性，它指的是被解释变量观测值的分散程度随解释变量的变化而变化。本节采用不同农业保险公司的数据，通过表5-13描述性统计分析可知综合类保险公司和专业性农险公司的农险经营规模差异较大，实证时虽剔除了部分规模较大公司的影响，但是并没有完全消除；综合类保险公司的险种丰富但并非主营农险，在农险产品供给中异质性较差。

②经营费用率与农险综合技术效益呈现显著负相关，在假定其他条件保持不变的情况下，当经营费用率减少1% 时，可使综合技术效益平均增加0.51%，表明合理控制手续费、佣金支出以及业务管理费对于提高公司农险业务效率十分重要。

③农业保险收入占比与农险综合技术效益呈现显著正相关，在假定其他条件保持不变的情况下，当农险收入比重增加1% 时，可使综合技术效益平均增加0.32% 个单位。表明提高农险业务在公司整体业务中的比例有利于提升农险经营效率，也说明了近年来先后成立的专业性农业保险公司对提高农险行业整体经营效率起到了举足轻重的促进作用。

④行业比重与农险综合技术效益正相关性并不显著，因此假设第四点在10% 的显著性水平下不成立。说明行业比重大仅代表公司在农业保险市场的整体地位，无法证实行业比重的提高能提升农险经营效率，也说明农业保险市场整体还处于

欠发达状态。

⑤经营费用率是对农险效益影响最大的指标。

5.4 结　论

以上分析充分考虑农户生产资料有限性，以生产活动收益最大化为目标，考虑保险人承保与不承保、政府补贴与不补贴情形下农户的农业生产投入、非农业投入、投保农业保险最优决策行为。基于农户生产投入在各情景下的最优决策行为构造农户、政府、保险人的三方博弈矩阵，并进行演化均衡求解。考虑“保险+期货”模式下保险人承保农业保险条件，并分析期货期权市场损益对农业保险开展以及对农户生产活动产生的影响。在此基础上，进一步运用地区面板数据探究地方财政补贴对农业保险发展的影响，结合环境因素、经济因素、风险因素对面板数据进行回归，发现地方财政补贴对农业保险密度和深度的影响为正，使用截尾回归和滞后一期的地方农业保险保费补贴作为工具变量结论依然稳健，对其异质性发现得到东部地区地方财政补贴对农业保险密度的影响更大，中部地区地方财政补贴对农业保险密度的影响次之，西部地区地方财政支农实力对农业保险密度的影响最小，粮食主产省份相对于非粮食主产省份方财政补贴对农业保险密度更大。据此，从补贴供给的角度，对我国农业保险发展的异质性进行了进一步的论证，同时，对农业保险公司异质性进行测度，比较了专业性农险公司与综合性财险公司的经营效率，并对影响农业保险公司经营效率的因素进行了分析，以上均为我国多层次、立体化农业保险机制构建提供了依据。

第6章　我国农业保险需求的异质性：基于“二元”农户视角的分析

诚如前述，尽管我国政性农业保险自2007年以来，实现了跨越式发展，然而，随着中国农业现代化的加速发展，尤其是城镇化与土地流转改革的不断深入，农业生产主体“二元化”格局逐步凸显，农业保险发展面临新的环境。一方面，新型农业经营主体（包括家庭农场、农民合作社、农业产业化龙头企业等）数量逐日上升，且在生产高质量农产品、提高农业效益和发展竞争力等方面具有明显优势，已经成为促进农业现代化发展的引领力量。另一方面，掌握着大部分耕地的传统小农经营，是全国粮食生产的主要供给者，其小规模农业生产在农业发展中的作用依然不可忽视。在这种“二元主体”格局之下，其衍生的农业保险需求也呈现出明显的异质性。新型农业经营主体集约化、规模化特征使其对风险转移、经济补偿需求要高于普通农户，尤其是保障水平提升、农业保险产品创新等方面有着更具针对性的需求，对收入保险、价格保险、土地流转履约保险的需求更为迫切；而对普通农户而言，根据其需求通过提供与之相适应的农业保险，对保障其生产可持续性及收入稳定、维护粮食供给安全同样具有重要意义。对此，2021年中央一号文件明确指出要进一步扩大农业保险覆盖面，完善风险分散机制，提高保障水平，为推动农业保险高质量发展注入能量。因此，本章将试图区分农户“二元主体”，厘清其异质性需求，并为其提供与之相适应的风险管理和保险服务，以更好地促进农业保险高质量转型发展。

6.1 新型农业经营主体与普通农户“多层次”投保需求分析

6.1.1 理论分析与研究假设

6.1.1.1 农业保险需求影响机制研究假说

由于农业生产具有弱质性，在自然风险存在的情况下，Goodwin（1993）认为农户通过投保农业保险来实现收入的期望效用最大化。首先，假设农户是“经济理性人”，且购买农业保险将会对其收入造成影响，并对其投保前后的期望效用进行比较。

在保持农户投保面积等于种植面积的情况下，农户不参保的期望效用为：

$$EU_1(I)=\int_{q_{\min}}^{q_{\max}}U\left(I_0+I(q)S\right)f(q)\mathrm{d}q \tag{6-1}$$

农户参保后期望效用变为：

$$EU_2(I)=\int_{q_{\min}}^{q^*}U\Big(I_0+\big(I(q)+p(q)-a\big)S\Big)f(q)\mathrm{d}q+\int_{q^*}^{q_{\max}}U\Big(I_0+\big(I(q)-a\big)S\Big)f(q)\mathrm{d}q \tag{6-2}$$

式中，I_0 表示农户初始货币财富，$I(q)$ 为每亩纯收入，$p(q)$ 为灾后每亩赔偿额度，$f(q)$ 为产量的概率密度；S、q、q^*、a 分别表示种植面积、亩产量、理赔临界产量以及每亩需缴纳保费。当 $EU_1(I)<EU_2(I)$ 时，即参保后农户期望效用更大，有助于农户选择参与农业保险，反之则不会参保。

另一方面，依据生产函数

$$q=f(k,l) \tag{6-3}$$

式中，k、l 分别代表每亩投入与劳动力。结合上述公式可得，生产投入与劳动力投入通过作用于生产函数，进而作用于农户参保的期望效用。

基于期望效用理论可知，生产投入、劳动力投入以及种植面积均会对农户的保险需求造成影响。考虑到不同经营主体的生产要素均不相同，王洪波（2016）对影响各类经营主体保险需求的因素进行对比发现，土地规模与各类经营主体农业保险需求都保持正相关，且对于合作社与龙头企业的影响效果显著高于普通农户；而人员规模对合作社的保险需求影响为负值，并提出可能是因为人口数量增加时，其自身投保权重未变。张伟等（2013）认为当下农户收入由农业收入与非农收入构成，随着社会经济快速发展和工业化进程不断深化，农户的非农收入比重持续上升，不仅导致自然风险对农业收入的影响程度降低，还对农业保险的风险保障功能形成替代效应，降低了农户对农业保险需求。新型农业经营主体由于受教育程度以及家庭人口总数比普通农户更高，其从事非农劳动生产的途径更为多样，对纯农业收入的依赖性更低，因此，本节预期新型农业经营主体的农业保险需求受土地规模的正向影响更为显著，受家庭人口的反向影响更为显著。Smith等（1996）发现，由于道德风险的存在，农户投保行为与化肥投入之间存在抑制关系。张哲晰等（2018）进一步研究发现农户投保行为对其生产投入的抑制性体现在成本挤占、道德风险和调整资源配置这三方面。一方面，农户预期投保后能够得到补偿，于是会减少对农业风险的防范力度，或者在灾后不积极作为，具体体现在削减生产资料投入；另一方面，农户将保费支出归类于农业生产成本，导致保费支出与生产资料投入之间存在挤出效应。由于新型农业经营主体的集约化与规模化特征，其农业生产投入往往会高于普通农户，但由于其自身资产规模比普通农户更大，保费投入的挤出效应对其作用效果会相对较弱，因此本节预期农业生产投入对普通农户的反向影响更为显著。综合以上内容，本节提出：

假说1：家庭劳动力总数、土地规模、农业生产投入对“二元主体”农业保险需求均有显著影响

6.1.1.2　农户异质性农业保险需求研究假说

一般而言，由于新型农业经营主体自身投资规模与经营规模均较大，其面临的自然风险和市场风险会显著高于普通农户，继而产生更强烈的保险需求。

假设两类经营主体均为风险厌恶型，风险发生的概率为 p，而新型农业经营主体遭受风险的概率（p_1）高于普通农户的概率（p_2）。I_0 为农户初始财富，如果农户购买农业保险，现行农业保险保费为 Z，农户风险发生后损失程度为 L，保险赔偿额度为 K，则风险发生后农户财产为 $p(I_0-Z-L+K)$，未发生风险时农户财产为 $(1-p)(I_0-Z)$。

依据经济学中的消费理论，测度农户购买农业保险后所获得的效用是基于享用该商品过程所获得的主观满足感，可以不考虑保费支出，但保险产品购买量会受到个体收入的约束。因此，农户购买保额为 K 的农业保险所获效用为其购买保险时的期望效用 $EU(1)$ 与未购买时的期望效用 $EU(2)$ 之差：

$$U(K)=EU(1)-EU(2)=\big(pU(I_0-L+K)+(1-P)U(I_0)\big)-\big(pU(I_0-L)+(1-p)U(I_0)\big) \tag{6-4}$$

多购买一单位农业保险所获得的边际效用为：

$$\begin{aligned}\Delta U&=U(K+1)-U(K)\\&=\big(pU(I_0-L+K+1)+(1-p)U(I_0)\big)-\big(pU(I_0-L+K)+(1-p)U(I_0)\big)\\&=p\big(U(I_0-L+K+1)-U(I_0-L+K)\big)\end{aligned} \tag{6-5}$$

显然，在效用函数满足 $U'(\mathrm{I})>0$，$U''(I)<0$的条件下，农户购买农业保险的边际效用大于零，并随着购买量的增加而递减。且由于新型农业经营主体的风险发生概率（$p1$）大于普通农户的风险发生概率（$p2$），新型农业经营主体购买一单位农业保险所获得的边际效用也大于普通农户。

考虑到不同经营主体为获得符合自身保障需求的保险产品而付出的保费水平也不同，因此在将保费支出纳入考虑后，基于效用最大化假设：

新型农业经营主体的期望效用为：

$$EU(Z,L,K,p_1)=p_1U(I_0-Z-L+K)+(1-p_1)U(I_0-Z) \tag{6-6}$$

普通农户的期望效用为：

$$EU(Z,L,K,p_2)=p_2U(I_0-Z-L+K)+(1-p_2)U(I_0-Z) \tag{6-7}$$

不同的经营主体均会在 Z 与 L 之间进行权衡，以期达到自身期望效用最大化，这种权衡会受到种植规模、劳动人口、生产投入等多种因素干扰，从而产生多样化的农业保险需求。不同经营主体的无差异曲线分别为：

$$\frac{\mathrm{d}L}{\mathrm{d}Z}=\frac{-p_1U'\big(I_0-Z-L+K\big)-\big(1-p_1\big)U'\big(I_0-Z\big)}{-p_1U'\big(I_0-Z-L+K\big)} \tag{6-8}$$

$$\frac{\mathrm{d}L}{\mathrm{d}Z}=\frac{-p_2U'\big(I_0-Z-L+K\big)-\big(1-p_2\big)U'\big(I_0-Z\big)}{-p_2U'\big(I_0-Z-L+K\big)} \tag{6-9}$$

显然，对于 $p_1 > p_2$，在其他条件不变的情况下，式（6-8）的负斜率小于式（6-9），即对于自担风险部分，新型农业经营主体对风险变化的灵敏度更高，在保险政策不变时，其对高保障保险的需求大于普通农户。若 $p_1=p_2$，即不同经营主体的风险发生概率相同时，通过合理权衡保费 Z 与自担损失 L 来优化保险结构，也会抬高无差异曲线，提升经营主体的效用水平。因此本节提出：

假说2：新型农业经营主体的农业保险需求高于普通农户

6.1.2 数据来源与描述分析

6.1.2.1 数据来源

本节数据来源于第三次全国农业普查微观样本数据库，样本涵盖了全国31个省市自治区，剔除无效问卷后，最终所得样本为1 964户。本节研究对象为农业经营户，根据第三次全国农业普查的口径，农业经营户包括普通农户和新型经营主体。普通农户指居住在中国境内（未调查港澳台地区）从事农业、林业、牧业、渔业和农林牧渔服务业的农业经营户。新型经营主体指的是农业经营规模较大、主要从事商品化经营的农业经营户。依据调查问卷中的“您家参加了哪些新型农业经营组织或形式”答案，对参加了新型农业经营组织的农户划分为“新型农业经营主体”，否则为“普通农户”。其中属于普通农户的有1 779户，占90.5%；新型农业经营主体有185户，占9.5%。样本数据内容囊括了农户家庭基本情况、确权或经营的耕地情况、农作物种植情况、拥有的农用机械情况、生产经营特征情况等方面的指标。

6.1.2.2 样本描述性分析

前文已对“二元主体”农业保险需求做出了相关假设，为了检验这些假设的准确性，本节利用样本数据进行了实证分析，将所选变量进行归纳整理，并对定性变量采取相应赋值操作使其转变成定量数据，可得到如下描述性分析：

（1）户主个人特征。户主个人特征包括性别（gen）、年龄（age）与受教育程度（edu）。样本中普通农户1 779户，其中男性户主970人，购买了农业保险的有565人，女性户主809人，购买了农业保险的有484人；新型农业经营主体185户，其中男性户主91人，购买了农业保险的有71人，女性户主94人，购买了农业保险的有79人。在所有年龄段中，50岁以上的农户参保比例最高，占62.7%；新型农业经营主体与普通农户的平均年龄分别为42.97、45.94，对比可得，普通农户家庭中多为年长者在家务农，而新型农业经营主体家庭中更多的是年轻人来从事农业生产经营。依据调查问卷中的“受教育程度”并对其进行赋值分析得到，普通农户中受教育程度为小学、初中、高中的农户分别占31.1%、46.3%、12.6%；新型农业经营主体中受教育程度为小学、初中、高中的农户分别占29.7%、41%、16.7%，对比可得，后者的受教育程度相对于普通农户更高。

（2）户主家庭特征。户主家庭特征包括家庭劳动力总数（num）、家庭耕地面积（land）与家庭拥有农用机械数量（agri）。样本中普通农户的家庭劳动力总数小于3人的占71%，新型农业经营主体家庭劳动力总数小于3人的占63.1%；普通农户中69%的家庭未拥有家庭农用机械，新型农业经营主体中57%的农户未拥有家庭农用机械，比较可得，后者的家庭劳动力总数以及家庭资产规模均高于普通农户。

（3）户主农业特征。户主农业特征包括机械投入（mach）、技术投入（tech）、农药投入（med）与种植结构（HHI）。普通农户中机械投入非0的农户占31%，技术投入非0的农户占24.8%，农药投入非0的农户占27.9%；新型农业经营主体中机械投入非0的农户占35.7%，技术投入非0的农户占41.1%，农药投入非0的农户占31.4%，比较可得，后者的生产投入要显著高于普通农户。

6.1.2.3 变量的描述性统计

通过对“二元主体”的基本状况做描述性统计分析，得到其样本特征如表6-1所示。新型农业经营主体的土地规模相对于普通农户高出54.17%，因此其面临的各类风险更大，对风险管理需求较高，导致其农业保险需求均值比普通农户高38.14%；且受土地规模与家庭农机数量的影响，新型农业经营主体在农业生产投入方面也普遍更高。普通农户的种植结构更为单一，因为新型农业经营主体的种植目的更为多元，且有技术条件与土地资产的支撑，使其能够种植的农作物类型也更为多样。

表6-1 变量定义及描述性统计

变量名称	变量定义与描述	普通农户		新型农业经营主体	
		均值	标准差	均值	标准差
y	购买保险 =1，未购买 =0	0.590	0.492	0.815	0.389
gen	户主性别：男性 =1，女性 =0	0.546	0.498	0.481	0.501
age	户主年龄（岁）	45.94	16.29	42.97	16.23
edu	户主受教育程度：未上过学 =1，小学 =2，初中 =3，高中或中专 =4，大专及以上 =5	2.789	0.887	2.862	0.980
num	家庭劳动力总数（人）	4.279	1.742	4.254	1.663
$land$	家庭耕地面积（亩）	7.680	9.643	11.84	26.10
$agri$	拥有农用机械数量（台）	0.621	1.228	1.085	2.463
$mach$	机械投入项数：机耕、机播、机收	0.394	0.896	0.481	0.965
$tech$	技术投入项数：地膜、温室、大棚、秸秆还田、喷灌、滴灌、渗灌	0.283	0.535	0.476	0.665
med	农药投入：每亩喷洒农药次数	0.638	1.178	0.762	1.384
HHI	种植结构：$HHI=\sum_i (S_i)^2$ S_i 为作物 i 占农户种植总面积的比例，HHI 越高，表明农户种植结构越单一	0.207	0.358	0.170	0.316

6.1.3 实证分析

6.1.3.1 基准回归

该模型的被解释变量为“二元主体”的农业保险需求 Yi，依据调查问卷中“您家参与了哪些农业保险？”的结果，将购买了农业保险的农户赋值为1，表示其对农业保险存在需求；将未购买的农户赋值为0，表示不存在需求。对于此类离散型二元选择问题，本节选择采用 Logit 二元回归模型，该模型无须严格的假定条件，相比于线性方程具有不受统计假设约束、适用范围更广的优点。农户对农业保险的需求概率为：

$$\text{Prob}(r_1)=p_1=\frac{e^{\beta_0+\beta_1X_1}}{1+e^{\beta_0+\beta_1X_1}}=\frac{1}{1+e^{-(\beta_0+\beta_1X_1)}} \tag{6-10}$$

由式（6-10）可得：

$$e^{\beta_0+\beta_1 X_1}=\frac{p_1}{1-p_1} \tag{6-11}$$

式（6-11）为不同经营主体农业保险需求的概率之比，两边同时取自然对数可得：

$$\text{Logit}(p)=\beta_0+\sum_{i=1}^{k}\beta_i x_i \tag{6-12}$$

式中，$x_i(i=1, 2, 3, \cdots, k)$ 为解释变量，包括户主个人特征、家庭基本情况、家庭农业特征等。运行模型结果如表6-2所示。

表6-2　异质性农户农业保险需求影响因素的估计结果

变量名称	普通农户		新型农业经营主体	
	系数（标准误）	显著性	系数（标准误）	显著性
gen	−0.099 （0.099）	0.316	−0.281 （0.420）	0.504
age	0.087** （0.039）	0.026	−0.089 （0.173）	0.609
edu	0.069 （0.066）	0.296	−0.132 （0.275）	0.631
num	−0.130*** （0.049）	0.008	−0.487** （0.207）	0.018
land	0.117** （0.053）	0.026	0.087 （0.202）	0.668
agri	0.101** （0.045）	0.024	0.150 （0.124）	0.226
mach	−0.028 （0.063）	0.662	−0.648** （0.296）	0.028
tech	0.141 （0.094）	0.135	0.396 （0.343）	0.249
med	0.147** （0.062）	0.018	0.922** （0.425）	0.030
HHI	−0.055 （0.178）	0.756	0.331 （0.175）	0.369

注：***、** 分别代表在 1%、5% 的水平上显著。

由表6-2可知，受教育程度对两类经营主体农业保险需求的影响均不显著，通过进一步的样本数据分析发现，两类农户受教育程度的分布都集中在小学与初中且分布较为相似，其中，新型农业经营主体的小学学历占29.7%，初中学历占41.0%，而普通农户的小学学历占31.1%，初中学历占46.3%，因此，由于农户受教育程度分布集中，且普遍为低学历，使得这一因素对农业保险需求的影响不显著。普通农户的年龄与农业保险需求正相关，随着年龄的增大，普通农户的抗风险能力减弱，对农业保险的风险分散功能更为依赖；而这一因素对新型农业经营主体的影响并不显著，可能是由于新型农业经营主体的风险分散途径更多元，使得年龄大小并不会对其抗风险能力造成太大影响。

两类农户的家庭劳动力总数均与农业保险需求负相关，且新型农业经营主体所受影响更为显著，家庭劳动力总数越大，意味着能从事的非农劳动生产活动越多，对于农业的依赖性也就越低，农业保险需求自然也会减少，其与假说1相符。普通农户的农业保险需求与土地规模和农机数量均为正相关，这说明规模化特征使得普通农户承担更大的风险，也使其对农业保险的风险保障需求更为迫切，而土地规模对新型农业经营主体农业保险需求的影响并不显著，可能是因为新型农业经营主体的种植规模普遍较大，其面临的总风险也远高于普通农户，每增加一单位种植规模所带来的风险却远小于普通农户，导致耕地规模并不会显著影响其农业保险需求。新型农业经营主体的机械投入与农业保险需求负相关，说明机械投入与保费投入存在一定的挤出效应；而两类农户的农药投入均会促进保险需求的增加，可能的原因是农药在农业生产中的普及度已经较高，即使存在一定的挤出效应也不会抑制农业保险需求，且农药投入量在一定程度上衡量了户主对农业生产的重视程度，也导致了农药投入对农业保险需求的促进，而新型农业经营主体由于自身资产规模大，其保费投入遭受农药投入的挤出效应更小，使得农药投入对新型农业经营主体农业保险需求的正向影响更为显著。

6.1.3.2　Oaxaca-Blinder 分解

Oaxaca-Blinder 分解是一种常见的差异分解，最初被用来解释工资差距，随后被推广至其他不平等组别之间的比较分析。基于上述 Logit 回归的基础，为了进一步对不同经营主体的农业保险需求进行差异分解，此处选择采用 Oaxaca-Blinder 分解法。Oaxaca-Blinder 分解法的研究目的主要是分别得出可解释和不可解释部分对两类主体农业保险需求差异的贡献程度，其分解过程可分为两步：第一步，分别估计不同经营主体的保险需求方程，求得解释变量的估计系数；第二步，添加反事实假设，将保险需求差异的均值分解作如下分解：

$$E(y_u)-E(y_r)=E(X_u)'\beta_u-E(X_r)'\beta_r=E(X_u)'(\beta_u-\beta_r)+\left(E(X_u)'-E(X_r)'\right)\beta_r \quad (6\text{-}13)$$

式中，下标 u 代表新型农业经营主体，r 代表普通农户。X 为自变量，y 代表农业保险需求，β 为各自变量的估计系数。该式前一项表示差异中不能由自变量解释的部分，将其理解为保险公司的保费补贴水平以及农户对农业保险的了解程度与索赔难度等外部因素；后一项表示能由自变量解释的部分。

根据上述 Logit 模型的结果，对两类经营主体的样本数据进行整体差异分解。结果如表6-3所示。

表6-3 异质性农户农业保险需求总体差异 Oaxaca-Blinder 分解

变量	系数	标准误	t 值	$P>\|t\|$
group_1	0.811	0.020	28.15	0.000
group_2	0.590	0.012	50.55	0.000
difference	0.221	0.031	7.12	0.000
explained	0.021	0.010	2.06	0.040
unexplained	0.200	0.032	6.31	0.000

根据表6-3数据可知，组1新型农业经营主体农业保险需求均值为0.811，组2普通农户农业保险需求均值为0.590，两组差异为0.221，t 值为7.12，且显著性水平达1%，这表明两类经营主体对农业保险的需求存在显著差异。

两类经营主体的整体差异中可解释部分为0.021，占总体差异的9.5%，即两类经营主体农业保险需求差异的9.5% 是因文中所选取的户主特征、家庭特征以及农业特征等方面的差异导致的。其经济学含义为：当普通农户与新型农业经营主体具有相同的特征因素时，普通农户的农业保险需求将提高0.021。说明农业保险需求除了受到户主的个人特征、家庭特征与农业特征的影响外，受外来因素的影响更大。这是因为现阶段中国农业保险的普及程度还较低，保险公司“一刀切”的做法导致了大户保障水平低、散户参保难、农业保险产品供需不适配等局面，且由于技术等原因的限制导致的定损难、理赔难等困局，严重影响了农户的参保积极性；另一方面，政府对农业保险的推广力度还不足，在农业保险推广过程中，信息传达不准确、不彻底，使得农户对农业保险的认知存在一定的偏误，这也会对农户投保意愿造成影响。

6.1.3.3　PSM 检验

倾向得分匹配法（Propensity Score Matching，PSM）通过构建“反事实推断模型”，基于观测数据来分析变量间因果关系，相对于传统线性回归方法，倾向得分匹配法可以较好地处理有偏估计与样本“自选择”引起的“选择偏差”。一般情况下，学界认为在样本容量充足且考虑足够多农户特征变量的条件下能够得到充分的平衡性以及共同支撑性，本书采用的样本数据能够符合该要求。本节采用 PSM 法，运用模型匹配比较同一农户在属于“新型农业经营主体”和“普通农户”两种状态下农业保险需求差异，在其他因素都相同的情况下，引起农业保险需求差异的唯一原因便是经营主体异质性。同一农户不可能同时属于“新型农业经营主体”和“普通农户”，得到的结果分别是可观测与不可观测的。通过 PSM 模型寻找家庭条件相似但所属经营主体类型不同的样本，匹配比较其农业保险需求差异，就可以研究经营主体异质性对农业保险需求的影响。因为 PSM 既不用提前假定函数形式、参数约束及误差项分布，也没有解释变量严格外生的限制条件，因此能够更好地解决了模型的内生性和偏误性。根据研究目的，本节参考典型的反事实分析模型，制定虚拟变量 $D_i=\{0, 1\}$ 表示农户 i 是否属于新型农业经营主体，即 $i=1$为属于，$i=0$为不属于。倾向得分匹配法的具体步骤包括：

第一步：选择变量，估计倾向值。运用 Logit 回归估计经营主体类型的倾向得分值（PS）。倾向得分的计算公式为：

$$PS\left(X_i\right)=\mathrm{Pr}\,o\left(D_i=1\middle|X_i\right)=\frac{\exp\left(\beta X_i\right)}{1+\exp\left(\beta X_i\right)} \tag{6-14}$$

式中，$\exp(\beta X_i)/\left(1+\exp(\beta X_i)\right)$ 表示 Logistic 的累积分布函数，X_i 代表一系列能够对

经营主体类型造成影响的变量组合所得的向量，β 是样本中各影响因素对应的系数。

第二步：根据计算得出的 PS 值，选用合适的匹配方法。匹配方法没有好坏之分，然而各种匹配方法之间会有测算偏差，因此哪怕是对于一样的样本数据，所得结果也可能出现一定的异质性。所以当采取多种不同的匹配方法所得结果相似甚至一致，则表明匹配结果稳健，样本有效性较好。为了提高研究结果的可靠性，本节采取 k 近邻匹配（k 值设定为3）、卡尺匹配（卡尺设定为0.125）、卡尺内 k 近邻匹配以及核匹配四种方法将处理组与对照组进行配对，绘制匹配核密度图，对配对结果的平衡性和共同支撑假设进行检验，通过考察伪 R^2、偏差均值等从整体上检验匹配质量。

第三步：根据配对后的样本比较处理组和对照组的差异，计算平均处理效应（ATT）。

$$
\begin{aligned}
ATT &= E\big((Y_{1i}-Y_{0i})\,|\,D_i=1\big)=E\Big(E\big((Y_{1i}-Y_{0i})\,|D_i=1\big),P(X_i)\Big) \\
&= E\Big(E\big(Y_{1i}|D_i=1,P(X_i)\big)-E\big(Y_{0i}|D_i=0,P(X_i)\big)\,|D_i=1\Big)
\end{aligned}
\quad (6\text{-}15)
$$

当农户属于新型农业经营主体时 $D_i=1$，即处理组；否则为0，即对照组。Y_{1i} 和 Y_{0i} 分别表示同一个家庭在属于新型农业经营主体和不属于新型农业经营主体情况下的农业保险需求。

值得注意的是，所属经营主体类型并不是外生变量，而是基于家庭资源和比较优势进行自我选择的结果；同时除所属经营主体类型存在差异外，样本在个人特征和家庭特征方面也具有异质性，然而部分研究都未考虑到样本选择偏误问题，直接估计经营主体差异对农业保险需求的影响，这会使得所得结果有着一定偏误，且考虑到不可测因素对模型的干扰而造成的内生性问题，基于此，本节将新型农业经营主体作为“处理组”，普通农户作为“对照组”，采用 PSM 法克服样本的选择偏误并进行模型估计与实证分析。

（1）共同支撑域与匹配结果分析。为了确保所选数据匹配优良性，在得到倾向得分值 PS 后，通过绘制密度函数图来对匹配后的共同支撑域进行检查。

如图6-1所示，两类农户的倾向得分在较大范围上存在重叠，且绝大部分观察值都在共同范围之内。此外，在四种匹配方法中样本损失量最大的情况下，处理组与对照组丢失43个无法匹配的样本，仍能剩下1 921个匹配样本，意味着样本匹配效果优良。

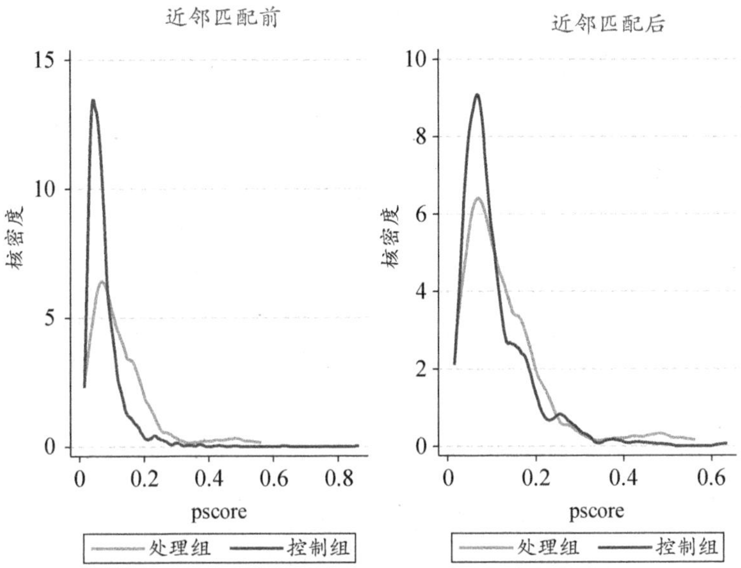

图6-1　农户倾向得分匹配后的密度函数图

（2）平衡性检验。为了确保倾向得分匹配所得结果的准确性，将进一步对协变量的平衡性进行检验，如表6-4所示。

表6-4　倾向得分匹配前后解释变量平衡性检验结果

匹配方法	伪 R^2	*LR* 统计量	标准化偏差（%）
匹配前	0.040	48.58	44
近邻匹配（*k*=3）	0.003	1.76	11
卡尺匹配（卡尺 =0125）	0.000	0.19	11
卡尺内 *k* 近邻匹配（*k*=3，卡尺 =0.125）	0.000	0.19	11
核匹配	0.002	1.09	11

由表6-4可知，样本经过不同匹配后，解释变量的标准化偏差均从44% 降至11%，总偏误显著降低且低于20%；伪 R^2 从0.040降到了0.000~0.003；*LR* 统计量也由匹配前的48.58降到了匹配后的0.19~1.76，均有显著性的下降。根据以上平衡性检验结果可知，本节采用 PSM 很大程度上缩减了两组样本间解释变量分布的差

异，且有效克服了样本自选择导致的估计偏误。

（3）平均处理效应分析。通过运用四种不同匹配方法，测算了农户异质性对农业保险需求影响的平均处理效应，不同方法所得计量结果基本相同，进一步表明了样本数据有着良好的稳健性。通过采用四种匹配方法所得平均处理效应的平均值作为最终结果进行分析。经过倾向得分匹配的反事实估计后可知，在考虑了农户选择性偏差后，新型农业经营主体的农业保险需求较普通农户高21.0%，其与假说2相符。如表6-5所示。

表6-5　倾向得分匹配的处理效应

匹配方法	平均处理效应	标准误	*T* 检验值
近邻匹配（*k*=3）	0.211***	0.048	4.37
卡尺匹配（卡尺 =0125）	0.202***	0.033	6.12
卡尺内 *k* 近邻匹配（*k*=3，卡尺 =0.125）	0.216***	0.032	6.77
核匹配	0.210***	0.031	6.60
平均值	0.210	—	—

注：*** 代表在 1% 的水平上显著。

6.1.3.4　稳健性检验

为了验证研究结论的稳健性，确保实证结果可靠，需继续进行稳健性检验。由于本节设定的被解释变量为农业保险需求，是一个取值为0和1的二元离散型虚拟变量，因此，采用 Probit 模型分析经营主体异质性对农户农业保险需求的影响。构建的 Probit 回归模型如下：

$$Y = \beta_0 + \alpha_{\text{join}} + \sum_{i=1}^{k} \beta_i X_i + \varepsilon_i \tag{6-16}$$

式中，因变量 Y 为农户的农业保险需求，join 对应农户是否属于新型农业经营主体，属于新型农业经营主体赋值为1，否则赋值为0；x_i（i=1, 2, 3, …, k）为控制变量，包括户主家庭特征、生产特征等；ε_i 为随机误差项。

表6-6的稳健性检验结果显示，经营主体异质性对农户农业保险需求影响为正，且在1% 显著性水平下显著，可见，经营主体异质性是影响农户保险需求的重要因

素。尤其是新型农业经营主体的农业保险需求比普通农户高23.6%，与前文描述基本相符，验证了本节假设检验的稳健性，这也意味着不同规模的农户，需要不同的产品和服务与之匹配，以确保其有效风险需求得到充分的保障。

表6-6　稳健性检验

变量	系数	边际效应	变量	系数	边际效应
join	0.635^{***} （0.000）	0.236	*agri*	0.063^{**} （0.012）	0.023
gen	−0.070 （0.236）	−0.026	*mach*	−0.032 （0.388）	−0.012
age	0.046^{*} （0.050）	0.169	*tech*	0.093^{*} （0.089）	0.346
edu	0.028 （0.468）	0.011	*med*	0.108^{***} （0.003）	0.040
num	-0.087^{***} （0.002）	−0.032	*hhi*	−0.026 （0.805）	−0.010
land	0.067^{**} （0.029）	0.025	*_cons*	−0.042 （0.832）	—

注：***、** 和 * 分别代表在 1%、5% 和 10% 的水平上显著。

6.2　技术培训对农户农业保险参与的影响分析

6.2.1　数据来源与变量选取

6.2.1.1　数据来源

本部分所使用的数据为全国第三次农业普查数据，由普通农户和规模农户构成。在去除无效样本以及极端值与缺失值，整理后选取了1 628户作为分析样本。

6.2.1.2　变量设定与描述

被解释变量。本节的被解释变量为是否参与农业保险（包含政策性保险和商业性保险），参与赋值为1，未参与赋值为0。

核心解释变量。模型的核心解释变量为农户是否受到专业农业技术培训，受到赋值为1，否则为0。

控制变量。主要选取3类控制变量：户主特征变量（户主年龄、户主性别、户主受教育程度、户主兼业状况），家庭特征变量（家庭成员、耕地规模、拥有农业机械数量、是否参与新型农业经营组织），生产状况变量（机械投入、技术投入、化肥投入、农药喷洒次数）。具体内容见表6-7。

表6-7　变量说明

变量类别	变量名称及字母表示	变量解释
被解释变量	农业保险参与，用 agrins 表示	参与农业保险赋值为 1，未参与农业保险赋值为 0
核心解释变量	农业技术培训，用 train 表示	农户受到专业农业技术培训赋值为 1，否则为 0
户主特征变量	户主年龄，用 age 表示	限制户主为年龄大于等于 18 周岁的成年人
	户主性别，用 gender 表示	户主性别为男性是赋值为 1，女性为 0
	户主受教育程度，用 edu 表示	未上过学赋值为 1，小学赋值为 2，初中赋值为 3，高中或中专赋值为 4，大专及以上赋值为 5
	户主兼业状况，用 purfar 表示	农业普查问卷就“是否从事非农行业？”问题，如果没有赋值为 1，否则为 0
家庭特征变量	家庭成员，用 memfam1 表示	家庭成员小于等于 3 人赋值为 1，3–5 人赋值为 2，大于 5 人赋值为 3
	耕地规模，用 lncullansca 表示	将“耕地规模 +0.01”取对数处理
	拥有机械数量，用 numagrmec 表示	对拥有的农业机械数量进行加总
	新型农业经营组织参与，用 newagrorg 表示	参与新型农业组织赋值为 1，否则为 0
生产状况变量	机械投入，用 mecinv 表示	采用机耕、机播、机收项数总和
	技术投入，用 tecinv 表示	采用地膜、温室、大棚、秸秆还田、灌溉技术的项数总和
	化肥投入，用 ferapp1 表示	亩均化肥施用量；小于等于 30 kg 赋值为 1，30–50 kg 赋值为 2，50–100 kg 赋值为 3，大于 100 kg 赋值为 4
	农药喷洒次数，用 pesspr 表示	农药喷洒次数

6.2.1.3　变量的描述性统计

表6-8给出了所有变量的全样本描述性统计。从参保情况来看，参保农户为995户，占比为61.12%；未参保农户为633户，占比为38.88%。

表6-8　变量描述性统计

variable	N	mean	sd	min	max
agrins	1 628	0.611	0.488	0	1
train	1 628	0.0800	0.271	0	1
age	1 628	45.50	16.15	18	89
gender	1 628	0.527	0.499	0	1
edu	1 628	2.789	0.899	1	5
purfar	1 628	0.541	0.499	0	1
lncullansca	1 628	1.754	1.475	0	6.791
*memfam*1	1 628	2.063	0.868	1	3
newagrorg	1 628	0.102	0.303	0	1
numagrmec	1 628	0.817	1.645	0	21
mecinv	1 628	0.535	1.032	0	3
tecinv	1 628	0.529	0.698	0	4
*ferapp*1	1 628	0.711	1.136	0	4
pesspr	1 628	0.722	1.262	0	8

6.2.1.4　模型设定

（1）Logit 回归。对于被解释变量“是否参与农业保险”属于二值变量，将选择 Logit 模型分析专业农业技术培训对农业保险参与行为的影响。当家庭参与农业保险时，变量为1；反之，则取0。农户对保险参与的概率为：

$$P = P_r\left(y = 1 \middle| X_i\right) = \frac{\exp\left(\beta \times train_i + rX_i\right)}{1 + \exp\left(\beta \times train_i + rX_i\right)} \tag{6-17}$$

式中，P 为农业保险参与概率；y 为被解释变量，y=1表示参与农业保险；$train_i$ 为核心解释变量，$train_i$=1表示农户受到过专业农业技术培训，$train_i$=0表示农户未受到过专业农业技术培训；X_i 表示其他各类控制变量。

（2）倾向得分匹配方法（PSM）。由于农户对参与农业保险并不一定是随机的，可能是农户自选择的一种结果，Logit 模型未能有效解决“样本自选择”内生性问题。为进一步确定专业农业技术培训对农业保险参与行为的影响，本节采用倾向得分匹配方法对原结果做稳健性检验，在一定程度上可以缓解其内生性问题。在样本量足够大的情况下，通过倾向得分使得 X_i 在匹配后的处理组与控制组分布均匀，通常也称为“数据的平衡化”。可以缓解可观察到的和不可观察到的样本的选择偏误。最后根据匹配好的数据计算平均处理效应（ATT）。

本节将受到过专业农业技术培训的农户作为处理组，未受到过专业农业技术培训的农户作为控制组。通过 Logit 计算每一位农户的倾向得分值，由于不同的匹配方法所导致的结果会有差异，将采用 k 近邻匹配、卡尺匹配以及核匹配三种方法，如果不同的匹配方法得到的结果相似，则进一步说明了结果的稳健性。

6.2.2 实证分析

6.2.2.1 基准模型回归

表6-9为农业技术培训对农业保险参与的回归结果，模型（1）为未加入控制变量时农业技术培训对农业保险参与的影响，模型（2）为加入控制变量后农业技术培训对农业保险参与的影响。

表6-9　农业技术培训对农业保险参与的影响

	（1）	（2）		（1）	（2）
	agrins	**agrins**		**agrins**	**agrins**
train	0.809*** （0.215）	0.582*** （0.222）	*numagrmec*		0.058 （0.040）
age		0.013*** （0.004）	*mecinv*		−0.208** （0.083）
gender		−0.067 （0.107）	*tecinv*		0.226** （0.094）
edu		0.026 （0.071）	*ferapp*1		−0.094 （0.080）
purfar		−0.063 （0.114）	*pesspr*		0.245*** （0.075）

表6-9（续）

	(1)	(2)		(1)	(2)
	agrins	agrins		agrins	agrins
lncullansca		0.143*** (0.043)	*_cons*	0.395*** (0.053)	–0.861** (0.390)
*memfam*1		0.108* (0.063)	*N*	1628.000	1628.000
newagrorg		0.874*** (0.207)	*r2_p*	0.007	0.045

注：***、**、* 分别表示检验统计量在 1%、5%、10% 的水平上显著，括号内为稳健标准误。

研究结果表明，无论是否加入控制变量，农业技术培训对农业保险参与的影响始终是正向的，且都在1% 的水平上显著。在控制变量中，户主年龄对农业保险参与有正向影响，且在1% 水平上显著，说明随着年龄的增长，农业保险的参与意愿更强，这与李胜文等（2022）得到的结论相反，一个可能的原因是年龄越大的农户对农业灾害的感受越深，对风险灾害的承受能力更弱，对农业保险参与的意愿更强。耕地规模对农业保险参与有正向影响，且在1% 水平上显著，说明耕地规模越大对农业保险的需求更大，这与李艳等（2021）得到的结果相同。家庭成员对农业保险参与有正向影响，在10% 水平上显著。参加新型农业组织对农业保险参与有正向影响，且在1% 水平上显著，这与叶明华等（2018）得到的结果相同。机械投入对农业保险参与有负向影响，在5% 水平上显著，对机械投入越多的农户具备风险防控能力更强，可能选择自己承担风险。技术投入对农业保险参与影响为正，在5% 水平上显著，由于逆向选择，对技术投入更多的农户自身风险越大，技术投入更多的农户更愿意参加农业保险。农药喷洒次数对农业保险参与有正向的影响，在1% 水平上显著，对此可能的解释是喷洒农药次数多的农户是风险厌恶者，由于农户害怕自然灾害，故加强了农药喷洒行为，出于对风险的厌恶，故而更倾向于参与农业保险。

6.2.2.2 区分大小农户的异质性分析

本节对经营规模进行了异质性分析，具体分组为按照农户耕地面积分为两组，耕地规模小于50亩为小规模农户，耕地规模大于等于50亩为大规模农户，其中大规模农户为157户，小规模农户为1 471户。模型（1）和模型（2）为以大规模农户作为样本时农业技术培训对农业保险参与的影响，模型（3）和模型（4）为以小规模农户作为样本时农业技术培训对农业保险参与的影响。

表6-10 区分大小农户的异质性分析

	（1）	（2）	（3）	（4）
	agrins	**agrins**	**agrins**	**agrins**
train	1.760*** （0.639）	2.110*** （0.686）	0.623*** （0.231）	0.460* （0.243）
age		0.035 （0.024）		0.011*** （0.004）
gender		−0.584 （0.409）		−0.064 （0.113）
edu		0.185 （0.286）		0.025 （0.075）
purfar		−0.670 （0.478）		−0.028 （0.120）
lncullansca		−0.243 （0.312）		0.292*** （0.055）
*memfam*1		0.686*** （0.247）		0.029 （0.067）
newagrorg		0.398 （0.512）		0.969*** （0.233）
numagrmec		0.137* （0.077）		0.089 （0.055）
mecinv		−0.356 （0.336）		−0.195** （0.090）
tecinv		0.381 （0.265）		0.135 （0.104）

表6-10（续）

	（1）	（2）	（3）	（4）
	agrins	**agrins**	**agrins**	**agrins**
*ferapp*1		0.952**		–0.165**
		（0.440）		（0.083）
pesspr		–0.599**		0.305***
		（0.246）		（0.078）
_*cons*	0.360**	–1.578	0.398***	–0.776*
	（0.180）	（2.522）	（0.055）	（0.409）
N	157.000	157.000	1471.000	1471.000
*r*2_*p*	0.053	0.184	0.004	0.051

注：***、**、* 分别表示检验统计量在 1%、5%、10% 的水平上显著，括号内为稳健标准误。

研究结果表明，无论是否区分大小农户，农业技术培训对农业保险参与的影响始终是正向的，大规模农户在有控制变量和没有控制变量的情况下均在1% 的水平上显著，小规模农户在没有控制变量的情况下在1% 的水平上显著，在有控制变量的情况下在10% 的水平上显著。相比于小规模农户，大规模农户参与技术培训对农业保险参与的影响更大，一个可能的原因是大规模农户在信息获取能力和行动能力上更有优势，且更容易接受农业保险。

6.2.2.3　稳健性检验

（1）样本匹配效果分析。为了得到可信的平均处理效应估计结果，本节利用标准化偏差和共同取值范围条形图对样本的匹配效果进行检验。图6-2显示了近邻匹配前后各变量标准化偏差的变化，通过图6-2可以非常直观地看出，匹配前处理组与控制组标准化偏差较大，匹配后大多数变量标准化偏差缩小了。图6-3显示了近邻匹配前后的核密度图，由图6-3也可以直观地看出匹配后处理组与控制组的差异明显降低。图6-2和图6-3都表明匹配后标准化偏差缩小了，较好地平衡了数据。因此，可以进行平均处理效应的估计。

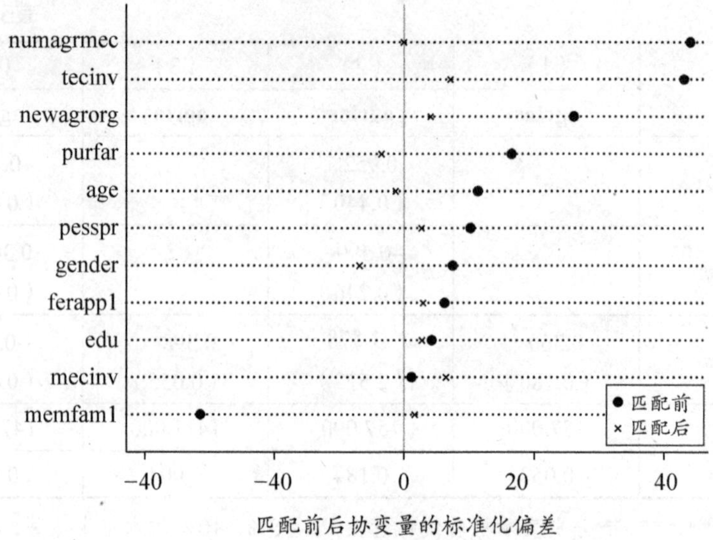

图6-2　匹配前后协变量的标准化偏差

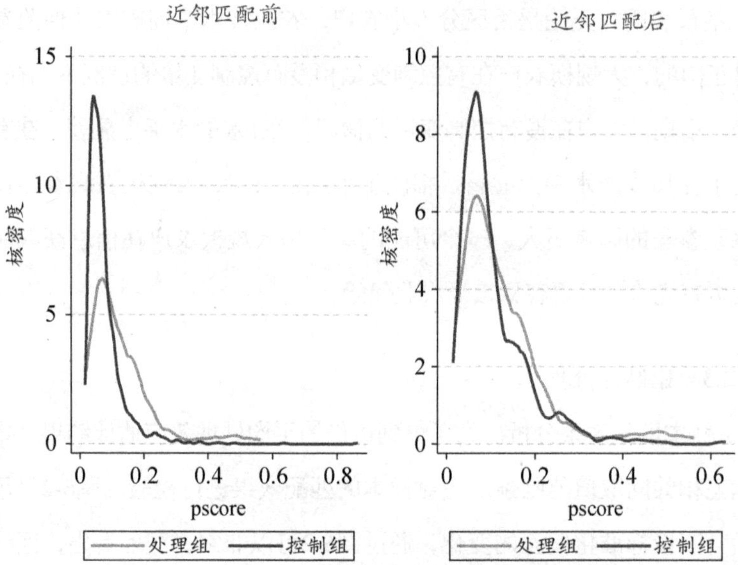

图6-3　匹配前后密度比较

（2）全样本平均处理效应（ATT）估计结果。表6-11给出了近邻匹配、卡尺匹配以及核匹配方法下的全样本估计结果，从表6-11可以看出，三种匹配方法的结果较为相似，可在一定程度上说明结果的稳健性。

表6-11　农业技术培训对农业保险购买的平均处理效应（ATT）

被解释变量	近邻匹配	卡尺匹配	核匹配
农业保险参与	0.174***	0.138***	0.134***
	（0.048）	（0.041）	（0.042）
样本量	1628	1628	1628

注：*** 表示检验统计量在 1% 的水平上显著，括号内为稳健标准误。

（3）区分大小农户的 ATT 估计结果。表6-12分别给出了大小农户的平均处理效应估计结果。结果表明，无论在哪一种匹配方法下，参与技术培训都显著增加了农业保险的参与，且大农户的影响效应要大于小农户。

表6-12　区分大小农户的平均处理效应（ATT）

	大农户			小农户		
被解释变量	近邻匹配	卡尺匹配	核匹配	近邻匹配	卡尺匹配	核匹配
农业保险参与	0.173* （0.104）	0.190* （0.099）	0.195* （0.100）	0.089* （0.053）	0.108** （0.047）	0.106** （0.041）
样本量	157	157	157	1471	1471	1471

注：**、* 分别表示检验统计量在 5%、10% 的水平上显著，括号内为稳健标准误。

6.2.2.4　进一步分析：中介效应检验结果

本节将分三个阶段的实证分析来检验该机制：第一个阶段验证农业技术培训对农业保险参与的影响，回归结果为第（1）列；第二个阶段验证农业技术培训对是否参与新型农业经营组织的影响，回归结果为第（2）列；第三个阶段为在控制中介变量后，农业技术培训对农业保险参与的影响，回归结果为第（3）列，回归结果如表6-13所示。

由表6-13可知，在控制中介变量后，参与新型技术培训对农业保险参与的直接效应为0.582，其结果在1% 水平上显著，中介效应在总效应的占比为5.98%。参与新型农业经营组织对于农业保险参与有正向的影响。

表6-13　以新型农业经营主体为中介变量的中介效应检验

	(1)	(2)	(3)
	agrins	newagrorg	agrins
newagrorg			0.874*** (0.207)
train	0.619*** (0.222)	0.505** (0.248)	0.582*** (0.222)
控制变量	Yes	Yes	Yes
N	1 628.000	1 628.000	1 628.000
r2_p	0.035	0.046	0.045

注：***、** 分别表示检验统计量在 1%、5% 的水平上显著，括号内为稳健标准误。

6.3 结　论

以上首先对异质性视角下新型农业经营主体与普通农户“多层次”投保需求分析，基于第三次全国农业普查数据，从异质性视角对“二元主体”的农业保险需求及影响因素进行对比分析，研究结果表明：首先，家庭劳动力总数对于两类经营主体的农业保险需求均有反向影响，农药投入对于两类经营主体的农业保险需求均有正向影响，且二者都对新型农业经营主体的影响效应更大。其次，年龄、土地规模、机械投入、技术投入等因素均对农户农业保险需求影响效果显著，且外部因素在很大程度上也会对农业保险选择造成影响。最后，在考虑了选择性偏差后，新型农业经营主体的农业保险需求比普通农户高21%。随后通过 Logit 模型考察农业技术培训对农业保险参与行为的实证分析发现，农业技术培训对农业保险参与有正向影响，并进一步对大小农户区分回归，结果显著且方向依然为正向，并且大农户的影响效应要大于小农户。为验证结果的稳健性，还通过 PSM 中的近邻匹配、卡尺匹配以及核匹配三种方法对其全样本进行估计，结果依然稳健。通过进一步分析可知，参与农业技术培训可以促进新型农业经营组织的参与，进而促进农业保险参与，参与新型农业经营组织在其中起了中介作用。分析得出不同经营主体的农业保险需求有所不同，这也为多层次农业保险的实现机制与优化路径提供了重要的证据。

第7章　异质性视角下基于机器学习的农业保险需求预测

如前所述，农业保险以其特有的风险阻隔和风险补偿功能，对于提高农户收入、保障农业可持续发展、保障国家粮食安全以及促进乡村振兴具有重要的作用。但在农业保险实际的发展过程中，仍然存在农业保险的有效需求不足的问题。随着我国农业保险的不断发展，我国已经积累了大量的农业保险相关数据，合理地利用现有数据，充分挖掘这些数据的潜在信息，精准预测农业保险需求已经成为农业保险发展的重要问题，机器学习的强大分类及预测能力可以更精准地识别农业保险目标参保群体。本章将利用机器学习算法，通过建立支持向量机、随机森林、XGBoost、LightGBM 模型对模型进行训练，寻找出最优模型，并对最优模型进行优化，据此寻找有参保潜力的农户，从而对这些农户加大推广力度，实现对目标客户的精准供给，进而节约农业保险的推广成本，提高农业保险的参保率。

7.1　基于机器学习的需求预测指标选取

本节主要选取3类指标对于农业保险需求预测的测度，主要包括户主特征变量（户主年龄、户主性别、户主受教育程度、户主兼业状况、农业技术培训），家庭特征变量（家庭成员、耕地规模、拥有农业机械数量、是否参与新型农业经营组织），生产状况变量（机械投入、技术投入、化肥投入、农药喷洒次数）。详细见表7-1。

表7-1 变量说明

变量类别	变量名称及字母表示	变量含义及重新编码	数据类型
预测变量	农业保险参与，用 agrins 表示	参与农业保险赋值为 1，未参与农业保险赋值为 0	定性
户主特征变量	农业技术培训，用 train 表示	农户受到专业农业技术培训赋值为 1，否则为 0	定性
	户主年龄，用 age 表示	限制户主为年龄大于等于 18 周岁的成年人	定量
	户主性别，用 gender 表示	户主性别为男性是赋值为 1，女性为 0	定性
	户主受教育程度，用 edu 表示	未上过学赋值为 1，小学赋值为 2，初中赋值为 3，高中或中专赋值为 4，大专及以上赋值为 5	定性
	户主兼业状况，用 purfar 表示	农业普查问卷就“是否从事非农行业？”问题，如果没有赋值为 1，否则为 0	定性
家庭特征变量	家庭成员，用 memfam1 表示	家庭成员小于等于 3 人赋值为 1，3~5 人赋值为 2，大于 5 人赋值为 3	定性
	耕地规模，用 lncullansca 表示	将“耕地规模 +0.01”取对数处理	定量
	拥有机械数量，用 numagrmec 表示	对拥有的农业机械数量进行加总	定量
	新型农业经营组织参与，用 newagrorg 表示	参与新型农业组织赋值为 1，否则为 0	定性
生产状况变量	机械投入，用 mecinv 表示	采用机耕、机播、机收项数总和	定量
	技术投入，用 tecinv 表示	采用地膜、温室、大棚、秸秆还田、灌溉技术的项数总和	定量
	化肥投入，用 ferapp1 表示	亩均化肥施用量；小于等于 30 kg 赋值为 1，30~50 kg 赋值为 2，50~100 kg 赋值为 3，大于 100 kg 赋值为 4	定性
	农药喷洒次数，用 pesspr 表示	农药喷洒次数	定量

7.2 数据来源与描述性分析

7.2.1 数据来源

本节所使用的数据为全国第三次农业普查微观数据，由普通农户和规模农户构成。在去除无效样本以及极端值与缺失值，整理后选取了1 628户作为分析样本，其中参保农户为995户，未参保农户为633户。

7.2.2　变量的描述性统计

表7-2给出了所有变量的全样本描述性统计。从参保情况来看，参保农户为995户，占比为61.12%；未参保农户为633户，占比为38.88%。

表7-2　变量描述性统计

variable	N	mean	sd	min	max
agrins	1 628	0.611	0.488	0	1
train	1 628	0.080 0	0.271	0	1
age	1 628	45.50	16.15	18	89
gender	1 628	0.527	0.499	0	1
edu	1 628	2.789	0.899	1	5
purfar	1 628	0.541	0.499	0	1
lncullansca	1 628	1.754	1.475	0	6.791
*memfam*1	1 628	2.063	0.868	1	3
newagrorg	1 628	0.102	0.303	0	1
numagrmec	1 628	0.817	1.645	0	21
mecinv	1 628	0.535	1.032	0	3
tecinv	1 628	0.529	0.698	0	4
*ferapp*1	1 628	0.711	1.136	0	4
pesspr	1 628	0.722	1.262	0	8

7.3　模型设计与构建

基于机器学习的农业保险需求预测模型流程主要包括了问题的提出、采集数据、数据清洗、模型选择与迭代、评估模型等5个主要方面的步骤。本节的模型构建也是基于这些流程，首先确定是分类问题还是回归问题，农户是否参与农业保险显然是二分类变量，因此确认是分类问题，再导入第三次农业普查微观数据，然后对数据缺失值进行处理、数据标准化处理、数据类型转换等一些数据清洗工作，再对清洗好的数据进行样本的划分，将数据的80%划分为训练样本，剩余数据的20%划分为测试样本。对机器学习算法模型进行选择，选择好模型后创建模型，再利用分类好的数据对模型进行训练，最后利用测试数据对模型的精准性进行测试。进而通过 ROC 曲线与 AUC 值来比较各个模型的预测效果，选择预测效果较好的模型，最后通过网格搜索法对选择的模型进行优化，以提升预测效果。

7.4 预测模型的评估指标

7.4.1 混淆矩阵

混淆矩阵分别统计了分类模型的正确类与错误类的观测值个数，然后把这些值放在同一个表中展示，这个表被称为混淆矩阵。混淆矩阵是绘制 ROC 曲线的基础，也是衡量分类模型中最直观的方法，以本节的二分类模型为例，可以分为下列四种情况：

（1）真实值为农户参与农业保险，模型预测农户参与农业保险，即 TP（True Positive）。

（2）真实值为农户参与农业保险，模型预测农户未参与农业保险，即 FN（False Negative），也被称为第一类统计学错误。

（3）真实值为农户未参与农业保险，模型预测农户参与农业保险，即 FP（False Positive），也被称为第二类统计学错误。

（4）真实值为农户未参与农业保险，模型预测农户未参与农业保险，即 TN（True Negative）。

将这四种情况汇聚到一个表格中，就得到了一个混淆矩阵，如表7-3所示。

表7-3 混淆矩阵

混淆矩阵		预测值	
		1- 正类（参与农业保险）	0- 负类（未参与农业保险）
真实值	1- 正类（参与农业保险）	*TP*	*FN*
	0- 负类（未参与农业保险）	*FP*	*TN*

对于预测分类模型，第一、第三象限出现的次数越多越好，第二、第四象限出现的次数越少越好，即 *TP*、*TN* 值出现的次数越大越好，而 *FN*、*FP* 出现的次

数越少越好。当面对大量数据时，通过混淆矩阵的 TP、TN、FN、FP 四个统计指标很难直观地反映模型预测的优劣，所以引入了其他指标，方便模型的优劣比较：

准确率（Accuracy）是针对整个模型中所有预测正确的结果占整个观测样本的比例。

$$Accuracy = \frac{TP + TN}{TP + FN + FP + FN} \tag{7-1}$$

精确率（Precision）是在所有预测模型为正类的所有结果中，模型预测正确占预测模型为正类的所有结果的比例。

$$Precision = \frac{TP}{TP + FP} \tag{7-2}$$

灵敏度（Sensitivity）：也就是召回率（Recall）是真实值为正类的情况下，模型预测正确占真实值为正类的比例。

$$Sensitivity = Recall = \frac{TP}{TP + FN} \tag{7-3}$$

特异度（Specificity）是真实值为负类的情况下，模型预测正确占真实值为负类的比例。

$$Specificity = \frac{TN}{TN + FP} \tag{7-4}$$

TPR 真正类率（True Positive Rate）是真实值为正类的情况下，模型预测为正类占真实值为正类的比例。

$$TPR = \frac{TP}{TP + FN} \tag{7-5}$$

FPR 伪正类率（False Positive Rate）是真实值为负类的情况下，模型预测为正类占真实值为负类的比例。

$$FPR = \frac{FP}{FP + TN} \tag{7-6}$$

F_1 值（F_1-Score）是精确率与灵敏度的调和平均数。它的取值范围在0到1之间，由0到1逐渐代表了模型输出结果的好坏，0代表模型输出结果最差，1代表模型输出结果最好。

$$F_1 = \frac{2}{\frac{1}{Precision} + \frac{1}{Recall}} = \frac{TP}{TP + \frac{FN + FP}{2}} \tag{7-7}$$

7.4.2 ROC 曲线与 AUC 值

ROC 曲线（Receiver Operating Characteristic）全称为受试者工作特征曲线，对于每个样本，使用分类器对其进行分类，分类器会对每个样本给出为正例的概率，对此设定一个阈值，当样本为正例的概率大于阈值时，认为该样本为正例，反之为负例，通过计算可以得到一个（*TPR*，*FPR*）的点，通过不断地调整阈值的大小，可以得到很多个这样的点，从而可以画出一条曲线。

AUC 值（Area Under Curve）是指 ROC 曲线下的面积，显然这个面积小于或者等于1，又因为这条曲线在 $y=X$ 的上方，因此它的面积大于或者等于0.5，所以 AUC 的值在0.5到1之间，由0.5到1逐渐代表了模型预测效果的好坏，0.5代表模型预测效果最差，1代表模型预测效果最好。

7.5 模型构建

7.5.1 支持向量机

支持向量机（Support Vector Machines，SVM）是 Vapnik 等人提出来的一种机器学习算法，是一个有监督的学习模型，它通过建立一个最优决策的超平面，使平面两侧距离平面最近的两类样本之间的距离最大化，从而提高分类问题的精度。假设要把参保农户与未参保农户分为两大类，在 SVM 中，通过寻找最优的分界线使得这条线到两边的边界最大。下面通过 SVM 来构建农业保险需求预测模型，具体见表7-4。

表7-4　SVM 模型的预测情况

实际		预测		
		是否参保		正确百分比
		1- 参保	0- 未参保	
是否参保	1- 参保	107	29	78.67
	0- 未参保	7	183	96.32
总体百分比				88.96

由表7-4可知，以1 629份样本的20% 即326户农户作为测试样本，其中290个农户被预测正确，其中参保农户为107户，未参保农户183户，模型的准确率为88.96%，召回率为78.67%，相对而言，第一类错误误差较大，第二类错误误差较小。

7.5.2　随机森林

对于复杂的分类问题，训练一个分类模型通常需要耗费较长的时间，同时，为了提高模型的准确性，通常需要训练多个分类模型，然后将这些模型的结果组合起来，通常称之为集成学习，集成学习又主要分为装袋法和提升法两大类。随机森林是装袋法中的一种重要算法，通过对数据集采样生成不同的数据集，然后在每一个数据集上训练不同的决策树，最后通过每一棵树的预测的结果结合在一起来总结随机森林的预测结果。

由表7-5可知，共有301户农户被预测正确，其中参保农户为116户，未参保农户185户，模型的准确率为92.33%，召回率为85.29%，第一类错误误差相对较大，第二类错误误差较小。

表7-5　随机森林模型的预测情况

实际		预测		
		是否参保		正确百分比
		1- 参保	0- 未参保	
是否参保	1- 参保	116	20	85.29
	0- 未参保	5	185	97.37
总体百分比				92.33

7.5.3　XGBoost

XGBoost 是基于提升法的主流集成算法之一，是目前最快最好的提升树工具包，速度是常见的工具包的10倍，它不仅支持决策树的模型，而且支持线性模型，对损失函数进行了二阶的泰勒展开，增加了模型的精度。

由表7-6可知，共有289户农户被预测正确，其中参保农户为101户，未参保农户188户，模型的准确率为88.65%，召回率为78.29%，第一类错误误差较大，第二类错误误差较小。

表7-6　XGBoost 模型的预测情况

实际		预测		
		是否参保		正确百分比
		1- 参保	0- 未参保	
是否参保	1- 参保	101	28	78.29
	0- 未参保	9	188	95.43
总体百分比				88.65

7.5.4 LightGBM

LightGBM 由微软公司提出，是轻量级的梯度提升机，具有占用内存低、运行速度快等优点。通过梯度大小来反映模型的拟合效果，利用单边梯度抽样算法对样本进行抽样，只保留了梯度大的样本，极大地减少了计算量，同时利用直方图算法，使得算法更具有效率。

由表7-7可知，共有290户农户被预测正确，其中参保农户为90户，未参保农户200户，模型的准确率为88.96%，召回率为72.58%，第一类错误误差较大，第二类错误误差较小。

表7-7　LightGBM 模型的预测情况

实际		预测		
		是否参保		正确百分比
		1- 参保	0- 未参保	
是否参保	1- 参保	90	34	72.58
	0- 未参保	2	200	99.01
总体百分比				88.96

7.6 农业保险需求预测模型对比与择优

通过建立支持向量机、随机森林、XGBoost、LightGBM 模型对模型进行训练后，选取剩余数据的20% 对模型进行测试，通过对比模型的伪正率与真正率测试结果，得到了四种模型的 ROC 曲线，如图7-1所示。

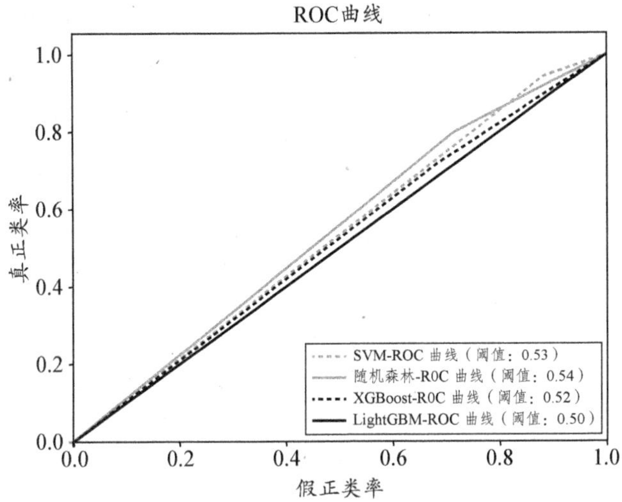

图7-1　ROC 曲线

通过对各个模型各个指标的计算，得到结果如表7-8所示。

表7-8　模型的评估指标

模型	准确率	精确率	灵敏度	特异度	F1 值	AUC 值
SVM	0.89	0.94	0.79	0.96	0.86	0.83
随机森林	0.92	0.96	0.85	0.97	0.87	0.87
XGBoost	0.89	0.92	0.78	0.95	0.85	0.82
LightGBM	0.89	0.98	0.73	0.99	0.83	0.83

综合分析各个模型的准确率、精确率、灵敏度、特异度、F_1 值以及 AUC 值，再结合各个模型的 ROC 曲线，可以发现随机森林的预测模型相较于其他模型具有一定的优势，预测模型的 AUC 值为0.87，模型的准确率为0.92，因此本节选择随机森林算法作为农业保险需求预测模型，并且对模型做出进一步的优化。

本节采取网格搜索法对模型进行参数调优，网格搜索法是通过给定参数组合来遍历所有参数组合来优化模型的方法，通过不同的参数组合列出所有的可能并且生成“网格”，并且将这些参数组合对模型进行训练，以此得到参数值的最优组合。本节在参数调优时，首先在“sklearn.model_selection”中导入网格搜索模块“GridSearchCV”，再调节随机森林中树的棵数，设置“num_estimator”的参数，以50棵树为起点，300棵树为终点，步长设为10，通过网格搜索法得到最佳分类器的得分，得到最优的随机森林中的树的数量为220棵，然后将随机森林中的树的最优值220棵固定住，再调节树的最大深度，设置“max_depth”的参数，以3为起点，10棵树为终点，步长设为1，通过网格搜索法得到最佳分类器的得分，得到最优的最大树的深度为3，然后将随机森林中树的棵数的最优值220固定住，树的最大深度的最优值3固定住，再调节随机森林中树的最小分割数，设置“min_samples_split”的参数，以2为起点，50为终点，步长设为2，通过网格搜索法得到最佳分类器的得分，得到最优的随机森林中每棵树的最小分割数的最优的值为34。因此，最终随机森林优化后的结果如表7-9所示。

表7-9　优化后的随机森林模型的预测情况

实际		预测		
		是否参保		正确百分比
		1- 参保	0- 未参保	
是否参保	1- 参保	38	98	27.94
	0- 未参保	30	160	84.21
总体百分比				60.73

根据优化后的随机森林模型混淆矩阵可知，共有198户农户被预测正确，其中参保农户为38户，未参保农户160户，模型的预测准确率提升到了60.73%，第一类错误误差以及第二类错误误差均得到了改善。

由表7-10可知，共有311户农户被预测正确，其中参保农户为120户，未参保农户191户，模型的准确率为95.40%，召回率为85.71%，第一类错误误差相对较大，第二类错误误差较小。

7.7　结　　论

选用第三次农业普查微观数据，以户主特征变量、家庭特征变量、生产状况变量对农业保险参与状况进行分析预测，利用机器学习算法，通过建立支持向量机、随机森林、XGBoost、LightGBM 模型对模型进行训练，综合分析各个模型的

表7-10　随机森林模型的预测情况

实际		预测		
		是否参保		正确百分比
		1- 参保	0- 未参保	
是否参保	1- 参保	120	20	85.71
	0- 未参保	5	191	97.45
总体百分比				95.40

准确率、精确率、灵敏度、特异度、F_1 值以及 AUC 值，可以发现随机森林的预测模型相较于其他模型具有一定的优势，并对随机森林算法进行优化；可以精准地识别农业保险的多层次目标参保群体，实现对目标客户的精准营销，进而节约农业保险的推广成本，提高农业保险的参保率。因此，基于机器学习的农业保险需求预测模型可以更好地为农业保险产品的设计和推广提供依据。

第8章　相关案例分析

8.1　农户保险需求异质性调研案例——以湖南省炎陵县为例

党的二十大报告指出，要坚持农业农村优先发展，坚持城乡融合发展，畅通城乡要素流动。扎实推动乡村产业、人才、文化、生态、组织振兴。乡村产业振兴离不开农业保险提供风险保障。早在2018年9月，我国发布的《乡村振兴战略规划（2018—2022年）》就已明确将农业保险列入“农业支持保护制度”范围，并根据“提高农业风险保障能力”的总要求，提出了设计多层次、可选择、不同保障水平的保险产品的发展方向。2019年中央一号文件则提出，落实扶持小农户和现代农业发展有机衔接的政策，完善“农户＋合作社”“农户＋公司”利益联结机制。2021年，中国人民银行、中央农办、农业农村部、财政部、银保监会和证监会等六部委联合发布《关于金融支持新型农业经营主体发展的意见》以下简称《意见》，要求做好新型农业经营主体金融服务。各项顶层设计均表明，在家庭农场、农民合作社、农业社会化服务等新型农业经营主体已成为农业产业升级，农村产业链优化，农民增收的重要手段。从一定层面上说，利用金融、保险手段助力新型农业经营主体发展壮大，是建设农业强国和实现乡村振兴战略的应有之义。为了更好地了解我国农业生产的“二元化”格局，对异质性视角下农户差异性的保险需求，本项目组成员赴湖南省炎陵县开展了调研。

8.1.1　基本概况

湖南省炎陵县原名酃县，始建于宋嘉定四年（公元1211年），1994年更名为炎陵县。全县总面积2 030平方公里，辖5镇5乡120个行政村，区域分布为“八分半山一分田、半分水域和庄园”，总人口18.8万人，其中乡村人口12.7万人。近年来，炎陵县着力打造“文旅康养基地、生态工业基地、特色农业基地”，全力建成“国家级绿色发展先行区、湘赣边协同发展样板区、长株潭融合发展幸福区”。2021年全县 GDP 增长8.8%，规模以上工业增长12.5%，社会消费品零售总额增长18.8%，固定资产投资增长8.9%，地方财政收入增长10.2%，城乡居民人均可支配收入增长9.8%。特别是炎陵入选中国特色农产品优势区，尤其是国家地理标志证明商标炎陵黄桃全产业链综合产值达30亿元。

炎陵黄桃生长于湖南省炎陵县平均海拔400~1 400米的深山之中，是纯原生态，无公害的保健水果，是国家地理标志保护产品。2011年炎陵县被评为“中国优质黄桃之乡”，是全国唯一在黄桃产业方面获此殊荣的县。2016年，获得“国家地理标志证明商标”，并获评“湖南十大农业品牌”。截至目前，炎陵黄桃已经基本形成了“一乡一业、一村一品”产业化生产格局，主要集中分布在平乐、霞阳、下村、龙溪、十都等5个乡镇的10个村。

2008年起，炎陵县开始实行农业保险试点。为全力推进农业保险工作，该县成立了领导小组，出台了《炎陵县农业保险实施方案》；按照合理公正、公开透明、惠民利民的原则，做好查勘、定损、理赔工作；同时，开通了绿色通道，把理赔款发放到受灾农户的一卡通账户上，为投保农户提供各项服务。近十几年来，已为全县投保农民提供1.5亿元风险保障，为3万户农民挽回农业生产经济损失600余万元。

8.1.2 炎陵保险主体特色农业规模的调查

8.1.2.1 农业生产销售情况

炎陵县的特色农业当之无愧就是炎陵的黄桃，种植总面积达6.3万亩。炎陵黄桃一般加入当地合作社进行生产销售，作为服务性质的组织，合作社通过给农户提供技术培训、签订代销协议等方式，帮助农民生产销售。对外销售的黄桃品质有着较高的要求，产品品质不够好会使外销困难。

调研组发现，炎陵黄桃在发展过程中没有遇到特别的困难与不足。产业的发展有政府的扶持，资金到位也很快，并且有合作社提供技术培训服务，大大提升了黄桃的种植水平。此外，黄桃的销售模式多样丰富，除去之前的与商场合作等，现在更多地采用网络销售的模式，随着现代物流科技的发展，网络销售模式下的黄桃依旧能够保持新鲜。

8.1.2.2 主要农业风险状况

本项目组于2019年拜访了炎陵县的黄桃大户。据了解他们自己种的黄桃有200亩左右，另外还创办了合作社，合作社的黄桃种植面积达到3 000亩左右。合作社作为服务性质的组织，一般都是农民自种自销，然后由农业局对其进行技术培训，帮助农民销售，并且签订代销协议。合作社一般与商超合作来销售黄桃，对外销售的黄桃对品质有着较高的要求，如果产品的品质不够好那么外销则会遇到困难。还有，黄桃实际上受天气的影响很大，所以一般都面临着种植风险。面对自然灾害，合作社要求每个散户以个人为单位为种植的黄桃购买保险。当遇到自然灾害造成减产时，保险公司都会对其进行赔付。

8.1.2.3 农业保险产品及补贴现状

从农业局了解到炎陵县一共是16万亩的种植土地，其中一半的土地用于种植粮食，6.3万亩种植黄桃，1.6万亩种植茶叶，另外一些土地还用于种植葡萄、猕猴桃等水果。关于炎陵的黄桃，种植面积在200~300亩的农户，都成立了相应的合作社。这些种植面积可以收获500~1 000斤的产量，一般会将种植的20块地左右的黄桃卖出。关于黄桃的保险问题，我们了解到保险实际上是自愿购买，个人负责保险的2.3%，剩余的由政府进行补贴。除去农业保险，还有小额信贷融资，小额信贷融资主要根据农村等级评定，根据信用度、家庭情况和优惠政策来定，但是小额信贷融资的名额是有限的，不能满足所有人。农业局在农业的发展中，不仅要引导农民种植，还要为农民提供技术指导服务和培训，并且要对农民进行农业补贴，在后期要对产品进行宣传营销，致力于能做出品牌效应。炎陵黄桃作为炎陵县的特色，并且是被大力支持发展的产业，就目前而言，在发展过程中没有遇到特别的困难与不足。产业的发展有政府的扶持，资金到位也很快，并且培训员能在培训过程中让农民容易理解，这样农民上手更快也更方便。不仅如此，炎陵县的农广校、科技站、培训站等都已经慢慢覆盖了，除此之外，还开启了新型的销售模式，除去之前的与商场合作等，现在更多地采用网络销售的模式。关于保险服务，黄桃保险的保费按照每亩200元来进行投保，其中财政补贴160元，农户只需承担每亩40元的费用即可。保险的赔付只赔付由天气原因造成的亏损，不赔偿由人为管理不到位造成的亏损。近年来，炎陵县黄桃产业已经趋于饱和，即使有黄桃保险的存在，黄桃的种植面积也不会随着农业保险的存在而持续增加。

在调研中，课题组编制了针对传统小农户的调查问卷，拜访了炎陵县策源乡和水口镇的村民们。在保险方面，农业保险是由政府统一购买，精准到人实行每户每亩补贴政策。对传统小农户而言，农业保险仍然不够完善，更多是在新型农业经营主体身上才能体现出更大的作用；对新型农业经营主体而言，炎陵县当地主要是以合作社的方式来进行大规模的种植，农业保险能极大降低农户的种植风险。而炎陵县的农业保险采取的是“一刀切”式的农业保险产品，没有考虑“二元主体”的风险态度和保险需求差异。

8.1.3　调研方法和模型构建

本项目采取多阶段抽样的方式获取样本数据，对目标农户进行实地问卷调查，同时采用实证分析方法，结合访谈法与问卷调查法测度农户异质性，研究农户生产特征及保险补贴对其投保需求与生产行为决定的影响作用，为农业保险产品的创新提供依据。

（1）实地调查法：以炎陵县的农户、养殖企业及当地政府为主体，通过实地走访调研和对相关人员进行询问，采取问卷调查与访谈法相结合的方式，从中获取家庭规模、家庭财富、劳动人口数等具有代表性的数据。在有效数据的基础上对项目的设计方法进行改进，从而更全面地了解当地的第一产业从业人员的风险偏好及生产行为。

（2）抽样调查法：主要以当地发放问卷及借助网络平台问卷发放相结合的方式，对整体样本进行抽样分析，联系有效样本得出结论并进行项目建设。

（3）文献调查法：通过查询 CNKL、X-MOL 学术资讯数据库等方式获得国内外对乡村异质性的大量文献资料，掌握国内外对此的研究现状，同时以国家统计局的统计年鉴、当地的政策财经期刊、政府信息平台为途径了解炎陵县和绥宁县的乡村基本情况，获取生产方式等相关数据，并进行总结分析。

（4）实证调查法：通过田野调查、实地走访等方式，获取最真实、最可靠的数据，并不断搜集、实验、调查，从中发现一般的、客观的规律，并力求所得规律的普适性。

（5）计量统计研究方法：本项目采用有序 Probit 模型对农户参与种植保险的行为进行分析。并利用 Excel、SPSS、Matlab、Stata 等专业软件对所获取的有效数据进行整理、分析等，并通过因素分析、方差检验得出结论，建立株洲市乡村异质性及生产方式分析的理论模型。假设影响农户参与政策性种植保险行为的离散选择模型为：

$$Y_i=\beta_0+\beta X+\varepsilon \tag{8-1}$$

式中，Y_i 表示第 i 个农户是否会参与种植保险，$Y_i=1$表示第 i 个农户会参与种植保险，$Y_i=0$表示第 i 个农户不会参与种植保险；ε 为随机干扰项。

8.1.4 调查区域分布与样本特征

8.1.4.1 调查区域分布

本节所用数据来源于2019年8月地区实地调研。调研采取分层抽样与随机抽样相结合的方法，首先对株洲市炎陵县的村民进行实地调查及面对面访谈，再将炎陵县黄桃主要产地——水口镇作为主要调研区域，进一步选取其下属村，每个村随机选择5~6家种植户进行一对一入户调查。共获得问卷160份，其中有效问卷147份，有效回收率91.875%。

8.1.4.2 样本特征

在被调查样本中，有64位农户参与了保险，占总样本数的43.56%。调研的调查对象为种植户决策者，男性居多，占61.22%。决策者年龄较适中，平均为45.75岁，主要集中在40~49岁，占66.87%（考虑中国传统的农户家庭的特征，这个年龄段的群体在农户家庭中可以被认为家庭生产决策人，对他们进行调查能够比较准确地反映整个农户家庭的情况，包括其种植户决策等）。农户的受教育年限较低，平均为7.38年，集中在初中水平。在被调查样本中，传统小农户主要集中在40-49岁，占样本总数的66.87%；男性仍然是农业生产的主力军，主要集中于青壮年劳动力，占样本总数的43.56%。农户受教育年限较低，平均为7.83年，集中在初中水平。其中部分农户接受过职校和大学教育，这类新型农民能充分利用农村合作社来帮助农户解决技术方面的问题，对我国发展新型农业起到不可估量的作用。关于保险参与率，样本中共有64位农户参与了保险，占样本总数的43.56%；由于落后山村对农作物购买保险意识相当薄弱，很多小农户不了解农业保险，同时考虑到种植规模较小，保险赔偿额度有限，因此个人出资购买保险的意愿较低。此外，在调查中发现，国家帮助农户购买农业保险能够提高农户购买保险意愿。

“乡村振兴战略”的出台，有些年轻人开始返乡创业，成为新型农民。调查发现，除了学历较低的初中及其以下的农民外，一部分大学生也加入进来成为新型农业主体（图8-1），利用自己掌握的知识来促进农业发展，他们更多的是通过发展养殖业，或进行产品再加工，通过现代物流，延长产业链提高收入，在农村家庭承包经营基础上，同类农产品的生产经营或者同类农业生产经营服务的提供者、利用者，自愿联合、民主管理的互助性经济组织是合作社的基本定义。新型农民充分利用农村合作社来帮助农民解决技术方面的问题，对于发展新型农业起到了不可估量的作用。

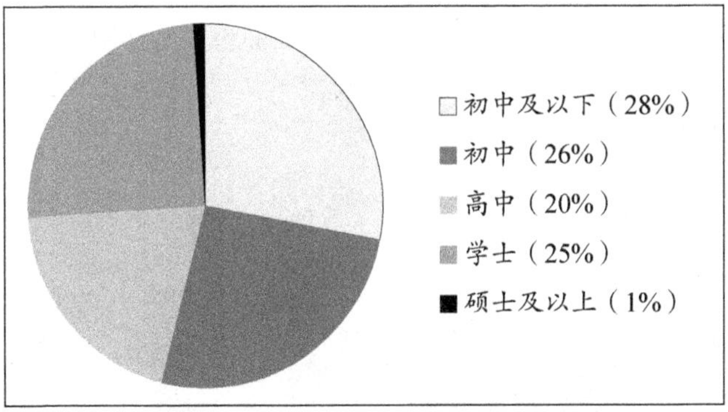

图8-1　受访农户学历分布图

对于农户自身风险管理这部分，经调研表明，广大农户普遍厌恶风险（图8-2）。他们更倾向于在短期内获取稳定的收入，而非追求高额回报。通过量化剖析，我们得知中国人购买保险的意愿颇为强烈，这对于农业保险的推广极为有利。同时，调研结果也显示，风险偏好者通常不愿投入高于预期损失的成本来购置保险。此类决策者更倾向于在某一博弈中承受高于预期收益的风险，以获取心理上的满足感。然而，在面临多种风险抉择时，他们对于风险的反应相对迟钝，故而往往无意购买保险。反之，风险规避者则更倾向于选购那些具备基本功能、自身承担风险相对较小且收益风险较低的保险产品。由此可见，高素质的保险从业人才、优质的服务、良好的信誉以及合理的保险产品规划，对于中国保险行业迈向新的发展层级均具有至关重要的意义。

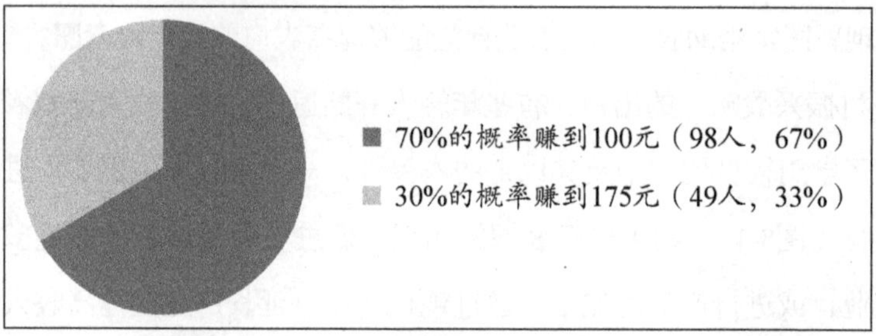

图8-2　风险偏好比例

男性仍然是农业生产的主力军，主要集中青壮年劳动力，但是年轻一辈占比例也有了明显的提高（图8-3），新型农业的出现，为我们国家提供了新型的劳动力，有利于稳定农业基础性地位，促进农业转型和升级，实现农业向现代集约型、技术型、环保型转变，对于稳定国计民生发挥了日益重要的作用。

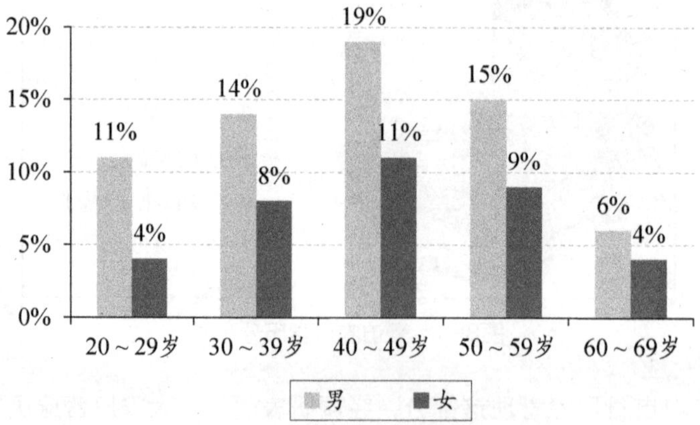

图8-3　性别比例图

作物产量保险和天气指数保险以天气造成的产量损失为标的，致使农作物产量深受自然灾害的影响，作物收入保险有助于应对天气和市场价格造成的风险，为了降低农户的生产经营风险，农产品购买保险就显得格外重要了，我国农业保险政策目标包括：保障农业可持续发展，维护国家粮食安全；促进农业现代化进程，保障农户收入稳定增长；控制农产品质量，保障国民廉价安全的食物供给；降低农业生产成本，增强中国农产品的国际竞争力；让农业保险在实现脱贫攻坚战略中发挥重要的作用。在整个调查过程中，我们了解到，广大落后山村对农作物购买保险意识相当薄弱，很多小农户都没有听过农业保险，如果个人出钱购买保险的话，意愿比较低（图8-4），他们考虑的是自己种植农作物的规模不大，保险赔偿额度有限。同时所要交的费用较高，所以个人购买的意愿较低，同时我们在调查中发现，在国家帮助村民购买农业保险时，村民购买意愿提高很多，对于我国农业的发展起到重要作用。

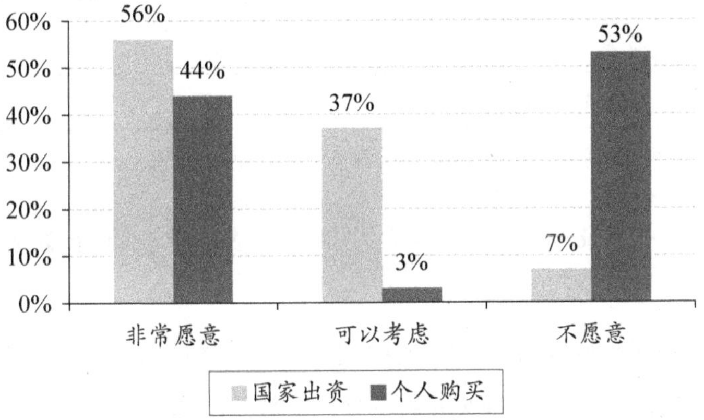

图8-4　购买农险出资意愿比例图

8.1.5　实证分析

由于本节采用实地调研数据，各变量间可能存在量纲关系，因此需要在模型分析前对数据进行处理。本节采用标准差标准化方法对调研数据进行处理，使其服从正态分布，其转化函数为：

$$X' = \frac{X - \mu}{\delta} \tag{8-2}$$

式中，μ 为样本均值，δ 为样本标准差。

以问卷调查数据标准化后的数据为样本，使用 SPSS 19.0对农户参与种植保险行为及其影响因素进行参数估计，其结果如表8-1所示。

表8-1　农户参与种植保险行为影响因素的 Probit 模型回归结果

	解释变量	系数	标准差	z- 统计量	概率
个人特征	性别	–0.343	0.24	–2.343	0.015**
	年龄	0.061	0.015	4.088	0.000***
	学历	0.002	0.029	0.055	0.546
农业种植情况	种类	–0.079	0.119	–0.67	0.503
	亩数	0.453	0.567	0.076	0.000***
风险认知	农户风险偏好	0.943	0.101	1.1414	0.000***
	保险认知程度	0.596	0.083	7.18	0.000***
生产行为	是否愿意更多务农	0.546	0.087	6.294	0.000***
	是否愿意改变种植比例	0.524	0.133	3.933	0.545
	Intercept	–0.794	0.722	–13.567	0.000***

注：**、*** 分别表示估计参数检验的显著性水平为 5%、1%。

根据表8-1中 Probit 模型回归结果，影响种植农户参与保险行为的主要因素分析如下：

（1）农户风险偏好与农户参与保险意愿呈正向相关；且在1% 的统计水平上显著，影响系数为0.943，不难发现较之其他变量，其影响程度最大。

（2）和大多数险种一样，农户对农业保险的认可及了解程度，是影响其购买决策的重要因素。该变量同样通过了1% 的统计水平的检验。说明对种植保险了解程度越高的农户越会参与种植保险。

（3）是否愿意更多务农和是否愿意改变种植比例这两个变量对其保险参与行为产生呈正相关关系，且均通过1% 的统计水平检验。说明农户种植的规模越大，种植比例不变，承担的风险也就越大，参与购买保险的可能性越高。

（4）农户种植的亩数与其购买保险呈正相关关系，系数为0.453。说明农户种植的亩数越多，他们的风险就越大，越可能遭受自然灾害的侵袭，从而也使他们购买保险的可能性越高。

8.1.6　案例结论

第一，“二元”农户异质性特征日益显著。

（1）农户异质性：农户因其控制、承担风险的能力存在差异和农户个体特征差异，导致不同农户的风险偏好会表现出异质性和多元性的特征。大规模经营的农户比中小规模的农户更会规避风险；个体特征对农户家庭决策产生了至关重要的影响。

（2）农户生产行为：乡村振兴战略实施过程中，农户自身特征、认知特征、行为特征等都在一定程度上影响农户的生产行为，而农户的风险偏好，对保险的认知和预期等都会影响其生产行为。

第二，农业保险产品创新不足，政策实施过程存在不足，政策效果有所影响。

总体而言，受访农民购买农业保险的人数较少。一方面是源自非农性收入可获性高降低了农险的风险补偿价值；另一方面较弱的参保规制约束及农险产品所提供的风险保障无法对接农户风险需求，也使得农险缺乏对新型农业经营户的吸引力。

第三，农户对政策的满意度较低，参保积极性不高。

通过对农业保险政策实施效果、宣传效果和落实情况等维度进行满意度调查，发现目前农户对于农业保险政策认知度较低，政策宣传的渠道缺乏，进一步导致其宣传效果较差。而且农业保险政策具有一定的滞后性，未能与社会经济、市场需求及时联动。较低的保额与农业生产过程需承担的高额风险形成鲜明对比，保险政策未能完全实现激发农户生产积极性的预期目的。另外，一刀切、同质化的保险政策也不能有力推动新型农业生产主体的发展。政策性农业保险措施作为惠农政策需进一步拓宽宣传渠道与对政策具体实施效果的反馈，以期实现乡村振兴的目标。

第四，农户异质性对保险措施的影响显著，政策需求不同。

由于农户个体及区域的异质性使得农户对农业保险政策的需求有较大差异，主要集中体现在农户风险偏好、保险政策了解程度、种植养殖情况和规模、对生产行为的促进作用、农户受教育程度等个体特征、保险金用途等因素，其中前四个因素对农户的政策满意度呈现正相关的影响，而后两个因素则对农户的政策满意度呈现负相关的影响。

通过加强政策宣传力度、加大农业保险政策认知度、增加农民投保的渠道等措施有利于增强农户对政策性保险的接受程度，能进一步加快实现农业保险政策的经济效益与社会效益的统一。

根据前文的研究可以发现，政策性农业保险措施的出台作为中央惠农措施的重要组成部分，在解决“三农”问题、推动乡村振兴及可持续发展等方面已经有了显著成效，但对于普通农户而言，其对农业保险政策的了解程度和满意程度仍有待提高，保险政策的实施效果、农业保险的风险覆盖面、农民参保率及农业保险的针对性仍有待增强。

8.2 农户保险需求异质性调研案例——以四川省威远县新店为例

为区分大小农户的异质性农业保险需求，课题组于2023年4~5月在四川省威远县新店镇等地再次展开了调研。威远县隶属四川省内江市，地处内江市西北部，位于四川盆地中南部东邻内江市市中区，南连自贡市大安区和贡井区，西界自贡市荣县，北衔资中县，西北与眉山市仁寿县、乐山市井研县接壤。总面积1 289平方千米，辖14个镇。截至2021年末，全县户籍总人口为690 584人。威远县新店镇是位于中国四川省威远县的一个镇级行政单位。威远县新店镇位于威远县西部，地理位置优越，交通便利。该镇北靠威远县城，南部毗邻友爱县，东临金口河，西接平武县。新店镇是一个以农业为主导的农村镇，农田肥沃，水资源丰富，是农业生产的重要基地。主要种植作物包括水稻、小麦、玉米等。同时，当地的特色农产品有七星椒、生姜、大头菜、无花果等。为了更好地了解农户的异质性，尤其是特色产品的农业保险需求，本项目组对该地展开了调研。

8.2.1　问卷样本主要特征

本次共发放问卷200份，有效问卷157份。在本次的调查样本中，共有63位农户参加过农业保险，占样本总数的40.13%，有94位农户没有参加过农业保险，占样本总数的59.87%。调查的样本中，调查的对象以种植业农户为主，并且大部分由男性农户构成。男性农户共有105位，占样本总数的66.88%，可见，男性农户仍是农业生产的主力军，在农业生产中起到主要的作用，女性农户共有52位，占样本总数的33.12%。

在所调查的农户中，农户的年龄主要集中在40~59岁，其中在40~49岁的农户共有47位，占总样本数的29.94%；50~59岁的农户共有54位，占总样本数的34.39%。而年轻农户占比较少，20~29岁的农户仅有4位，占总样本的2.55%；30~39岁的农户有20位，占总样本的12.74%；60~69岁的农户有32位，占样本总数的20.38%，反映出农民的老龄化问题严峻，年龄结构整体偏大。

同时，农户整体的受教育程度偏低，主要集中在初中文化水平及初中以下的文化水平，其中初中以下的农户有48位，占样本总数的30.57%，初中学历的农户有66位，占样本总数的42.04%，除了学历较低的初中及以下的农户以外，高中学历的农户有38位，占样本总数的24.20%；另外，也有一些高学历的人才也参与农业生产中来，利用自己所掌握的先进生产管理技术来带动当地农业的发展，学士学历的农户有4位，占样本总数的2.55%，硕士及以上学历的有1位，占样本总数的0.64%。通过调研发现，小规模农户与大规模农户对现行农业保险的态度存在较大差异。小规模农户或者根本不了解农业保险，或者认为务农收入太低，对农业保险并不关心，认为部分农户即使有保险需求，但其种养的产品因规模较小，可能并没有相应的保险产品且无保费补贴，造成了农业保险的供需不匹配。而大规模农户则认为农业保险的主要问题是农业保险的保费补贴水平太低、相应的农业保险保障水平太低以及农业保险保障范围太窄，还有一些大规模农户认为保险产品太少。具体结果如图8-5、图8-6所示。

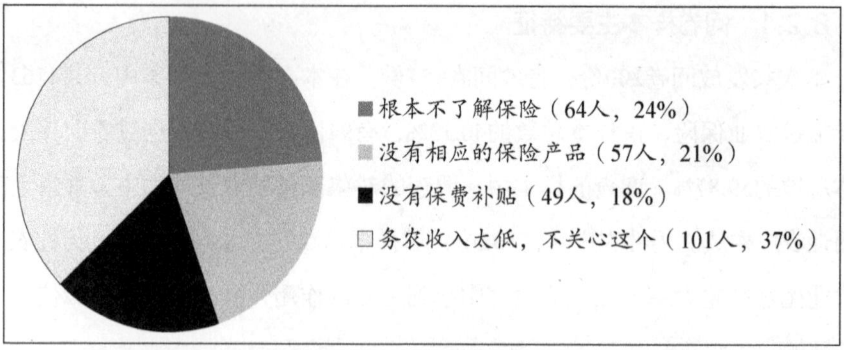

图8-5　受访小规模农户认为农业保险存在的主要问题

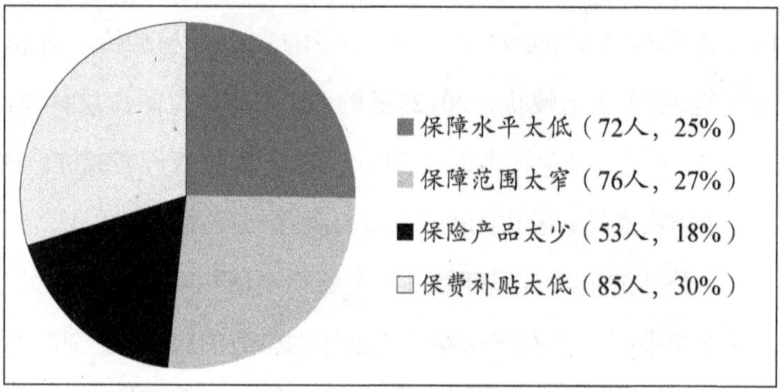

图8-6　受访大规模农户认为农业保险存在的主要问题

进一步对未参加农业保险的农户进行调查发现，农户未参加农业保险的主要原因是务农收入太低，并不在意保险，有部分农户认为农业保险的补贴水平太低，一些农户甚至没有听说过农业保险，少部分农户认为农业保险未覆盖其种养的品种以及没有想要的保险产品。具体结果如图8-7所示。

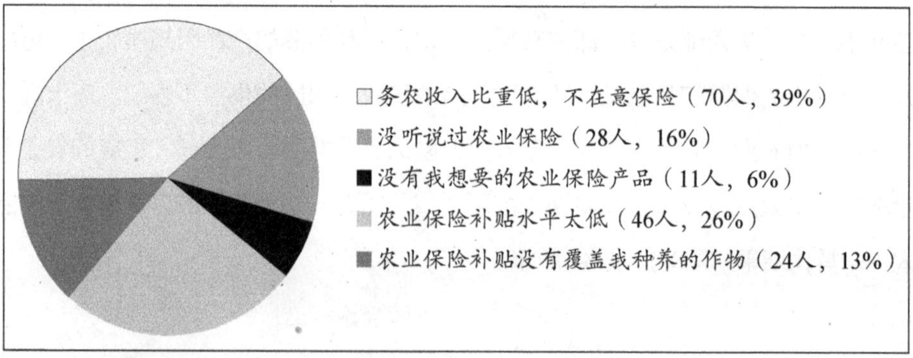

图8-7　没有参加农业保险的原因

8.2.2 实证分析

8.2.2.1 变量设定与描述

被解释变量：本节的被解释变量为有没有参加农业保险。参与农业保险赋值为1，未参加农业保险则赋值为0。

核心解释变量：模型的核心解释变量为农户的实际经营农地规模，农户的实际经营的农地规模在10亩以下赋值为1，农户的实际经营的农地规模在10亩至50亩之间赋值为2：农户的实际经营的农地规模在50亩以上赋值为3。

控制变量。控制变量主要有农户特征变量（农户年龄、农户性别、农户受教育程度），农户认为购买农业保险的主要因素（收入水平、保费补贴程度、风险因素），农户主要收入来源（农产品收入、自己的企业），生产状况变量（机耕、农药喷洒次数）。详细见表8-2。

表8-2　变量说明

变量类别	变量名称及字母表示	变量解释
被解释变量	农业保险参与，用 agrins 表示	参加农业保险赋值为 1，未参加农业保险赋值为 0
核心解释变量	耕地规模，用 scaland 表示	实际经营的农地规模在 10 亩以下赋值为 1，10~50 亩赋值为 2，大于 50 亩赋值为 3
控制变量	农户年龄，用 age 表示	20~29 岁赋值为 1，30~39 岁赋值为 2，40~49 岁赋值为 3，50~59 岁中专赋值为 4，60~70 岁赋值为 5
	农户性别，用 gender 表示	户主性别为男性是赋值为 1，女性为 0
	农户受教育程度，用 edu 表示	初中学历以下赋值为 1，初中学历赋值为 2，高中学历赋值为 3，学士学历赋值为 4，硕士及以上赋值为 5
	农户认为影响购买农业保险最主要因素（收入水平），用 insa 表示	认为影响农户购买农业保险主要因素中有收入水平赋值为 1，否则为 0
	农户认为影响购买农业保险最主要因素（保费补贴程度），用 insb 表示	认为影响农户购买农业保险主要因素中有保费补贴程度赋值为 1，否则为 0
	农户认为影响购买农业保险最主要因素（风险因素），用 insf 表示	认为影响农户购买农业保险主要因素中有风险因素赋值为 1，否则为 0

表8-2（续）

变量类别	变量名称及字母表示	变量解释
控制变量	主要收入来源（农产品收入），用 inca 表示	主要收入来源中有农产品收入赋值为 1，否则为 0
	主要收入来源（自己的企业），用 incf 表示	主要收入来源中有农产品收入赋值为 1，否则为 0
	机耕，用 mec 表示	种植时雇佣或自己使用农机耕地赋值为 1，否则为 0
	农药喷洒次数，用 pes 表示	主要农作物农药喷洒次数在 2 次以下赋值为 1，3~5 次赋值为 2，5 次以上赋值为 3

8.2.2.2 变量描述性统计

表8-3给出了所有变量的描述性统计。从参保情况来看，参保农户为63位，占比为40.1%；未参保农户为94位，占比为59.9%。

表8-3 变量描述性统计

variable	N	mean	sd	min	max
agrins	157	0.401	0.492	0	1
scaland	157	1.153	0.483	1	3
age	157	3.573	1.033	1	5
gender	157	0.669	0.472	0	1
edu	157	2.006	0.844	1	5
insa	157	0.439	0.498	0	1
insb	157	0.395	0.490	0	1
insf	157	0.204	0.404	0	1
inca	157	0.490	0.502	0	1
incf	157	0.0320	0.176	0	1
pes	157	2.115	0.660	1	3
mec	157	1.223	0.418	1	2

8.2.2.3 模型设定

对于被解释变量“有没有参加农业保险”属于二值变量，将选择 Logit 模型分析农户耕地规模对农业保险参与行为的影响。当农户参加过农业保险时，将变量赋值为1；反之，农户没有参加过农业保险则赋值为0。农户参加过农业保险的概率为：

$$P = P_r\left(y=1 \mid X_i\right) = \frac{\exp\left(\beta \times scaland_i + rX_i\right)}{1+\exp\left(\beta \times scaland_i + rX_i\right)} \quad (8\text{-}3)$$

式中，P 为农业保险参加的概率；y 为被解释变量，$y=1$表示参加过农业保险，$scaland_i$ 为核心解释变量，$scaland_i=1$表示农户的实际经营的农地规模在10亩以下，$scaland_i=2$表示农户的实际经营的农地规模在10~50亩，$scaland_i=3$表示农户的实际经营的农地规模在50亩以上，X_i 表示其他各类控制变量。

8.2.2.4　回归结果

表8-4为农地规模对农业保险参影响的回归结果，模型（1）为未加入控制变量时农地规模对农业保险参加影响的回归结果，模型（2）为加入控制变量后农地规模对农业保险参加影响的结果。

表8-4　农地规模对农业保险参加的影响回归结果

	（1）	（2）		（1）	（2）
	agrins	**agrins**		**agrins**	**agrins**
scaland	1.684*** （0.563）	1.832*** （0.700）	*inca*		1.846*** （0.527）
age		−0.801*** （0.275）	*incf*		2.782** （1.397）
gender		0.941* （0.525）	*pes*		1.239*** （0.402）
edu		0.153 （0.303）	*mec*		−0.968 （0.646）
insa		−1.151** （0.461）	*_cons*	−2.298*** （0.627）	−2.658 （1.866）
insb		0.970** （0.472）	*N*	157.000	157.000
insf		−2.233*** （0.715）	*r2_p*	0.076	0.359

注：***、**、* 分别表示检验统计量在 1%、5%、10% 的水平上显著，括号内为

稳健标准误。

研究结果表明，无论是否加入控制变量，农地规模对农业保险参加的影响始终是正向的，且都在1%的水平上显著，说明农户的耕地规模越大对农业保险的需求更大。在控制变量中，户主年龄对农业保险参与有负向影响，且在1%水平上显著，说明随着年龄的增长，农业保险的参与意愿更弱，这与李胜文等（2022）得到的结论相同，年龄越大的农户对农业保险了解更少，对于农业生产的管理能力更强，能利用自身的技术降低农业生产的风险，对农业保险参加的意愿更弱。性别对农业保险参与有正向影响，在10%水平上显著，男性农户对于农业保险更了解，更愿意参加农业保险。农户认为影响购买农业保险最主要因素（收入水平）对农业保险参加影响为负，在5%水平上显著，收入可能并不是主要来自农业收入。农户认为影响购买农业保险最主要因素（保费补贴程度）对农业保险参加影响为正，在5%水平上显著，保费补贴能够降低农户的保费自缴比例，降低农业保险的参保成本，提高了农户的预算约束，能够有效增加农户的期望效用，理性农户会增加参保的概率。农户认为影响购买农业保险最主要因素（风险因素）对农业保险参加影响为负，在1%水平上显著，风险因素可能并不是农户参与农业保险的主要因素。主要收入来源（农产品收入）对农业保险参与有正向影响，且在1%水平上显著，农户的主要收入来自农产品，对于风险分散的要求更高，更愿意参加农业保险来稳定自己的收入。主要收入来源（自己的企业）对农业保险参与有正向影响，且在5%水平上显著，农业企业有更强的风险管理意愿，可以通过农业保险来达到风险分散的目的。农药喷洒次数对农业保险参与有正向的影响，在1%水平上显著，对此可能的解释是喷洒农药次数多的农户是风险厌恶者，由于农户害怕自然灾害，故加强了农药喷洒行为，出于对风险的厌恶，故而更倾向于参与农业保险。

8.2.3 案例结论

（1）农户存在异质性的农业保险需求。大规模农户相对小规模农户有更强的农业保险参保意愿，大规模农户主要收入来自农业生产，农业收入占总收入的比重较高，更愿意通过农业保险实现风险分散的目标。小规模农户的农业收入占总收入的比重较低，对于农业收入并不在意，因此不关心农业保险。

（2）农户对农业保险政策认知程度较低。通过对农业保险参与情况的调查，发现部分农户对于务农收入比例偏低就不参与农业保险，并未发现农业保险对于农业生产是一种风险分散的工具，有些农户对于农业保险完全不了解，甚至没有听说过这个东西。因此，应该加大农业保险的宣传力度、提高农民对于农业保险的认知程度。

（3）在四川与湖南等地调研的结果大致相同，种植的亩数越多，他们承担的风险就越大，越可能担心遭受自然灾害的侵袭，从而也使他们购买保险的可能性越高。同时，新店镇农户和特色产品以七星椒和无花果为主，对于小农户，其收入来源较为多样化，对投保积极性不高，而且保险公司承保的积极性也不高；反观大农户则有着较强的风险转嫁需求。

8.3　新型农业经营主体的“保险＋期货”探索——以新疆阿拉尔红枣为例

2016年中央一号文件提出“探索开展重要农产品目标价格保险，以及收入保险、天气指数保险试点”的同时，也首次提出了“稳步扩大‘保险＋期货’试点”。众所周知，传统保险仅针对自然灾害风险保障，无法应对价格波动风险给农户造成的损失。从国际实践来看，各国更多采取的是期货市场规避大宗商品、原材料、贵金属、粮食作物等价格波动风险。正是在这样的背景下，我国逐渐开始探索将纯粹风险与投机风险管理融合，通过试点传统的风险管理与期货市场风险管理相结合，为分散价格波动风险，推动农业收入、价格保障进行了很多有益的尝试。

同时，我国农户分化，尤其是新型农业经营主体的蓬勃发展对农业收入保险及新型风险管理手段提出了更高的要求。尽管部分新型农业经济主体如合作社可以因地制宜开展内部保险互助，但该模式适用性依然有限。相比之下，新型农业经营主体对农产品价格保险的需求更加迫切。而由于当前普遍存在农业保险保障水平低、难以覆盖投入的成本，导致大部分新型农业经营主体投保获得感差，难以满足其对产品价格波动的巨大需求。在这种困境下，他们一方面愿意增加保费获得更高保障，另一方面，也很愿意尝试接受多元化的风险管理方式。本章将以新疆阿拉尔红枣保险期货作为新型农业经营主体农业保险风险管理的典型案例之一。

8.3.1 案例实施背景

新疆阿拉尔市是我国红枣的主要产地之一，其红枣产量占南疆的20%，全国的10%，是世界公认的“黄金产枣区”。红枣的种植与销售是阿拉尔市重要的农业经济支柱，2020年末，阿拉尔市的红枣种植面积为37.6千公顷，占全市园林水果种植总面积的63%，红枣产量106.9万吨，占全市水果及食用坚果总产量的55%。自2000年起，我国的红枣产量开始急剧上升，消费规模也不断扩大，由于市场供求信息不对称等原因，我国的红枣价格出现了波动幅度较大的情况，自2012年到达每公斤41.02元的顶峰之后就开始急剧下降，最终稳定在5元左右（图8-8），“枣贱伤农”的现象十分突出。2019年，受到当地降水和新冠疫情的影响，红枣的质量和需求量都有了不同程度的下降，阿拉尔市的红枣产业面临严峻考验，枣农们也面临着遭受损失的风险。

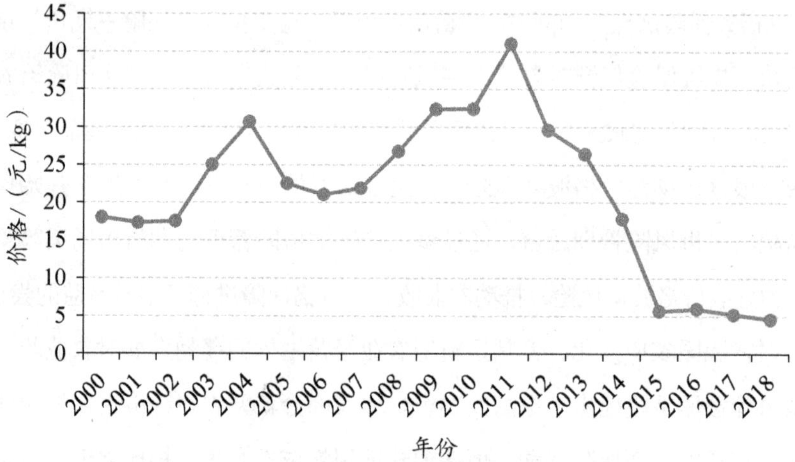

图8-8　2000—2018年我国红枣价格变动趋势

新疆兵团一师阿拉尔市红枣种植面积近70万亩，其红枣总产量占全国近13%，但其规避市场风险能力较弱，同果不同价、好果难卖好价等现象时有发生。针对其经营主体以小微企业及职业为主，阿拉尔市果业行业联合协会与格林大华期货有限公司达成合作，积极尝试“保险＋期货”模式，由行业协会会员企业或合作社为投保户提供收购保障，再由格林大华期货有限公司为会员企业或合作社提供套期保值服务，利用期货市场共担多方风险。基于此，2021年9月，郑州商品交易所2021年红枣“保险＋期货”县域覆盖项目在新疆兵团一师阿拉尔市启动。累计承保红枣约4.3万亩，保障了1 000多户职工实现稳定增收。

以新疆阿拉尔聚天红果业有限责任公司为例，该公司是一师阿拉尔市林果业龙头企业。阿拉尔聚天红果业有限责任公司与阿克苏农商银行共同以红枣原料、成品做质押，按市价部分比例如60%为企业提供灵活贷款，盘活仓储、冷库、管理等业务，缓解其融资困难的问题；2019年4月被郑州商品交易所指定为全国首批14家红枣期货交割库之一。三年来，这一金融服务模式不断迭代升级，不仅稳定了当地枣农收入，更助力当地红枣产业发展，取得了非常可观的成效．成功带领阿拉尔市人民摆脱贫困，迈向了乡村振兴的道路。

8.3.2 案例内容

阿拉尔红枣选择“保险＋保底收购＋期货”的模式，既帮助枣农规避了红枣价格下降的风险，又有效解决了红枣的销售问题，保障了枣农的收益。该试点项目在操作上主要包括以下几项内容：①格林大华期货和阿拉尔市政府为枣农提供保费，农户购买平安财险设计的保险规避价格下跌风险。②平安财险根据投保规模，购买格林大华资本设计的看跌期权，将红枣价格下跌的赔付风险转移给期货公司。③格林大华资本在期货市场上用期货进行风险对冲操作，分散价格风险并获取收益。④比较结算日的市场价格和保底收购价，判断是否触发托市收购机制。⑤企业保底收购后的库存和销售风险再利用套期保值和基差交易进行分散，完成风险闭环。具体业务模式如图8-9所示。

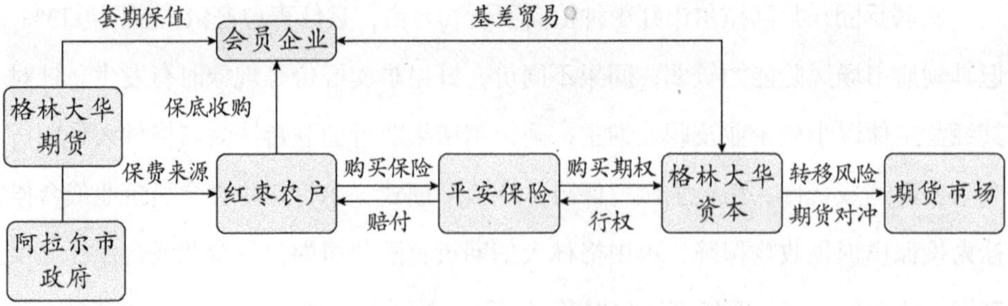

图8-9 业务流程图

8.3.2.1 保险产品情况

项目实施之前各参与主体对阿拉尔红枣进行了调查研究，考察红枣的种植情况，最终结合调研数据和协会建议确定单产为500公斤/亩；根据红枣期货的价格趋势、基本面分析、托市收购政策以及枣农的意见设计保险产品，目标价格等于期权入场对冲日的实时盘面价格加300元（第一期：10 950元/吨+300元=11 250元/吨，第二期：10 837元/吨+300元=11 137元/吨）。具体策略如表8-5和表8-6所示。

表8-5 投保策略

项目	第一期	第二期	平均值
目标价格/（元/吨）	11 250	11 137	11 193.5
权利金/（元/吨）	438	433.48	435.74
平安财险通道费	6%	6%	6%
单位保费/（元/吨）	464.28	459.49	461.88
现货数量/吨	1 500	1 500	—

表8-6 保险设计

保险目标价格	11 193.5 元/吨
承保量	3 000 吨（共 5 993.83 亩，约定亩产 0.5 吨）
承保期限	第一期：2019 年 11 月 20 日—2020 年 2 月 19 日 第二期：2019 年 11 月 22 日—2020 年 2 月 21 日
保费	总保费 1 385 640 元（461.88 元/吨 ×3 000 吨；231.18 元/亩）
保费费率	4.24%

表8-6（续）

理赔结算价计算依据	期权合约采价期间挂钩的红枣主力合约的每日收盘价格与执行价的较小值的算术平均价，结算价 $A(t)=\left(\frac{1}{n}\right)\times\sum\min\left(K,S(t)\right)$。其中，$S(t)$ 是收盘价，n 是采价天数，K 是执行价
理赔条件	结算价低于目标价格 ×95% 时，理赔金额 =max（62%× 目标价格 –60%× 结算价格，0）× 保险数量；结算价低于目标价格并高于目标价格 ×95% 时，理赔金额 =max（目标价格 – 结算价格，0）× 保险数量
承保量	3 000 吨（共 5 993.83 亩，约定亩产 0.5 吨）

在具体实施时，格林大华资本会将市场情况及时告知枣农代表，并根据市场行情及时制定风险对冲策略。2019年新疆继续实行红枣托市收购政策，故红枣市场相对稳定，价格不会出现大幅下降，可以提前平仓离场。平安财险选择提前行权，格林大华资本向平安财险进行结算支付，并最终赔付给参保农户。

8.3.2.2　场外期权设计

为了提高保费的利用率，扩大枣农保障范围，该项目选取的期权类型为增强型亚式看跌期权，期权执行价格与保险目标价格一致。试点项目采取分段理赔，根据价格下跌程度设置理赔金额，既可以降低保费又能够保证价格极端下跌时得到60%以上的理赔。所谓增强型，即就低采价，选择每日收盘价和执行价中的较低价作为采价点，同时给予保险公司提前行权和枣农提前获得赔付的权利，增加对枣农的保障力度，充分发挥模式的优势，保障农户的收入，期权设计详见表8-7。

表8-7　期权设计

期权类型	亚式期权
期权执行价格	一期执行价 11250 元 / 吨，二期执行价 11137 元 / 吨
期权标的	CJ005
入场时间	一期 2019 年 11 月 20 日，二期 2019 年 11 月 22 日
到期日	一期 2020 年 2 月 19 日，二期 2020 年 2 月 21 日
入场时标的物价格	一期 11250 元 / 吨，二期 11137 元 / 吨
波动率	32%
权利金	一期 438 元 / 吨，二期 433.48 元 / 吨

表8-7（续）

期权类型	亚式期权
结算公式	结算价低于目标价格 ×95% 时，理赔金额 =max（62%× 目标价格 –60%× 结算价格，0）× 保险数量；结算价低于目标价格并高于目标价格 ×95% 时，理赔金额 =max（目标价格 – 结算价格，0）× 保险数量
采价期	提前平仓时，采价期为期权有效期，即期权入场日至平仓日
采价方式	当日标的物收盘价与执行价的较小值作为采价点

由于红枣托市收购政策会稳定红枣市场，托底红枣价格，红枣价格不会持续下降，故平安财险提前行权，格林大华资本按约定进行赔付结算，农户获得赔付，保险工作完成。

8.3.2.3 保底收购机制

为了保障果农收益，新疆出台了托市政策，兵团企业与自治区企业根据红枣的质量制定不同的收购价格，体现“以质论价”的特点。内容主要有以下几点。

（1）农发行选择“全额抵押担保方式”和“信用 + 风险保证金”两种方式向企业提供收购贷款，同时地方有关机构提供部分资金，两者出资比例为6：1。

（2）地方和兵团的有关机构承担收购资金的相关利息。

（3）保底收购后，企业负责红枣销售并且盈亏自负。

（4）收购价格等于近三年的平均价格。

保底收购触发机制如表8-8所示。

表8-8 保底收购触发机制

市场行情	保底收购机制	收购价格
红枣市场价格 < 托市收购价	立即启动托市收购机制	保护价
红枣市场价格 > 托市收购价	及时退出托市收购机制	市场价

8.3.2.4 基差交易操作

当红枣市场价格下跌到托底收购价格之后，会员企业启动保底收购机制，使用托市收购贷款收购枣农的红枣，负责红枣的销售，并且盈亏自负。会员企业可以使用套期保值和基差交易等手段来规避风险，保证收益。具体操作如表8-9所示。

表8-9　基差交易配合卖期保值的利润分析

	交易时间	现货市场	期货市场	基差
卖出套保	t_0	S_0	F_0（建仓，卖出价）	$B_0=S_0-F_0$
基差交易	t'			B'
对方点价	t_1	$S'_1=F_1+B'$（卖出价）	F_1（平仓，买入价）	$B'=S'_1-F_1$
利润	P	$P_S=S'_1-S_0$	$P_f=F_0-F_1$	$P=P_S+P_f=B'-B_0$

企业可以通过基差交易获得 $P=P_S+P_f=B'+B_0$ 的利润，不论 t_1 时刻基差如何变化，只要能保证协议基差 B' 大于建仓基差 B_0，企业就能获得利润。

8.3.2.5　风险对冲策略

该模式通过各参与主体的运作形成了风险闭环，主要通过两次对冲操作分散各参与方的风险：①平安财险通过购买场外看跌期权对冲农产品价格保险的赔付风险，损失只是期权费，而收益可能无限。②格林大华资本使用场内红枣期货合约对冲期权交易风险。风险分散模式如图8-10所示。

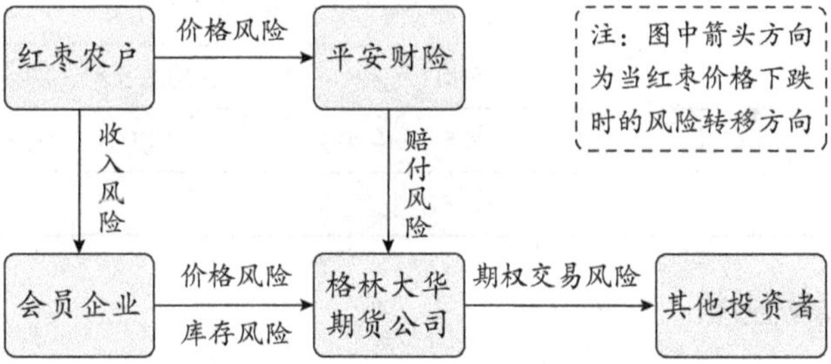

图8-10　风险分散模式图

期货公司作为看跌期权空头为规避价格下跌风险，可以通过卖空期货操作来对冲。当期货价格变动时，看跌期权的价格也在变动。通过构建 Delta 中性组合可以实现风险的对冲，其中 Delta 反映了期权价格对期货价格的敏感度。期权价格曲线斜率 Delta 如图8-11所示。

期货公司采取动态 Delta 对冲策略，其持有的期货空单头寸随着期货价格变化进行动态调整。在期货市场的操作可以简单解释为：当期货价格上升时，格林大华资本需要降低持有的期货空头头寸来保证风险敞口对应减少，以此来避免期货公司出现爆仓的风险，使得场外期权与场内期货组合 Delta 保持中性。当期货价格变动频率过快时，期货公司难以及时调整期货空头头寸，Delta 不能回归中性带来爆仓风险，可通过分散持仓，用多样化的产品分散期货公司的风险。表8-10为对冲示例。

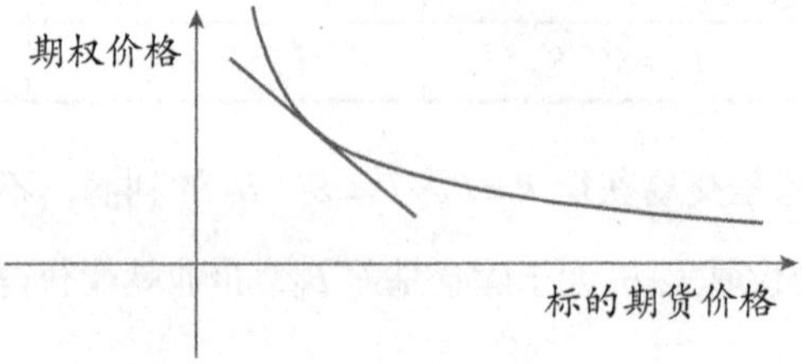

图8-11　期权价格曲线斜率 Delta

表8-10　对冲示例

产品类型	Delta	方向	数量	头寸
看跌期权	-0.5	空头	-500	-500×5×（-0.5）=1250
红枣期货	1	空头	-1250/（1×5）=-250	-250×5×1=-1250
红枣期货价格上升，看跌期权 Delta 变为 -0.4				
看跌期权	-0.4	空头	-500	-500×5×（-0.4）=1000
红枣期货	1	空头	1000/（1×5）=-200	-200×5×1=-1000
调整	平仓 50 张红枣期货空单			

8.3.3　案例分析

8.3.3.1　理赔效果

2019年12月24日提前行权后，平安财险通过计算获得有效期内红枣 CJ005每日收盘价和执行价较低值的算术平均值约为10 860.5元 / 吨，低于保险目标价格（11 193.5元 / 吨）并高于目标价格的95%，按照相应的理赔金额公式平安财险应向阿拉尔枣农赔付目标价格与参结算价格的差额部分，即：11 193.5元 / 吨 -10 860.5元 / 吨 =333元 / 吨，具体理赔情况如表8-11所示。

表8-11　理赔情况

保障目标价格	11 193.5 元 / 吨
结算价格	10 860.5 元 / 吨（一期 10 888 元 / 吨，二期 10 833 元 / 吨）
理赔标准	333 元 / 吨、166.5 元 / 亩
理赔总额	999 000 元
保费总额	1 385 640 元
赔付率（理赔总额 / 保费总额）	72.10%

枣农种植成本约为2 500元 / 亩，保险理赔标准为166.5元 / 亩，占种植成本的6.66%。2019年阿拉尔红枣市场疲软，红枣价格持续下降使得枣农遭受严重亏损，试点项目的开展保障了150户枣农的收入，激发了他们2020年继续投保的热情。这次“价格保险＋保底收购＋期货市场套期保值”试点，使得枣农第一次享受到收入保障，提升了他们种枣的信心，并且促进了阿拉尔红枣产业的标准化，带动了阿拉尔地区红枣产业转型升级。

8.3.3.2　“保险＋期货”模式优势分析

“保险＋期货”模式相比于政府经营的农业保险更有利于形成成熟有效的商业化市场。因为农业保险具有准公共物品的特点，因此农业保险制度建立初期一般是由政府主导的，由于低参保率和高赔偿率，各级政府的补贴是农业保险市场得以持续的决定性力量，政府单独经营农业保险的效果并不理想。因此，引入期货公司，借用其风险对冲的专业能力，对农产品的远期价格进行套期保值，将价格波动风险分散出去。此外，相比于其他金融市场，期货市场具有高效的价格发现功能，期货市场能够预见农产品未来的价格，并通过“保险＋期货”模式把这个价格信号传递给农户，指导农户有计划地进行生产销售。长远来看，“保险＋期货”还有利于形成以远期价格指导生产销售的机制。

既然“保险＋期货”模式从根本上说就是期货，农民为什么不直接去期货市场对冲风险，要在这一金融产品集合里加入“保险”这一角色呢？这是因为农民养殖户不懂怎么用衍生品进行套期保值，现实中衍生品市场存在相当多的市场壁垒，例如专业知识、资金、市场准入条件等因素，导致农民们无法直接参与衍生品市场中，在此项目中，保险公司充当了一个打破这些壁垒的角色。

8.3.3.3 “保险＋期货”模式可持续分析

参与模式各方主体的损益，是影响模式可持续性的重要因素。因此我们在红枣市场价格的不同情况下，分析各方主体在该模式下的损益情况，进而分析该模式存在的问题，详见表8-12。

表8-12　不同结算价下各方损益情况

结算价	理赔标准（元/吨）	农民损益（元/吨）	保险公司损益（元/吨）	期货公司损益（元/吨）
高于 11 193.5	不理赔	–461.88	26.82	438+ 对冲盈亏
高于 10 633.83，低于 11 193.5	11 193.5– 结算价	11 193.5– 结算价 –461.88	26.82	438–（11 193.5– 结算价）+ 对冲盈亏
低于 10 633.83	62%×11 193.5–60%× 结算价	62%×11 193.5–60%× 结算价 –461.88	26.82	438–（62%×11 193.5–60%× 结算价）+ 对冲盈亏

（1）农民的损益。对农民而言，参与保险可以避免价格大幅下跌的风险。市场行情较好时，红枣能以高于目标价的价格卖出，此时保险条款不被触发。农民支出保费，但由于行情较好，农民的收入也有保障；市场行情差时，农民支出保费，就能得到大部分赔偿，保障了其收入。农民参保损益如图8-12所示。

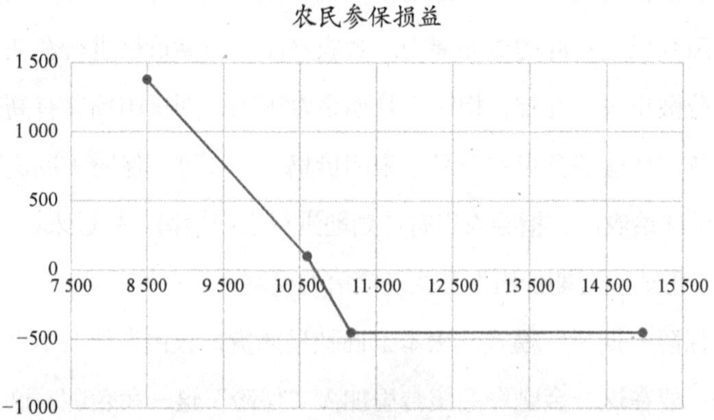

图8-12　农民参保损益示意图

但从另一个角度来看，枣农的保费为231.18元 / 亩，而其种枣的平均成本为2 300~2 600元 / 亩，如果政府或交易所不再补贴保费，农民将面临10% 左右的成本上升，此时农户的参保积极性将受到影响。

（2）期货公司损益。在该模式中，期货公司卖出了关于红枣价格的看跌期权，承担了红枣价格下跌的风险，因此期货公司需要卖空期货以对冲风险，图8-13为期货公司损益。可以看到，当红枣价格下跌时，期货公司可以有效地对冲风险。但当价格上涨，尤其是超过红线时，期货公司所持有的期货头寸就有很大的风险。

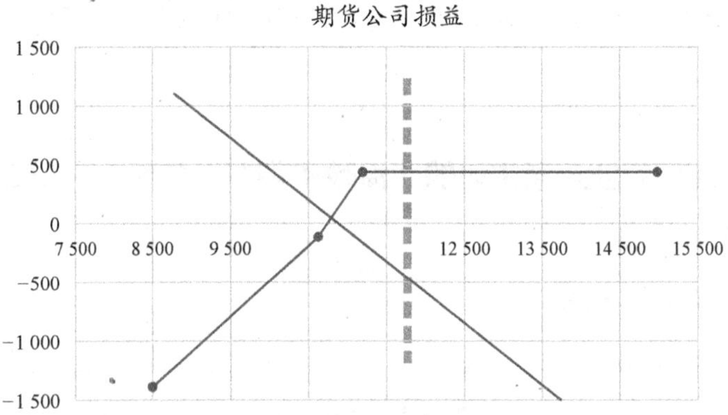

图8-13　期货公司损益示意图

因此，期货公司的收益，很大程度取决于其在期货市场的对冲操作。问题是当需要对冲的规模变大之后，规模的单边卖空会对市场价格平衡造成重要影响，也会造成期货公司的对冲成本大幅增加，从而造成该模式的难以为继。

（3）保险公司损益。保险公司主要的收益为6% 的通道费。保险公司承担了对农民进行理赔的风险，又通过购买行权条件与保险完全一致的期权合约，将风险转移出去。其收益主要用于覆盖开展业务、与农户签订协议、市场培训与宣传等的成本。因此保险公司主要是赚取通道费，风险较小。

8.3.4　案例结论

“保险 + 期货”模式有效地弥补了传统农业保险只能承保自然灾害等非市场风险的不足，在转移价格波动风险、保障农户收入的同时，还能有效利用期货的价格发现功能，推动枣农依照期货交割标准种植红枣，稳定生产经营，促进农产品市场的均衡发展。

不难发现，在我国农户逐步分化的背景下，农业保险需求的异质性也在逐步显现。农产品“保险＋期货”正是体现了从单一保价格走向综合保收入，在“保险＋期货＋信贷”基础上不断扩展，从期货公司与保险公司联手走向银行、政府等多方参与和协同发力，逐渐扩展至“保险＋期货＋订单收购”“保险＋期货＋信贷＋现代农技”等更多种、更长链条的服务模式，为推动农业全产业链整合提供了全覆盖的风险管理和金融支持。这将极大提升异质性背景下新型农业经营主体的风险应对能力，对促进我国农业产业转型升级、建设农业强国有着极其重要的作用。

8.4　新型农业经营主体的“保险＋期货”探索——以云南、江西等地生猪养殖为例

8.4.1　案例实施背景

我国作为全球最大生猪生产国和消费国，生猪养殖规模占全球总量60%以上，年出栏量为6.8亿~7亿头，年消费量约为5 000万吨，生猪产业链直接关联数万家养殖企业与过亿就业人员。此外，猪肉还是我国居民最主要的肉类消费来源，尽管随着居民生活条件的改善，近年来牛羊肉消费比例不断增加，但是猪肉占肉类消费的比重始终保持在60%以上，全年共消耗掉5 600余万吨猪肉（详见表8-13）。由此可见，生猪产业的稳定程度不仅决定着产业链条中相关者的利益，而且影响着现代畜牧业和国民经济。然而，受2019年非洲猪瘟、新冠肺炎等因素的影响，2020年我国生猪价格明显上涨。在高利润的刺激下，2021年以来，养殖企业纷纷扩大养殖规模，导致我国生猪产能大幅增加，加之猪肉需求季节性转弱，生猪价格又由此进入下跌通道。同时，由于全球原料供应相对偏紧，玉米、豆粕等猪饲料原料价格也在不断上涨，而由生猪产能恢复所带来的饲料消费增长又进一步助推饲料价格维持高位。在生猪价格回调、饲料成本增加双重因素的共同影响下，中小生猪养殖企业养殖利润大幅下降，部分企业甚至陷入全面亏损，生猪养殖行业面临着严峻的产业衰退。2006—2019年我国经历的四轮猪周期如图8-14所示。

表8-13　我国肉类消费量

（单位：千克/年）

	2000	2005	2010	2013	2014	2015	2016	2017	2018	2019
猪肉	31.4	34.7	37.9	40.7	41.8	40.4	39.5	39.3	39.4	30.5
禽肉	9.6	10.9	12.8	13.5	13.0	13.4	13.6	13.9	13.9	17.4
牛肉	4.0	4.3	4.9	5.2	5.3	5.4	5.6	5.7	5.9	5.9
羊肉	2.1	2.7	3.0	3.2	3.3	3.4	3.5	3.6	3.6	3.8
肉类	47.1	52.6	58.8	62.6	63.4	62.6	62.2	62.4	62.8	57.6

数据来源：万得经济数据库。

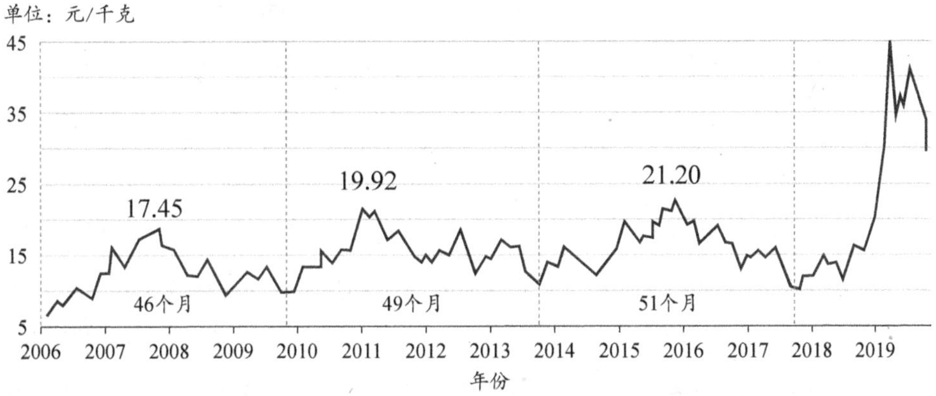

图8-14　2006—2019年我国经历的四轮猪周期

随着经济的不断增长，农业保险已成为推动农业可持续发展的关键手段，为化解农业产业链的风险、助力脱贫攻坚与乡村振兴作出了重要贡献。然而传统农业保险仍存在风险保障不充分的现象，且大多数地方特色农产品缺乏有效的市场化风险管理手段和工具，亟须优化农业风险管理体系，从而推动农业供给侧结构性改革与农业产业结构转型升级。在此背景下，“保险＋期货”模式作为新型农业风险管理方式，自推出便备受关注。2016年起，“保险＋期货”模式连续8年被纳入中央一号文件，在这期间，“保险＋期货”已为15个涉农作物提供了全面的风险管理服务。“保险＋期货”模式不仅能帮助农业产业抵御自然风险、价格风险，同时还能拓展农业保险的保障范围，完备农业风险收益保障体系。

8.4.2 “保险 + 期货”模式运行机制

“保险 + 期货”作为一种创新模式，旨在通过整合农业保险产品和服务，将期货市场的风险管理技术应用到农业生产中，以实现更有效的风险管理。本质上来说，该模式是政府部门为保障农户利益、防范价格风险，保险机构为追求自身利益降低自身风险下的产物。保险公司基于期货市场上的农产品期货数据开发农业保险；农户或农企通过购买农业保险，将风险转移给保险公司；保险公司通过购买期权期货以应对农产品价格的大幅波动和农作物减产所带来的风险；期货公司则将风险进一步分散至市场，各方收益形成闭环。“保险 + 期货”模式除了在实现养殖户正收益、保险公司风险最小化、期货公司盈利的同时，还在一定程度上破解农产品价格风险管控问题。目前我国农产品“保险 + 期货”试点范围不断扩大，服务模式不断更新，现已有大豆、玉米、水稻、小麦、生猪等重要农产品期权期货产品，也出现了“保险 + 期货 + 银行”“保险 + 期货 + 银行 + 基差收购”等衍生模式，风险保障能力逐步增强。总的来说，保险公司与期货公司通过优势互补，将农产品价格风险从农业经营主体转移到资本市场，一方面，保障了农业生产收入，进一步提升了农户生产的积极性；另一方面，降低了保险公司的经营风险，丰富了期货公司的业务类型，有助于完善我国农村金融市场，实现风险分散在市场上的可持续发展。

8.4.3 生猪“保险 + 期货”模式实践探索

8.4.3.1 案例简介

生猪养殖是云南沧源佤族自治县、永胜县重要的支柱产业，面对猪肉销售价格的巨大不确定性，当地合作社、养殖企业及农户稳定生猪养殖收入的需求强烈。海通期货携手人保财险在沧源县、永胜县开展“保险 + 期货”生猪价格保险试点项目，精心设计项目方案，帮助当地生猪养殖合作社及养殖企业有效规避生猪价格波动风险，进一步探索促进当地生猪产业健康发展的有效途径。

8.4.3.2 实施过程

该次项目由海通期货股份有限公司与中国人民财产保险有限公司上海市分公

司和中国人民财产保险有限公司丽江市分公司联合开展，服务对象为云南省沧源县、永胜县生猪养殖户、合作社和养殖企业，数量为千余户，其中包含合作社6家以及养殖企业3家，共计覆盖生猪3万余头，对应现货量3 600余吨。项目标的合约为大商所生猪 LH2201期货合约，总保费共计二百余万元，除大商所为保费提供相应的支持外，本次项目还特别引入第三方企业为保费提供了大力支持。

在项目前期的调研与产品设计阶段，海通期货团队联合保险公司发挥自身优势，对当地养殖情况以及后市行情展开了深入调查和研究，从当地生猪养殖合作社、养殖企业及农户的实际需求出发，精心设计期权方案。实际操作中，通过赔付限额控制项目风险管理成本，并在亚式增强期权结构的基础上，创新引入短采价期回望锁价机制，以期精准把握生猪价格波动时段，更好应对生猪行情波动大的特性，有效提高项目的赔付概率和赔付效果，为参保的合作社、企业及农户提供精准保障。

随后，项目组开展项目备案及启动工作。海通期货联合人保财险上海市分公司及丽江市分公司共同向大商所提请备案，在项目通过大商所备案后，进行项目启动各项准备工作。承保工作完成后，2021年10月中旬，保险合约与场外期权交易正式生效执行。人保财险按照场外期权协议规定向海通资源支付相应的场外期权费，以满足其期望收益。海通期货风险管理子公司海通资源开始实施场外期权进行风险对冲。在项目的对冲过程中，对冲人员每日盘中实时跟踪期权风险指标，实时进行风险试算，并严格按照对冲策略实施，控制项目对冲风险。

2021年11月中旬，项目保险产品与场外期权同时到期，随后进入清算理赔阶段。海通资源与人保财险进行场外期权到期清算后，向人保财险支付期权到期价值。人保财险根据保险条款完成清算后，对承保主体执行相应的保险理赔程序。

8.4.3.3　实施效果

养殖业作为沧源县和永胜县重要产业之一，生猪养殖收入稳定是当地生猪养殖主体最大的诉求。自2021年以来生猪价格持续下跌，生猪养殖收入存在巨大不确定性。本次项目通过“保险＋期货”模式，以大商所生猪期货作为标的，为当地生猪养殖合作社、企业及农户提供价格风险管理支持，协助其通过市场化手段对冲生猪养殖风险。

在猪肉价格波动剧烈的背景下，养殖合作社及企业通过参与“保险＋期货”模式，锁定生猪出售价格，规避猪价继续下行风险，有效减轻了生猪价格波动带来的影响，从而可以安心投入生产工作中。本次项目覆盖生猪数量3万余头，保障金额近6 000万元。在投保期间，生猪现货价格上涨，养殖主体现货端收益也随之上涨。虽然投保保费抵消了部分现货上涨的收益，但服务主体在保障期间能够抵御生猪价格下跌风险，当现货价格下跌时可以获得赔付，从而锁定养殖收入，而当现货价格上涨时，也可以在较为理想的价格出售生猪现货。如无该保险产品，养殖主体可能因担心生猪价格下跌而无法放心开展生产，对当地生猪产业发展带来不利影响。项目的开展在助力乡村振兴、支持当地生猪产业稳健发展方面均能带来积极影响。

8.4.3.4 案例总结

生猪养殖是云南沧源县、永胜县的重要产业之一，生猪的价格无疑是当地养殖合作社、企业及农户关注的重点。自2020年以来猪肉价格大幅波动，导致养殖主体利益受损严重，面临生猪卖价不及成本价的窘境。在此背景下，海通期货联合人保财险利用各自的专业优势和经验，通过“保险＋期货”手段为当地养殖主体提供风险保障工具。本次项目的开展使得当地生猪养殖主体不必再为猪价大幅下跌而感到担忧，增强了养殖主体在生猪养殖上的信心，为乡村产业振兴添砖加瓦。

此外，本次项目通过“保险＋期货”模式，引导当地合作社及企业通过市场化手段对冲生猪养殖风险。为了推广“保险＋期货”模式，海通期货通过官方微信公众号对项目模式进行了宣传推广，文章得到期货日报转载，进一步扩大了“保险＋期货”模式的影响力。项目可复制性、可推广性较强，具有典型示范性，能切实保障当地养殖合作社及企业利益，并将市场领先风险管理理念灌输于当地生猪养殖产业中。

海通期货不断探索和创新更多可复制、可推广的“保险＋期货”，从而更好地服务“三农”和支持产业稳定发展，为推动期货市场以新兴产业服务手段服务中小企业、助力乡村振兴、促进“三农”产业持续健康发展注入新动能。

8.4.4　猪饲料（玉米、豆粕）“保险＋期货”模式实践探索

8.4.4.1　案例简介

定南县是全国生猪养殖大县和优质生猪基地之一。近年来，定南县通过组织成立养猪合作社等方式，在全县推广生态养殖，使生猪产业迅猛壮大，2011年定南县入选“第一批生猪调出大县”。定南县生猪养殖产业生猪总量超过60万头，属于当地重点扶持产业。而崇义县通过引进现代化生猪养殖企业、争取生猪标准化规模养殖场建设项目等方式，在全县推广现代化生态养殖，使生猪产业得到提升，产值超亿元。参与本次试点的几家养殖企业均为当地知名合作社和龙头企业，为当地提供就业岗位超过700余个，特别是为建档立卡贫困户提供了家门口就业机会。然而面对大幅波动的生猪饲料价格，养殖户对抗风险的能力相对较弱，金融工具知识匮乏，无法使用农产品期货市场的套期保值功能，因此，养殖户承受了巨大的市场风险，长此以往，将严重影响当地农户就业和收入。

为发挥“保险＋期货”项目在赣州市定南县、崇义县的示范效应，本项目为定南县金融工作局、崇义县金融服务中心重点推进项目，期望以生猪饲料项目为试点进行推广，加大乡村振兴工作力度，促进期货更好地服务实体经济。

8.4.4.2　参与主体

本次项目为猪饲料（玉米＆豆粕）价格险“保险＋期货”模式，由太平洋产险设计价格险产品、金瑞期货全资子公司金瑞前海资本管理（深圳）有限公司（简称“金瑞资本”）设计场外期权方案，投保人向太平洋产险购买猪饲料价格险转移市场风险，太平洋产险扣除部分费用后用剩余保费向金瑞资本购买场外期权进行再保险，由金瑞资本在期货市场进行风险对冲。2021年4—5月，在赣州市、定南县和崇义县相关金融部门的组织协调下，金瑞期货和保险公司对此次服务对象展开了深度调研，充分了解养殖生产情况及风险管理需求。

投保人是定南县和崇义县从事生猪养殖的5家企业和1户农户，最终投保玉米18 240吨、豆粕5 364吨，分四期进行，总保费100.06万元，投保主体自缴保费35万元，政府补贴保费5万元。由太平洋产险设计价格险产品。金瑞期货在江西省赣州市定南县与崇义县联合开展猪饲料（玉米 & 豆粕）价格险试点项目，负责设计场外期权方案，积极发挥期货市场风险分散功能和作用，助力赣州巩固脱贫攻坚成果。定南县金融工作局与崇义县金融服务中心负责监督管理。各主体在项目中的角色定位如图8-15所示。

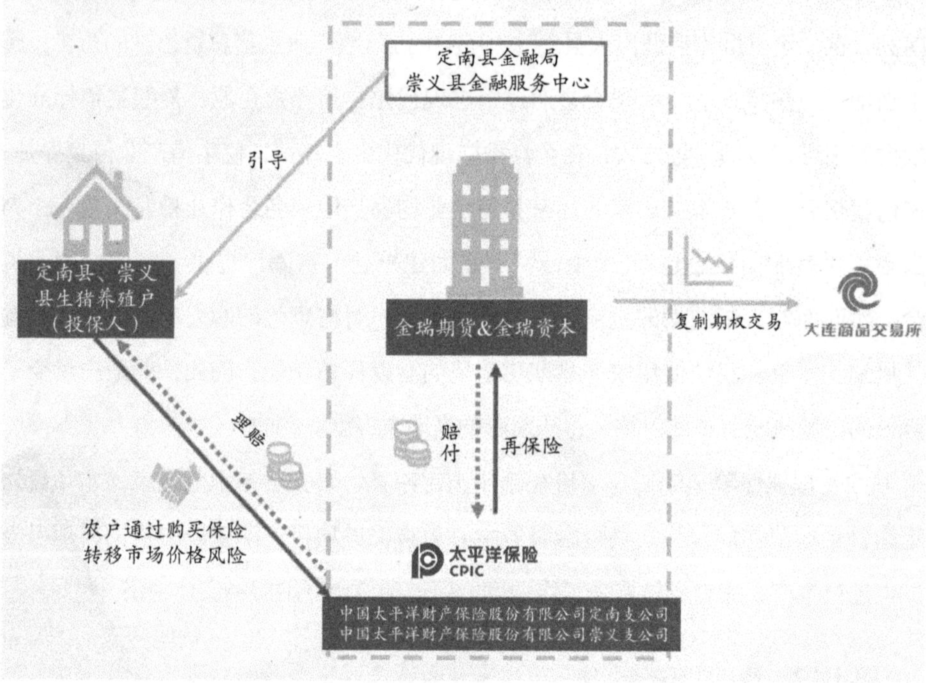

图8-15 各主体在项目中的角色定位

8.4.4.3 实施过程

（1）项目进展情况（详见表8-14）。

表8-14 项目进度表

进度	时间	内容
项目前期准备	2021年4—5月	金瑞期货、金瑞资本与太平洋产险及赣州市金融办、定南县金融局、崇义县金融服务中心赴试点区调研养殖户生猪养殖情况，并提供价格保险方案，咨询各家养殖户的参保意愿。
立项准备	2021年6月9日	金瑞期货江西省定南县、崇义县猪饲料（玉米、豆粕）价格险分散项目通过大商所审批，成为获准立项单位之一。
	2021年6月	金瑞期货与太平洋产险江西省分公司、定南县金融工作局、崇义县金融服务中心签订三方协议
	2021年6月	金瑞期货协助太平洋产险针对猪饲料（玉米、豆粕）价格亚式期权保险产品进行条款备案
开展期	2021年6月	金瑞期货协助保险公司落实养殖户信息采集工作，收集各方保费。
	2021年6月21日	太平洋产险猪饲料（玉米、豆粕）价格险保单出单
结项期	2021年10月22日	保险到期结算，进行理赔

（2）模式分析。

关于猪饲料（玉米 & 豆粕）“保险 + 期货”模式的运行，首先，保险公司参照猪饲料（玉米 & 豆粕）期货价格，开发设计价格险或利润险等保险产品；其次，生猪养殖主体通过向保险公司支付保费购买保险产品，将市场风险成功转嫁给保险公司；然后，保险公司向期货公司购买期权期货产品，以对冲猪饲料价格波动所带来的风险；最后，期货公司通过向期货市场买卖期货合约的方式分散自身风险，形成风险分散闭环。

（3）期权方案及保险产品基本情况。

关于期权方案设计，饲料成本占生猪养殖成本高，养殖企业对饲料价格变动较为敏感，养殖企业采购饲料周期较为规律，为保证未来4个月内不被饲料价格上涨吞噬企业的养殖利润，期权方案采用亚式看涨期权，挂钩大商所玉米和豆粕主力合约，分4笔，每笔时间周期均为一个月。

关于保险产品及理赔说明，本次项目承保数量为玉米18 240吨、豆粕5 364吨，保险端与期权端保持一致，保险公司根据4笔期权对应进出场时间、保障价格及赔付条款出具4份保单。在保险期间内，跟踪标的合约在观察期内的每日收盘价（除另有约定外）的算术平均数，若该算术平均数（结算价格）高于入场价格，保险人按照保险合同约定负责赔偿。若在观察期内结算价格低于入场价格，则无赔付，理赔公式如下：

$$\text{赔付金额}=\max(\text{玉米结算价格}-\text{玉米入场价格},0)\times\text{玉米吨数}+\max(\text{豆粕结算价格}-\text{豆粕入场价格},0)\times\text{豆粕吨数} \quad (8\text{-}4)$$

期权到期损益如图8-16所示，保险产品要素详见表8-15。

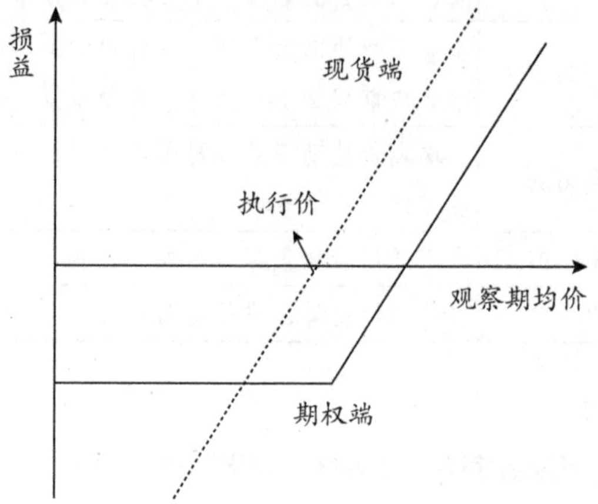

图8-16　期权到期损益图

表8-15　保险产品要素详情

期数	1	2	3	4
目标价格/（元/吨）	玉米：2 595 豆粕：3 394	玉米：2 532 豆粕：3 665	玉米：2 497 豆粕：3 485	玉米：2 480 豆粕：3 541
承保数量/吨	玉米：4 800 豆粕：1 412	玉米：4 420 豆粕：1 300	玉米：4 600 豆粕：1 352	玉米：4 420 豆粕：1 300
保险金额/元	17 248 324.34	15 955 939.88	15 500 920.62	15 564 900.02
保险费率	1.46%	1.57%	1.61%	1.60%
保险费/元	251 270.67	249 790.67	349 728.89	249 782
保险期间	2021-06-21— 2021-07-20	2021-07-21— 2021-08-20	2021-08-23— 2021-09-22	2021-09-23— 2021-10-22

表8-15（续）

保险责任	在保险期间内，保险玉米主力合约、豆粕主力合约在约定时期结算价高于目标价格的，视为保险事故发生，保险人按照本保险合同的约定负责赔偿。理赔结算价为玉米主力合约、豆粕主力合约在理赔期间内各交易日实际价格的算术平均值，除另有约定外，各交易日的实际价格按照收盘价确定，并在保险单中载明。

8.4.4.4　实施效果

随着10月22日保险到期结算，定南县3家养殖企业和1个个体养殖户、崇义县2家养殖企业四期共获得理赔金额616 914.96元，赔付率达176.27%（自缴保费约35万元），有效地控制了饲料价格，降低了生猪养殖成本。其具体赔付情况见表8-16。

表8-16　保险到期赔付情况

玉米 / 吨	豆粕 / 吨	第一期赔付 / 元	第二期赔付 / 元	第三期赔付 / 元	第四期赔付 / 元	赔付总额 / 元
18 240	5 364	231 370.32	139 539.40	35 922.64	210 082.60	616 914.96

定南县金融局、崇义县金融服务中心从项目筹备期就积极鼓励农户参与，项目过程中也是十分关注项目的进展情况，崇义县财政更是支付5万元保费作为对农户的补贴，开启了当地政府通过财政补贴保费的道路。当地政府部门对项目的积极参与为“保险＋期货”模式在赣州的可持续发展奠定了坚实的基础。

金瑞期货在2020年就已经于定南县积极开展猪饲料“保险＋期货”试点项目，2021年项目是2020年的成功延续和拓展，农户对“保险＋期货”这一金融工具的应用实践有了更深的了解和认识，较好的赔付效果激发了农户参与“保险＋期货”模式的热情，为生猪“保险＋期货”项目的推广拓展做了良好的铺垫。

8.4.4.5　案例总结

“保险＋期货”模式可以有效地满足养殖企业的风险管理需求，保障养殖户的生产收益，提升养殖大户的生产积极性。通过参与“保险＋期货”项目，养殖户通过以较低的保费来降低猪饲料价格上涨风险，避免造成生猪养殖利润大幅缩水甚至亏损情况；同时，在风险得到有效保障的前提下，养殖户可将闲置资金用来购买小猪仔，有助于提升养殖效率与养殖效益，稳定当地生猪生产效果。此外，养殖企业无须具备专业的期货知识和烦琐的市场操作手段，过程由保险公司和期货公司间接开展，使猪饲料成本风险管理更加专业化、便捷化，有助于提升养殖户的投保积极性。同时，保险产品设计简洁透明、便于理解，提前锁定了猪饲料成本，到期时即可获得保险赔付，赔付金额公开、透明，在一定程度上也避免了投保人道德风险问题。

8.4.5 案例结论

8.4.5.1 “保险 + 期货”模式优势分析

（1）缓解了农产品目标价格“定价难”。与农产品现货价格相比，期货价格的预期性能够较好地预测未来农产品的供需结构，一方面，为保险产品定价提供重要借鉴参考；另一方面，农产品价格的公开性有助于缓解生猪养殖主体投保的逆向选择问题。

（2）完善了我国再保险机制。在“保险 + 期货”模式运作过程中，保险公司通过购买期权产品将价格波动风险转移至期货公司，期货公司则通过买卖期货合约将风险分散至市场投资者。在此过程中期货公司实际上起到了再保险机构的作用，改善了我国再保险市场长期缺位的状况。

（3）降低了中小养殖主体参与期货市场的门槛。一般来说，期货交易对于参与者的生产规模、资金实力、专业素养等要求较高，所以中小养殖主体一般很难通过期货市场进行风险对冲。“保险 + 期货”的运行有助于推动保险公司与期货公司发挥其自身优势，推动养殖者参与期货市场，实现风险分散。

8.4.5.2 “保险 + 期货”模式存在的问题

（1）风险转移机制不完善。“保险 + 期货”价格险只能保障价格下跌风险，而农产品产量下跌风险则难以得到保障，风险转移机制尚存缺陷。

（2）期货交易机制不完善。在我国，由于交易机制的不完善，保险公司只能通过购买场外期权产品间接进入期货市场，而不能直接利用期货市场进行风险管理，交易成本的增加表现为保费增加，降低了养殖者参与意愿；同时，“保险 + 期货”模式存在监管空白，不利于该模式的发展。

（3）内在运行机制不完善。目前生猪期货市场的参与者较少，整个生猪产业链上的经营者参与度严重不足，因此当前生猪现货市场基础还较为薄弱，生猪期货市场运行机制难以有效发挥。

（4）政策支持体系不完善。一方面，在缺乏财政支持的情况下，纯商业化运营会陷入成本较高导致的保险公司经营困难或保费较高导致的农户投保需求低的困境；另一方面，部分农业保险期货与政策性农业保险的关系缺乏统一政策规范，可能存在重复投保、重复理赔的情况。

8.4.5.3　“保险 + 期货”模式的发展建议

（1）推进“保险 + 期货”由价格险向收入险过渡。相比“保险 + 期货”价格险，“保险 + 期货”收入险的保障范围更为广泛，不仅能保障由自然风险带来的损失，也能保障由市场风险带来的收入下跌损失。因此，在当前以价格险为主的市场环境下，应积累好价格保险的经验和数据，为今后收入险的开发设计奠定好基础。

（2）放开保险公司进入期货市场的限制。有关监管机构可逐步放开对于保险公司进入期货市场的限制，不仅有助于减少保险公司的风险转移成本，还能增加期货市场参与主体，充分发挥期货市场的风险分散功能。与此同时，也应构建保险市场与期货市场之间的防火墙，防止风险在两个市场之间蔓延。

（3）应尽快建立银保监会和证监会相互协同的监管机制，制定统一的行业操作规范，根据期货产品随行就市的特征，制定更加灵活的保险产品报备制度，为金融产品创新和保、期公司联动提供良好的监管环境。同时，还应加快推出生猪场内期权，为保险公司和期货公司提供更加丰富、更低成本的避险渠道。

（4）加大财政支持力度。在补贴品种上，将“保险 + 期货”列入中央财政支持的政策性保险范围，把大宗特色农产品列入中央财政支持的品种序列，加大对特色农产品的保障力度，推动地方特色农产品的发展，促进农业高质量发展。在补贴方式上，一方面，为提升保险公司、期货公司参与“保险 + 期货”项目的积极性，可适当对参与试点工作的期货公司和保险公司提供保费补贴、税收优惠等费用补贴，以减轻其负担；另一方面，政府可通过农业财政补贴直接为农户购买保险产品，降低农民经济负担，提升保障水平。

8.5 农业保险服务龙头企业的实践探索——以北京首农集团为例

北京市农业保险自2007年建立政策性农业保险制度以来，经过多年的运行和优化，取得了较为显著的成绩。主要表现在：农险经营主体由原来的3家扩展至7家，政策性农业保险产品覆盖品种已增至65个，在险种方面，当地保险机构创新推出了一系列适合当地特色农业发展的产品，如生猪价格指数保险、桃产量损失保险、蔬菜收益保险、苹果期货价格保险、奶牛养殖成本补充保险等。除此之外，当地农业保险较好地实现了“政策性+商业保险”农业保险的独特模式。

8.5.1 案例主要内容

首农集团作为北京市重点政策扶植企业，是首都市民的“菜篮子、米袋子、奶瓶子、肉箱子”，在首都食品供应保障服务中起着主渠道、主载体、主力军的作用，不仅肩负着维护国家粮食安全、服务国家粮食宏观调控的同时，还肩负着国有大型农场集约化、规模化、现代化与创新农业发展试点的重任，也是当地保险公司重点服务的大农业机构。

8.5.1.1 农业基础保障效果

自2007年北京试点开办政策性农业保险起，当地保险公司就与北京首都农业集团有限公司展开合作，成为其首家农业保险合作伙伴。十多年来，保险公司为首农集团下属多家种、养殖企业陆续提供多样化的农业保险服务，保险数量和保费规模每年均在持续递增。以2020年为例，中国人保为其承保的险种包括13个政策险险种和2个商业险险种，其中政策险涉及奶牛、猪类，包括奶牛养殖和犊牛。种植业则主要涉及双河农场水稻价格保险、保险+期货承保玉米大豆约万亩和其他种禽、蔬菜、大棚小险种类，种子保险为首农集团提供的风险保障超过10亿元，切实保障了首农集团的农业生产。

8.5.1.2　为首农集团农业风险抵御能力

首农集团种植养殖保险对自然环境的依赖性较强，尽管随着现代养殖技术及生产水平的提高，可以人工改善环境，但依然摆脱不了自然灾害的困扰。种猪养殖的自然风险主要表现为三类：一是农业气象灾害风险，如暴雨、洪水、冻灾等；二是农业地质灾害风险，如泥石流、山体滑坡、地面塌陷等；三是疾病或疫病，如肺炎、腹泻等，人保财险北京分公司经过与首农集团长期合作已经落实到集团种养殖业全覆盖。实践证明，农业保险已经成为了首农集团农业风险防控的政策工具，能够有效协助首农集团化解农业大灾风险，快速恢复农业生产生活。人保财险北京市分公司经过长期发展，已经建立了较为完备的农业大灾风控管理体系。

8.5.1.3　为首农集团建立了全面的保障机制

人保财险北京市分公司与首农集团合作的同时，不断引领行业创新，在产品升级、服务模式、科技应用和应急保障等方面构建了契合首农集团的保障体系。

（1）开办农险产品众多险种。人保财险北京分公司开展奶牛、能繁母猪、生猪等享受中央财政补贴的政策性险种，除了犊牛、种猪、仔猪、肉种鸡、蛋鸡、生猪价格、大豆、玉米和水稻的价格等享受北京市财政补贴的政策性险种外，该公司还承保了地力指数保险、进口畜禽检疫期养殖保险商业性险种，创新能力和服务能力获得北京市农委和首农集团的高度认可，基本涵盖首农集团农业生产的基本需求。

（2）主动担当，积极对接疫情期间稳产保供工作。人保财险北京市分公司积极响应北京市银保监局、北京市农业农村局、中国人保关于“保险助力新冠防疫”的相关指示精神，创新模式、联系产业、对接风险，与首农食品集团联手打造了“产业 + 保险”抗击新冠肺炎的新模式。该模式通过结合双方业务和资源优势，以“定向采购 + 价格保险”的方式，助力解决疫情期间农户蔬菜滞销、市民菜价上涨问题。

8.5.2 结论与分析

8.5.2.1 高新技术应用缺乏标准

自2016年起，不少保险公司开始实施农业保险“按图承保、按图理赔”，投入大量人力、物力搭建系统，尤其是将遥感技术应用到农业保险的查勘定损方面，将相关技术应用到产量测定中，为行业应用遥感定损积累了宝贵的经验。但由于因此而有可能不被法院和农户、农企认可。事实上，利用遥感技术进行承保和定损，技术上已经很成熟，精度上也已经能够满足需要。然而由于缺乏标准和规范，应用科技承保，查勘定损，都可能出现纠纷，“裁判员”也难以判断，即规范的缺乏阻碍了农险科技在农业保险领域的广泛和有效利用。由于北京银保监局是全国农业保险科技创新应用的领航者，所以建议北京市农业农村局牵头带领北京相关职责部门，率先出台农业保险高新技术应用规范，引领全国农业保险高质量发展。

8.5.2.2 数据孤岛问题亟待解决

尽管《关于加快农业保险高质量发展的指导意见》中提到“加强农业保险信息共享”，但是农业保险所需要的数据，如耕地确权、地理信息、气候气象、产量、价格、保险业务、空间遥感等数据分别被农业、国土资源、气象、发展改革、监管、航空航天等多个部门掌握，不仅这些部门之间有壁垒，数据难以共享，保险公司想要获取数据，更是难上加难。这些问题一方面严重影响了保险公司的工作效率；另一方面也可能由于信息不对等导致一些非主观意愿导致的“两虚问题”。同时，大数定理是保险发展的数理基础，农业保险产品的开发与设计，需要大量农业信息数据的支持，以上数据的积累，不仅有利于农业保险的自我完善与可持续发展，更重要的是还能为我国农业生产和发展提供重要的信息资源。因此，建议打通各部门与保险公司的数据交互壁垒，各部门可以通过与保险公司签订保密协议、战略合作协议等方式，为保险公司提供基础数据，并约束保险公司使用范围，在充分满足保险日常行为需求的同时，防止数据滥用、泄漏导致的其他风险。

8.5.2.3 特色农产品和创新型政策性农业保险发展缓慢

近年来，当地保险公司紧紧围绕党中央“质量兴农、绿色兴农、品牌强农”

战略，开展特色农产品一揽子保险试点，积极配合各区政府打造“一区一品”发展新格局，如配合平谷区农业产业发展规划，在传统桃种植保险的基础上，于2020年成功开办桃价格保险及桃附加产量保险，在保障自然风险基础上将市场风险纳入保障范围，为地方特色优势产业保驾护航。但是，随着各区积极落实北京市乡村振兴战略的脚步逐渐加快，创新型政策性农业保险产品的审批、试点、推广逐渐跟不上农业产业发展的脚步。

如北京市农业农村局和北京市财政局在2020年年底印发了《关于促进设施农业绿色高效发展的指导意见》的通知，通知指出要大力发展北京市高效设施农业产业，并配套开展蔬菜价格指数、天气气象指数等保险创新试点，逐步提高设施农业风险保障水平。保险公司积极落实通知要求，于2021年4和5月分别开发了蔬菜价格和高效设施农业保险产品，但产品至今仍未能上线。另外，北京市相关保险公司试点开办的创新险种，大部分已过试点期，但迟迟未能进入全市推广期，导致大部分农户未能享受到政府的惠农保险政策。因此，建议制定高效的政策性创新农险开发、审批、试点、推广机制，允许创新产品迅速落地试点，在试点过程中发现的问题立行立改，提升效率，为农户提供更加全面风险保障。

8.5.2.4 创新型农业保险产品需要补贴扶持

创新险种如价格指数保险、收入保险，其保障范围逐渐从保自然风险向保市场风险拓展，保障水平也是从“保成本”向“保收入”提升。随着市场经济的繁荣，市场风险逐渐成为影响农业经济产出的主要影响因素之一，而我国依然以成本保险为主，我国农业保险整体保障水平太低，保障风险范围太窄，无法有效地发挥资源配置的正向激励作用。近年来，保险公司依托技术优势，积极引领行业开发价格类、收入类保险，填补农业风险保障空白。但是，农业保险属于准公共产品，受众是农民朋友和农企，在党中央和各级政府多年的惠农政策支持下，其对政策、对补贴的依赖性远高于其他投保人，因此，纯商业险很难在短时间内被农户接受认可并得到广泛应用。作为影响政策性农业保险发展最重要的因素，各级财政补贴决定了农业保险的发展前途，不断增加的财政补贴是农业保险扩面、增品、提标的基础，是推动我国农业保险由保物化成本迈向保收入的关键。所以，建议适当扩大财政补贴范围，把钱花在刀刃上，尤其是针对政府关注的、农民关心的、解决民生问题的保险产品，要加大补贴力度，通过资金杠杆帮助农业保险从“保成本”向“保收入”转型。

8.5.2.5 “大农险”发展急需规划

“大农险”是基于中国农业农村发展和乡村振兴战略的实际提出的，就是要在现在的政策性保险（主要是做种植业保险、少量养殖业保险和林业保险，简称为“小农险”）的基础上，将覆盖范围扩大到更加广阔的农林牧渔生产、加工、销售领域。因此，建议尽可能地将农民的主要财产（例如农房、农机、渔船、农业设施等）、农民的人身意外伤害、农村地区的社会管理（如区域公责、非机动车驾驶安全用车、农村医疗等）和扶持我国农业产业高质量发展（如高标准农田建设、制种及相关职业责任、农产品知识产权、“双碳”达标）等相关险种纳入政策性农业保险的补贴范围内。

8.5.2.6 缺少对农户失信行为的制裁办法

北京市政策性农业保险已发展了十五个年头了，在各级领导、银保监局和市相关部门的正确引导下，农户逐渐从知道到了解再到精通农业保险知识，可以熟练使用农业保险这一惠农政策辅助生产。但是，在面对巨大的保险金额，极个别农户也动起了歪脑筋，保险公司面临的道德风险也较之前更大。道德风险是指农户购买保险后，由于可以享受保险金赔付，于是放弃辛苦劳作，或放任灾害发生，或在灾害发生后不采取积极措施防止损失扩大，从而导致劳动力要素的不合理利用和物质资源的无故损失。还有一种比较常见的农业保险道德风险就是谎报，尤其是在冻害、雹灾等需要较长观察期的种植保险中，经过多次查勘过后确定农户仅仅是部分损失，但农户以“弱势群体”的身份滥用公权力，通过多种方式恶意投诉、举报，包括通过自媒体发布虚假新闻等方式“逼迫”保险公司按照全损赔付。保险公司为了核查真实情况，自证清白，往往需要投入巨大的人力成本和时间成本；反观有此恶意行为的农户，由于没有相关制裁政策，道德问题一经查实却“毫发无伤”；在次年的投保环节出于“应保尽保”的政策，保险公司还得继续为其办理政策性农业保险。这种情况在某种意义上讲助长了道德风险的进一步扩大。为此，建议从司法上制定相关制裁政策，一是对“道德欠佳”行为进行指标化定义；二是农户一经被查实存在虚假投诉、恶意举报等行为，行业可将其纳入政策补贴“黑名单”，防止其进一步侵占财政补贴；三是将此类行为纳入征信，不再享受惠农政策。

第9章　异质性视角下多层次农业保险的实现机制

2022年10月，党的二十大报告提出，全面推进乡村振兴。坚持农业农村优先发展，坚持城乡融合发展，畅通城乡要素流动。扎实推动乡村产业、人才、文化、生态、组织振兴。党的二十大决策部署为继续做好乡村振兴这篇大文章指明了方向、提供了遵循方针。农业保险以其独有的特色和功能，必将在政府乡村振兴、促进共同富裕中大有作为。在异质性背景下，从“点”（对异质农户的精准细分）、“线”（实施区域特色保障）、“面”（与其他惠农政策有效配合）等层面，建成运行高效、运作规范、功能完备，能适应我国农村供给侧改革，与助力乡村振兴，建设农业强国农业战略、与新型农业经营主体及小农化差异化农户风险保障需求相契合、地域发展差异化相契合的多层次农业保险体系是实现我国农业保险高质量发展，促进农业保险持续提质增效，从农业保险大国向强国转变，实现产业能振兴、农民有保障、补贴可持续等的多赢格局的重要前提。

9.1　多层次农业保险机制构建的指导思想与总体目标

9.1.1　指导思想

以党的二十大精神为指引，聚焦金融服务实体经济，进一步扩大保险覆盖面，不断深化对人民保险“政治性、人民性、专业性”的再认识、再深化，坚定不移地走中国特色金融发展之路。全面贯彻落实党的二十大和中央一号文件及农村工作会议精神，全面推进乡村振兴，将农险业务发展融入服务全面推进乡村振兴、支持农业农村现代化的进程中，成为农业农村现代化的有力抓手，瞄准农业保险科技重点领域和关键环节，立足各地农业发展特色，因地制宜，紧密联接异质性的农业生产和农户风险保障的实际需求；不断推动建成功能完善、运行规范、基础完备、与我国农业农村现代化发展阶段相适应、与农户风险保障需求相契合的多层次农业保险体系。在“农业保险+”方面探索出更好的支农惠农模式，为助力乡村振兴、保护粮食安全、促进生态环保、实现共同富裕等提供更多的发展思路。

9.1.2　总体目标

总体目标为：通过构建多层次农业农村保险体系，促进农业保险高质量发展，多措并举护航我国乡村振兴、粮食安全，不断创新保险帮扶模式，巩固脱贫攻坚成果，实现共同富裕。

随着全面建成小康社会和脱贫攻坚目标的如期完成，国家“三农”工作的重点由脱贫攻坚转移到全面实施乡村振兴战略上来。2022年5月，中共中央办公厅、国务院办公厅印发《乡村建设行动实施方案》，2022年10月，党的二十大报告高瞻远瞩地对国家乡村振兴战略指出了前进的方向，确定了行动指南。报告高度重视“三农”工作，对全面推进乡村振兴作出重要部署，明确了新时代新征程时期加快建设农业强国、推进农村现代化的重大任务。习近平总书记在二十大报告中也强调了“全面推进乡村振兴”。从“实施”到“全面推进”，乡村振兴成效渐显，已成为我国构建新发展格局、推动高质量发展的重要组成部分。

中国银保监会办公厅于2022年5月印发了《关于2022年银行业保险业服务全面推进乡村振兴重点工作的通知》，对农业保险助力乡村振兴的服务需求，金融业明显出现了多元化、多维度、多阶段、低碳化、综合化的发展趋势。因此，在全面推进乡村振兴战略实施中，创新农村农业保险服务模式和产品时，要着重关注需求侧的变化，精准考虑供给侧的创新措施，提升多层次农业保险的服务能力和水平。建立卓有成效的、多维度、多元化、多层次的农业保险体系，完全符合当前全面推进乡村振兴大战略的要求。

9.2　多层次农业保险机制构建的总体思路

多层次农业保险机制构建的总体思路如图9-1所示。

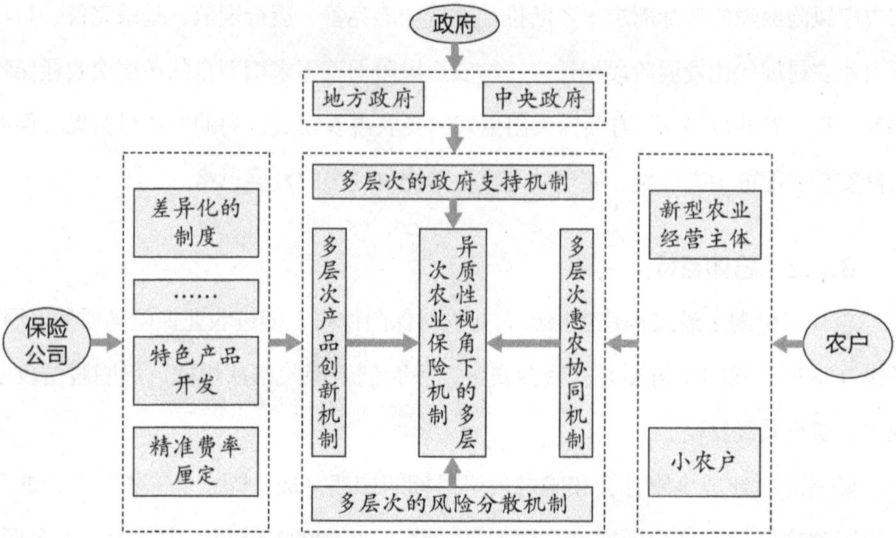

图9-1　多层次农业保险机制构建总体思路图

9.3　异质性视角下多层次农业保险的实现机制

9.3.1　多层次的产品创新机制

（1）保险成本向保险收入转变。目前，我国的农业保险产品主要是成本保险，保障的是农业生产中的物化成本，对于其价格波动等市场风险没有很好的保障。收入保险相对于其他农业保险产品，不仅可以保障农民由于受市场波动导致收入减少，减少农户对未来收入的不确定性，并且增加了农户的期望效应，使农户有更强的种植养殖意愿。收入保险可以借鉴发达国家农业保险经验，以农产品的期货价格作为收入保险的主要理赔条件，使收入保险产品更符合市场的运行规律，

（2）普惠向特色农业保险产品的转变。针对不同的农作物设计不同的保险产品。目前，有些农产品的价格机制还不是很完善，主要依赖政府的价格规制，对此类农产品推广农产品收入保险显然具有重重困难，因此推荐完全成本保险，作为从产量保险到收入保险的过渡性农业保险产品。中国地大物博，每个地区的地质条件、经济条件与自然条件都有较大的差异。应该针对不同的地理位置、风险区域因地制宜根据每个地区的实际情况开发设计不同的农业保险产品。不同地区拥有的农产品历史产量数据不同，且对于产量数据的完整性及准确性都有差别，

可以根据不同地区所拥有的资源禀赋开展差异化的农产品收入保险。区域收入保险以一定区域的历史平均产量作为衡量保险金额的标准，无须搜集单个农户历史产量数据，可以有效地降低逆向选择和道德风险等市场失灵问题，也无须对农户进行逐个勘查定损，可以降低农业保险公司的运营管理成本，区域收入保险容易标准化，更便于农户理解。

（3）共性向个性农业保险产品的转变。针对不同的经营主体设计不同的农作物保险产品。对大规模农户，探索“收入保险＋期货＋银行”模式，农业保险可以规避农业生产中的自然风险，期货可以分散市场价格波动风险，通过与银行合作加强大规模农户的融资增信功能。对于小规模农户，推广完全成本保险，提高小规模农户的参保意愿。同时，也要发展商业型农业保险，目前我国商业性农业保险占比不足5%，适当提高商业性保险的占比以满足不同农业经营主体的不同保险需求。

（4）单一模式向复合模式的转变。在积极研究和试点个性化产品的同时，还应探索政策性保险与商业性保险模式的互补机制，通过政策性农业保险向农业经营主体提供基本保障，附加商业性农业保险提供不同层次风险保障需求者选择，以此满足不同经营主体的多元化需求。

9.3.2　多层次的政府支持机制

（1）厘清各地补贴对象差异。大规模农户以及新型农业经营主体的经营规模、资源禀赋、风险管理能力以及保费支付意愿都比较强，对农业保险的保障水平要求更高，而普通小农户的经营规模、资源禀赋、风险管理能力以及保费支付意愿都比较弱。因此，对于农业保险保障水平要求和支付意愿不同的农业经营主体，政府应给予不同的保费补贴，以提高对农户收入的整体保障。对于农业保险保障水平要求较低以及保费支付意愿较弱的普通小农户而言，适当加大农业保费补贴程度，向传统小农户提供更为便宜的农业保险产品，提升农业保险的参与程度；对于农业保险保障水平要求较高和支付意愿较强的大规模农户以及新型农业经营主体而言，应该根据农业保险保障水平要求的不同提供差异化的农业保费补贴比例，对农业保险保障水平要求较高的农业保险产品给予相对较低的农业保险保费补贴比例，对农业保险保障水平要求较低的农业保险产品给予相对较高的农业保险保费补贴比例。

（2）区分地方财政实力的差异。农林水事务支出在一定程度上反映了地方政府的财政支农实力，地方财政对农业支持的力度越大，相对来说，该地区的农业发展水平越高，农业保险发展也越好。然而我国幅员辽阔，各地的经济发展结构与水平都有较大的差异，一些农业大省的财政支农力度却很小，主要原因是地方政府的经济实力本身就不强，这就可能阻碍了农业保险的发展。因此要根据各地的自身情况实施差异化的财政补贴机制。对于中西部地区，经济发展相对较差，国家已经在财政补贴上给予了比东部发达地区更高比例的中央财政补贴，目前已经取得了较好的效果，相对缩小了地区间农业保险发展的差距。在此基础上应该探索更加细分的区域，对于省、市、县做进一步的分块，对于粮食主要生产县，以及具有地方特色的农产品生产地以及少数民族地区要加大农业保险保费的补贴力度，加大中央财政对农业保险保费的补贴比例，有效缓解农业大省及市、县的财政支农压力。

（3）区分农业风险区划的差异。针对农业保险发展水平比较低下的丘陵地带以及高风险区域，政府要加大政策的倾斜程度。对于高风险区域的地方，农业生产基础设施相对较弱，经济发展落后，农业保险的赔付高，运营成本也比较高，农业保险公司不愿意承保，政府应该加大农业保险的补贴水平以及提高再保险的补贴力度，给予保险公司一定的优惠政策，促进农业保险公司承保，同时考虑到这些地区以特色农产品生产为主，要加大对特色农产品的开发以及宣传，形成产业规模，促进地方特色农业保险发展。尤其是结合地域气候、产业特征，扩大保障品种，改变过去只支持大宗作物的普惠政策扩展为兼顾地方特色农作物的“特惠政策”，促进要素的优化配置，参与当地特色产业发展，服务乡村振兴。

（4）区分补贴层次的差异。探索农业保险的多种财政补贴机制，运用激励方式对农业保险承保公司实施承保补贴以及再保险补贴，打破农业保险公司在地区的垄断机制，建立健全农业保险公司的进入和退出机制，引导农业保险公司向生态环保型方向突进。

基于上述思路，不难得出，作为政府主导的农业保险，其发展自然离不开各级政府的财政支持。这就需要厘清中央和地方各级政府在分层支持、引导农业保险政策性农业保险的职责。

中央政府的主要职责应定位于：确定农业保险政策目标，做好全国范围内的农业保险发展规划；制定相关法规，统筹推进和监管农业保险业务；确定中央政府财政补贴的水平和内容；构建政府兜底的农业保险，对政策性农业保险财政补贴资金绩效进行评估。地方政府则可考虑省级和县市级两个层面。对于省级政府而言，其职责可包括：在中央财政补贴的基础上，选取本地特色农业保险品种并确定其补贴范围、水平及标准；因地制宜确定本省的农业保险经营模式及发展架构，确立本省农业风险大灾准备金的构建及标准；对本省农业保险运行进行监管；而县级政府的主要职责可以是：落实省政府农业保险发展发展规划，负责宣传、推广农业保险，力争应保尽保；执行上级政府制定的农业保险法律法规，支持开展本县特色农业保险品种，代表上级政府向投保农户支付保费补贴资金等。

9.3.3　多层次的惠农协同机制

（1）推进农村金融体系与农业保险的协同惠农。引导银行、保险、基金、担保、证券等机构深度合作，形成协同惠农合力。一方面，大力开展“农业保险+信贷”模式，借助大数据模型测算实现对农户的贷款授信，深入挖掘农业保险的融资增信功能，拓宽农业主体涉农贷款渠道，盘活服务“三农”领域的可用信贷资源，加大信贷投放，加大融资担保支持。另一方面，“保险+期货”的模式也将成为当前我国农业发展的惠农密码，进一步探索收入、价格类保险等创新险种，扩大“保险+期货”在更广泛的地域试点。将农业保险做大做强，并据此增加期货市场的活跃度，积极培育各类新型农业经营主体的期货市场参与意识，改善农村信息环境，逐步推进生产实现“扩面、增产、提质、绿色”的目标。在基金方面，设立省新兴产业引导基金，下设绿色食品主题基金等。综上陈述，通过实施类似“农业保险+一揽子金融产品”行动计划，形成农业保险与直接融资、间接融资市场联动，促进保险与证券、银行、担保、期货、信贷等多层次惠农合作机制，形成“政银保担基”紧密合作、产业链供应链创新链资本链政策链多链协同的农村金融服务新机制。

（2）实现农村土地改革和农业保险的协同惠农。必须看到，农业保险要“扩面”，土地流转是关键。针对异质性视角下新型农业经营主体农业保险需求显著高于小农的现实状况，应当鼓励普通小农户通过出租或入股的方式将细碎化的土地流转给大规模农户或新型农业经营主体，实现经营的规模效应，进而促进农业保险的发展，加快农业现代化的进程。鉴于此，应考虑推行农村土地经营权流转履约保证保险工作，健全完善家庭农场农村土地流转风险防范机制，进一步规范土地经营权有序流转，保障土地流转农户的合法权益。

（3）促进政府部门与农业保险协同惠农。各级政府应该充分发挥自身的特色优势，提高地方特色农产品的知名度，打造农业特色品牌，同时提高对农业技术培训的频率，向农户普及金融保险知识，加强对农业风险与农业保险的宣传。相关部门可以利用大数据预测未来的自然风险以及市场风险，及时向农户宣传；电视台应加大农业类风险节目，并且利用微信公众号，包括快手、抖音等短视频平台宣传温度、降水、湿度等气候现象以及农产品价格信息，同时在村一级建立微信群分享农业技术以及各种农业生产经营信息，通过全方位的信息传播加强农户的风险意识。提高农户素养，加大农业基础设施的投入，提高农村产业的发展质量。政府可以通过补贴、农业保险等优惠政策鼓励农户扩大经营规模，逐步增加补贴险种类别，扩大保障范围，增加投保农户的实际可支配收入。

9.3.4 多层次的风险分散机制

目前，我国初步建立了以“直接保险 + 再保险”为主体的农业保险大灾风险分散机制，重点解决了中、低层风险，但随着农业保险业务领域拓宽与业务规模的扩大，针对再保险难以承担的大灾风险仍缺乏有效机制应对的现象，应强化农业再保险制度设计，确立“市场导向 + 多方协同 + 多方共赢 + 财政兜底”的多层次风险分散机制，构建“保险 + 再保险 + 大灾风险基金 + 紧急融资”的立体化大灾风险分散体系，充分发挥农业保险在特大灾害后的赔付和补偿作用。

（1）健全和完善农业保险立法。落实农业保险大灾风险准备金制度，通过稳定可靠的再保险制度保障农业保险持续扩面增品提标。针对公司层面，我国出台了《农业保险大灾风险准备金管理办法》，对于政府方面，一些地方政府也设置了一定的农业巨灾风险准备金，但是缺乏完整的农业巨灾风险分散制度；为了我国政策性农业保险的可持续发展，根据《关于加快农业保险高质量发展的指导意见》中所提出的“加快建立财政支持的多方参与、风险共担、多层分散的农业保险大灾风险分散机制”，亟须对农业巨灾风险保障的合理制度做出安排，构建和完善具有中国特色的农业巨灾风险分散机制。

（2）加快完善农业保险大灾风险准备金制度。如提高大灾风险准备金的使用标准。2021年年底财政部印发《中央财政农业保险保费补贴管理办法》，明确要求“保险费率应当按照保本微利原则厘定，综合费用率不高于20%”。据此，建议将农业保险大灾风险准备金触发标准从单一省份、单一险种综合赔付率超过75%改为单一省份、大类险种综合赔付率超过80%。另外，加强对大灾准备金使用的规范性管理。建议财政部门会同行业监管部门制定大灾准备金的提取和使用的具体管理规定，加强对各机构大灾准备金计提和使用情况的核查及违规处罚，保障大灾准备金使用的合法规范。

（3）构建多层次化风险分散工具。如建立“农业再保险基金”“再保险 + 大灾基金 + 巨灾债券”“再保险 + 巨灾债券”等。一方面选择合适的工具组合，将农业大灾在风险分散体系内实现对冲；另一方面充分发挥农业保险大灾风险分层保障体系的“跨地理分散”属性，使其在更广的区域甚至跨国范围内分散风险。还应当在地方政府与中央政府设立两级的农业巨灾风险基金，地方政府根据各地的生产地理环境、气候条件、农业生产规模设置具有异质性的农业巨灾风险基金。同时根据保险产品的类别对农业保险直保公司提供合理的运营补贴以及创新补贴，实现对农业保险直保公司的合理展业激励，促进农业保险直保公司开发多元化的产品、扩大农业保险保障范围以及经营范围。

（4）持续优化再保险制度，筑牢农业保险“防护堤”。针对近年来极端天气频发，俄乌战争等地区冲突不断，突发疫病虫害等不确定事件多发频发，农业保险行业自身的风险因子快速扩大，再保险的防范压力也不断增强。尽管现阶段直保公司可以按照20% 的比例向中农再办理再保险，政策性超赔付再保只能覆盖150%~200% 的超赔责任，200% 以上的部分仍然存在着风险敞口，超赔覆盖明显不足。有鉴于此，应考虑如下措施：一方面，完善当前农业保险再保险的相关规定。例如加大政策性再保险分保比例弹性。适当增加比例分保弹性，可以考虑在20%的分保比例基础上增加5%~10%。同时应支持直保公司购买商业再保险，鼓励发展农业保险商业再保险市场，发挥商业再保险的风险分散和补充协同作用。中国农业再保险公司应积极地探索和扩大市场化分保业务，设计高质量的商业再保险产品，实现农业再保险业务的约定分保和市场化分保相结合，不断健全再保险制度，筑牢再保险风险防范的屏障作用。另一方面，应出台农业再保险监督办法。健全和完善农业再保险法律法规及相关配套制度，明确农业再保险特殊性，加快出台针对农业再保险业务监管办法。同时，提升再保险公司管理国际化水平，借鉴发达国家的做法，积极发挥财政在大灾基金的资金筹集和运营管理上发挥主导作用，由中央财政出资设立初始资金，同时每年通过提取一定比例的农业保险保费，扩大大灾风险保障规模，建立多渠道补充机制，保障基金的有效运行。中国农业再保险公司应配合财政、农业农村、银保监等有关部门，统筹做好基金的筹措、管理、运行等工作，确保资金合规平稳地运营，发挥好在农业大灾风险防范当中的作用。

第10章　多层次农业保险机制的主要优化路径

从我国农业保险发展趋势看，无论是顶层设计层面的制度建设、政策支持，还是落地推广层面的农户参保意愿、公司服务能力，农业保险在高质量发展的要求下，已经逐步实现了从狭义向广义农业保险的转变，其风险保障功能和社会管理职能也被赋予了新的内涵与外延，为推进我国农业现代化发展及乡村振兴战略实施提供了更为多元的农业风险管理方案。这不仅为农业生产多样化拓展了空间，也为农业保险发展指明了方向。多层次的农业保险机制也将在此背景下不断优化。据此，提出以下优化路径。

10.1　前端：保险经营与保险期货“双轮”驱动，完善农业保险供给

10.1.1　瞄准新型经营主体现实需求，建立适应现代农业经营的保险模式

针对我国“大国小农”的基本国情，人均耕地资源稀缺的现实背景，我们无法照搬欧美国家通过经营大规模农场实现高生产率的模式，而只能区分异质性农户，适当规模地对家庭农场、农民合作社等新型农业经营主体培育发展，从而优化农业经营体系。

（1）要推进土地流转履约保证保险的发展，促进农村土地承包经营权流转交易的规范运行。新型农业经营主体的发展依赖于土地要素的合理配置，土地流转履约保证保险能有效化解土地流转双方的违约风险；规范运行的农村土地流转交易是保证农业经营体系高效运转的前提。

（2）积极发展“农业保险＋订单农业”，创新利益分配模式。在组织农户与社员参与订单农业的同时，将参保统一纳入原材料采购、加工、销售等全链条中，

强化龙头企业、农民合作社等参与主体间的利益联结，促进建立链接高效的现代农业经营体系机制。

（3）探索“政策基本险 + 商业险 + 附加险”一揽子保障模式，尽可能将农机库棚、仓储冷库等农业生产设施设备也纳入承保范围，纳入保险范围，促进新型农业经营主体更好地实现组织化、集约化、规模化的生产需求。

（4）提高新型农业经营主体的保障水平，区分小农与新型农业经营主体的异质性需求，考虑将保费补贴与投保规模和保障水平挂钩，提升对规模化生产的新型农业经营主体及保障水平高的保险产品的补贴力度；在保险合同设计方面，可适当提高分阶段赔付系数和免赔比例，确保新型农业经营主体获得充分、足额的保障与赔偿水平，为发展农业适度规模经营、加强农业经营体系的建设提供有力的支撑。

（5）实现保险功能在农业产业链和价值链方面的延伸，是促进三产融合、推进乡村振兴、助力农业强国的重要途径。以保障农业产业为核心，通过对产业链前端研发风险、自然灾害风险、信贷风险到中间加工环节的技术风险、储运风险、安全风险再到后端的市场风险、产品质量风险、信息风险等提供全链条的风险分散与风险保障服务，助力农产品附加值的提升，促进农产品生产、加工和服务有机融合的目的。

10.1.2 深入探索“保险 + 期货”机制，促进农险产品转型升级

目前，我国“保险 + 期货”规模有所提升但尚未纳入中央政策支持范畴，“中央一号”文件虽然连续将“保险 + 期货”纳入农业风险管理顶层设计框架，但目前仍以试点为主，还应从以下几方面进行探索和优化。

（1）完善相关政策支持，加强配套监管制度。一是应尽早明确“保险 + 期货”模式属于农业保险业务范畴，将“保险 + 期货”纳入中央和地方财政支持范围、明确支持的方式和水平，将期货价格作为政策性农业保险定价和理赔等业务的标准，形成制度性规范。二是要支持期货市场持续优化现有品种交易规则，鼓励推出新型农产品金融衍生品，创新更为完整、覆盖全方位的“保险 + 期货”产品链条。相关监管部门则要从顶层完善配套相关制度，防范各类风险，尤其是防止系统性

风险。三是完善在分业监管体系内可能存在的监管盲区或漏洞，在交易所、期货和保险经营机构以及其他相关社会力量继续加强协同、合力推进的基础上，农业保险主管机构、监管机构需提高对“保险＋期货”试点工作的重视程度，完善相应的制度供给和政策支持，更好推动试点建设转向可持续发展轨道。

（2）提高期货市场质量，加强市场之间的衔接。一是提升期货市场运行质量，加大推动涉农产品上市交易步伐，优化已上市品种功能发挥，稳步发挥其价格发现功能，并提供多种衍生品并行，场内外联通的多方位风险管理手段；灵活运用“保险＋期货”的项目规则，在合规经营范围内，给予其一定的项目自主权。二是加快理论研究，评估保险企业直接进入期货市场参与价格风险管理的风险的可能性，积极引导保险企业通过购买衍生工具对冲价格风险，实现保险市场与期货市场的良性互动，形成多层共生的多元化风险管理机制。三是着力完善现货市场，促进其与期货市场及品种更好衔接，减少投机波动，降低基差风险，促使现货价格能在期货市场得以更准确地反映，为“保险＋期货”项目的不断深入推进创造良好条件。

（3）丰富期货期权上市品种，夯实“保险＋期货”发展基础。一是持续做好市场培育，化解阻碍试点可持续发展的诸多矛盾和羁绊，将期货市场功能引向与试点规模发展要求相适应的良性循环。加快上市农产品相应品种的场内期权，丰富场内对冲工具箱，减少对冲磨损，降低“保险＋期货”项目运行成本。二是应该逐步开发市场化程度较高、交易量及价格波动均较大的农产品期货品种，并对需求较大的品种逐步上市场内期权，降低保费成本，满足交易所上市的粮食作物、牲畜、果蔬等品种的对冲需求。三是结合市场需求展开战略调整，保证新期货期权上市品种的持续推出，利用期货市场具有的价格发现功能，科学控制生产规模，进而能够良好应对市场波动。注重期货期权品种的丰富，促使农产品期货结构的不断改进、完善，为农民提供更好服务，实现农业价格风险的良好规避，夯实“保险＋期货”试点的发展基础。

（4）开发“保险＋期货”的收入保险产品，加快价格保险向收入保险的过渡。一是继续扩大我国农产品收入保险使用范围，在承保对象上，不仅要持续推进传统粮食作物收入保险试点，还应逐渐将棉花、油料等大宗经济作物纳入试点之中；同时，要充分利用期货市场的价格发现及风险分散功能，在此基础上开发“保险+期货”的收入型农险产品。二是保险公司应充分考虑利用收入保险转嫁价格风险，在原有自然风险的基础上保障市场风险，实现价格保险向收入保险的过渡。三是监管部门等政策制定者应提前做好顶层设计，梳理农业保险市场发展规律，将下阶段发展重点从传统价格波动产品转向收入型保险，并通过合理的政策有效引导农业保险的创新与发展，为农户尤其是新型农业经济主体提供全面、科学的农业收入保障方案，真正提高农户的受保障水平。

10.2 中端：升级农业保险发展三大战略，助力农业强国建设

10.2.1 促进农业保险提质增效，全面助力乡村振兴

党的二十大报告提出要全面推进乡村振兴，应不断加快“三农”产品服务创新，落实“三农”工作部署。

（1）进一步落实农业保险的“提标、扩面、增品”。一是不断完善“以中央政策性险种为主导，以地方政策性险种、商业型险种和创新型险种为补充”的农险产品体系，积极开发农险振兴专属产品，保障地方特色产业发展，各地政府要立足于当地农业发展，结合乡村振兴战略，鼓励因地制宜地选择农业保险的发展模式，例如开发产量指数、天气指数、价格指数、叶面积指数等多元化的农业保险产品，满足不同经营主体在不同区域播种不同作物对农业保险的差异化需求。二是对于生产经营规模较小的贫困农户，保险公司可以将一揽子保险扶贫产品与特色农业保险相结合，而对于新型农业经营主体，则应聚焦全产业链保障体系，助推农村产业融合发展，通过产业振兴彰显品牌特色。

（2）加强农业产业集约化和规模化的程度。农业保险与农业产业水平具有很强的相关性，农业产业表现出较强的空间聚集性，充分利用农业保险小范围的溢出效应，农业保险公司在设置分公司时，可以改革原有的按照行政区域设置分公司的模式，结合农业保险的溢出效应设置分公司以及三级机构，打破按照行政区域管理分公司的框架，转向按照农业保险溢出程度开展农业保险业务，扩大农业

保险的溢出范围，促进农业产业持续向好。延伸设立服务网点，增加农户保险可得性，拓宽保险服务领域，使农业保险覆盖至农业生产、农村基础设施、农业生产经营等多个领域，积极推动农业保险与农业产业相融合，扩大农业保险对农业产业的覆盖面。

（3）优化多层次保险补贴政策，提高农户投保意愿。一是政府部门应该充分发挥主导牵头作用，各级部门应该联动配合，制定合理的补贴政策，激励更多农民参与农业保险，完善农业保险监督和管理机制，确保补贴资金发放到农户手中，杜绝占用、挪用、侵吞农业保险资金的不法行为，全面提升“三农”工作效率。二是积极探索“保险＋政府”的合作体系，扩大“以奖励代替补贴”的试点范围，提高农户投保意愿，确保农业经营者获得长期发展的经济动力。

（4）推动农业保险与金融产品融合，推进多层次“保险 +”新模式。一是积极开展“农业保险 + 信贷”“农业保险 + 期货”“农业保险 + 订单农业”等模式，深化资源整合和银保融合，提升农业保险的风险防范与增信功能，减少经营成本，实现倍数效应。二是通过匹配不同农业保险的主体需求，延伸农业保险“融资”和“增信”功能，加强农业保险与融资担保、银行信贷等联动，全面推进“保险 +”，提高农户尤其是规模经营户信用等级，增强农业保险融资功能。

10.2.2　引导农业保险优化升级，夯实粮食安全根基

粮食安全作为当今国际三大经济安全类型之一，是关系到我国国民经济发展、社会稳定和国家自立的全局性重大战略问题。作为支持我国“三农”发展的政策工具和财政转移支付手段，农业保险在帮助粮农灾后迅速恢复再生产、稳定粮食播种面积和总体产量等方面发挥积极作用，是贯彻落实国家相关要求的有效路径。同时，农业保险作为 WTO 绿箱政策允许的稳定农业生产和保障农民收入的支持手段，已经成为我国现代农村金融体系中不可或缺的组成部分，在推动现代农业强国建设、保障国家粮食安全、增加农民收入和参与国际农业市场竞争等方面，发挥着社会稳定器、经济减震器的重要作用。

（1）继续提高农险承保率，加大农险工作推动力度。一方面国家和政府需要

加速推进实施稻谷、小麦、玉米三大主粮实施完全成本保险和种植收入保险，加大保险政策的宣传和普及，使农业保险在保障粮食的特殊性、战略性、基础性地位中发挥更加重要的作用。另一方面应积极推动农业保险服务力量下沉，调动农民参与农业保险的积极性，大力提高完全成本保险和种植收入保险的承保率，进一步夯实粮食安全的基础。

（2）结合广大粮农粮企日趋多样的风险保障需求，努力提升产品研发能力。不断向市场供给多样化、差异化的粮食保险产品，在原有保成本产品基础上，进一步创新研发出粮食产量保险、收入保险、指数类保险（价格、天气）等。同时，可考虑将保障对象从农作物扩展到耕地，为提升耕地综合产出率，探索高标准农田建设保险，实现从建设到使用阶段全流程保障，涵盖质量缺陷责任、设施设备灾损、耕地地力保护等多个方面；密切关注国家粮食生产技术研究成果，力争为新型粮田种植生产保驾护航；积极响应战略性国家重大科技项目，助力农业种源“卡脖子”技术攻关，持续推动主粮种业保险发展。同时要围绕新型设施农业、黑土地和高标准农田，积极开发推广设施农业保险、耕地地力指数保险和高标准农田保险，为国家粮食安全提供保险“安全网”。

（3）推动农险精准投保理赔，提高定损理赔效率。尝试开展精准投保理赔试点，通过卫星遥感、土地分区、承保理赔等相关数据对已经纳入试点的作物完全成本保险及收入保险进行交叉比对校验，通过精准建立灾害损失模型，实现精准承保和理赔的自动化承保和理赔校验和管理。另外，将人工智能、5G 遥感技术等手段应用于农业灾害估损机制和快速理赔机制，一旦种养大户等新型农业经营主体出险，即可启动简单、迅捷的赔付程序，快速将资金赔付到种植大户，增强其投保的获得感。

（4）加大政府财政补贴，拓展农险保单金融功能。一是各级政府无论是在主产区、产销平衡区、还是主销区都要将粮食的保费补贴预算作为财政补贴的支持重点，扩大保险标的覆盖面，稳住农户对种粮的收益预期。二是推动“农业保险保单贷”，即充分发挥保单资产功能，以农险保单作为质押，允许金融机构对涉及收入保险、产量保险等给予较为优惠的利率，缓解新型农业经营主体融资困境，切实落实农业保险给予其增信和保障功能。

10.2.3 推动农业保险绿色发展，践行“双碳”目标

“十四五”是我国“双碳”战略的第一个五年规划期，也是实现“双碳”目标的重要阶段。在大力推动绿色低碳转型以实现碳达峰、碳中和的大背景下，农业保险作为助力可持续发展的重要举措，也将成为优化多层次农业保险发展的重要方向之一。

（1）开发绿色农业保险产品，促进服务低碳升级。一是通过政府财政支持提高企业参与绿色农业保险产品的创新实践，在提出大力发展农业保险的碳减排效应的同时，应当支持并鼓励绿色农业保险产品的创新与发展，推进产品的创新和开发，使新产品努力涵盖当前农业生产经营中所面临的风险。二是农险机构应当对助力“双碳”、促进绿色保险发展等保险产品进行布局设计，加大对创新型农业保险产品的研发投入，开发更多基于绿色型保险产品如气候指数保险、耕地力指数、森林碳汇保险等多种直接对冲风险、减少碳排放量的各类险种。三是在农业保险经营活动的全过程中秉持低碳绿色的发展理念，通过绿色险种的开发创新、保险资金的绿色运用以及保险公司自身的绿色经营，搭配绿色低碳转型匹配的绿色保险制度，开展好绿色农业保险产品的试点工作。

（2）优化绿色农险相关内容，促进农险绿色低碳转型。一是可考虑将农业保险与农业生产碳排放量予以关联，并据此作为保费优惠条件，以激励农业生产经营者减少碳排放；二是通过差别费率促进农业经济绿色转型，同时也为农业保险在绿色农业领域提升承保经验和风险数据积累；三是提升农业保险产品保障范围、完善农业保险相关数据的积累、制定重点行业风险评估标准和风控服务规范、开展差异化定价，为适应绿色发展、支持环境改善、应对气候变化和促进资源节约高效利用，提供保险解决方案。

（3）完善绿色农业保险立法，加强绿色低碳宣传。一是在现有的农业保险经营原则基础之上，补充完善与保险活动的开展、气候变化的应对、绿色农业保险等范畴的相关的法律法规，以立法的形式加速我国绿色低碳农业生产体系的循环发

展。二是在认识到农业保险的碳排放效应重要性的基础上，我国应采用自主性和强制性相结合的投保方式，要求农户加大农业保险的购买力度，改善农业保险市场不活跃的现象，通过促进需求端将应对气候变化的农业保险制度纳入法律法规。

（4）拓宽保险资金的绿色投融资，推动“双碳”目标实现。一是建立保险资金投资绿色农业产业项目的投资规则和政策体系，通过保险资金规范化的稳定投资满足绿色农业产业项目的长期资金需求，充分发挥资金结构的适配性与保险资金的运作机理。二是鼓励保险公司践行 ESG 的发展理念，在保险资金运用端深入参与节能、减排、环保等低碳农业生产方式的建设，对高能耗且碳排放量大的项目提高资金投放门槛，以激励农户对高碳生产项目进行改造升级，助力“双碳”重大战略实施。

10.3 后端：强化农险技术服务，促进“数智”科技赋能

10.3.1 发挥科技助力农险，加快农业保险基础数据建设

保险科技是农业保险转型升级的重要引擎和核心驱动力，在当前中国国情下，保险科技无疑是农业保险实现高质量发展的必然选择。面对当前科技日新月异的发展，需要立足于乡村振兴的基本战略之下，不断创新推进科技与农业保险的深度融合，全力推进农业保险智能化、数字化发展。

（1）加强顶层设计，科学制定战略规划。各保险经营主体应该把农业保险科技纳入公司整体的战略规划中，服务于国家重大战略部署，在行业内部形成农险科技创新共识，明确阶段化目标与长期目标，统筹规划为推动乡村振兴和多层次保险需求提供有力支撑。一是加强统筹规划。将农业保险科技发展作为农业保险高质量发展的重要内容和驱动引擎，结合市场需求及科技发展趋向，从战略高度进行谋划，开展农业保险科技发展顶层设计与规划，明确发展目标，确定发展任务，制定保障措施。二是优化体制机制。明确政府农业保险科技管理职责，改革完善农业保险科技发展的体制机制，优化农业保险科技创新和监管制度，制定农业保险科技创新发展政策，促进农业保险科技转化和应用。三是制定标准规范。制定农业保险大数据共享标准和数据融合应用标准，为农业保险的大数据共享、

集聚和增值提供技术规范；编制农业保险科技支撑下精确承保和精准理赔的业务标准、技术规范和工作规程，为农业保险精细化管理和服务提供重要技术支撑。四是加强人才队伍建设。依据农业保险科技发展规划与现实需要，研究制定农业保险科技人才培养计划和激励保障政策，建立校企合作共建创新基地和共同培养人才机制，重点造就既懂农业保险又懂科技的复合型人才，为农业保险科技发展提供智力支持。

（2）加强数据资源整合，实现数据共享化。政府和监管部门应该对农险数据的共享与共用提供强有力的支持，建立政府、保险公司、农户三方数据信息共享平台，打通农险信息交流通道，通过收集、整合、治理、共享和管理农业保险内外部农户数据，对农户的风险和需求形成精准定位。同时，全面推进移动端、微信小程序等在线服务，着力打造保险公司员工、协保员、新型农业经济主体、相关金融机构工作人员、小农等服务场景，展开全程式客户运营。尤其还应考虑融合数据和业务中台，建设以综合金融服务为核心的多元化服务机制，例如，以生物资产质押与农业供应链、金融链、产业链等相结合的业务融合场景，以及以涉农业务综合营销为核心的内部数据融合场景，并对此数据治理体系进行规范、融合和管理。

（3）营造农险科技发展氛围，构建产业良好生态。一是创造良好的社会舆论环境。政府、保险机构等要积极运用多种形式广泛进行宣传培训，普及农业保险科技应用与发展相关知识，增强农民爱科技、学科技和用科技的意识和能力，提升农民科技素养，为农业保险科技应用创造良好的社会和舆论环境。二是营造机构创新氛围。农业保险机构和科技企业要强化科技创新意识，制定科技创新激励制度，编制企业科技创新规划，激发内生创新动力，加大科技创新投入，推进科技应用落地，营造企业内部良好的科技创新氛围。三是构建产业发展生态。探索保险资源与科技资源对接的新机制，发展农业保险科技法律法规咨询、知识产权保护、风险投资、股权融资、创业孵化、市场推广等专业服务机构，强化国际合作，加快农业农村信息化和数字乡村建设，构建农业保险科技产业整链条全方位发展的良好生态。

10.3.2 推动“数智”农险发展，提升农业保险服务能力

为了满足新型农业经营主体更大经营规模的新需求，农业保险科技应不断创新、不断优化提升服务农户的能力水平。不管是在保前的承保核保环节、保中的风险监测环节，还是在保后的查勘理赔等环节，都应对农业保险服务水平提出了更高的要求。3S、生物特征 AI 识别、风险预警、水印相机、测长估重等模块功能应当相继运用在农业保险中。一是在承保环节实现地块的精准采集并匹配被保险人的详细信息，为科学定损提供了数据基础；二是保险期内通过风险预警模块及时提醒经办机构和客户做好防灾减损准备；三是理赔阶段则通过生物特征 AI 识别、出险地点校验等功能，提高理赔精准度，合理确定损失金额。

基于大数据、物联网开发新型农业保险产品。通过温度传感器、湿度传感器等各种传感器接入单片微型计算机，收集种植环境的温度、湿度等数据，再接入 GPS 模块进行联网，传导数据到大数据平台，再匹配一些降水量等气象数据、当地病虫害数据以及土壤肥沃程度等土地资源禀赋数据，再结合参保农户的年龄、性别、受教育程度、种植规模等信息数据，然后进行数据统一处理分析，通过深度学习等机器学习算法向农户推荐最适合该农户的保险产品，实现农业保险产品的定制化。同时为农业保险承保机构农业保险品种的开发、农业保险费率的调整提供技术支持，实现基于经营主体与地区风险的差异化定价，根据不同风险以及不同需求实现科学的保险费率拟定，真实反映农业生产风险状况。

为满足新型农业经营主体更大经营规模的新需求，应进一步利用科技赋能农业保险，将其应用到产品开发、风险防控数据共享、核保理赔程序高效、精准化中，可大幅降低农业保险经营中产生的逆选择与道德风险，尽可能维护农户利益，还能充分调动保险公司积极性。

（1）实现保险服务流程优化。传统农业保险要求核保到户、验标到户、查勘到户，在小农经济条件下经营成本高，且在实践中难以规范运作，因此应加快“3S”技术（遥感、地理信息和空间定位）、生物特征 AI 识别、风险预警、水印相机、测长估重等模块功能集成运用于农业保险，不断优化提升服务农户的能力水平，提升农业保险服务质效。在承保环节，基于“3S+ 移动网络”的承保标的移

动采集技术等空间信息技术，确定保险标的位置和数量，为科学定损提供数据基础，降低虚假承保、骗保、“倒签单”等道德风险与承保成本，提升承保精准度。在保中环节，助力保险公司能打通前中后台保全系统，实现公司与客户任意平台在线便捷地交互，同时可通过风险预警模块及时提醒经办机构和客户做好防灾减损准备。在理赔环节，为降低由信息不对称带来的监控成本、欺诈行为侦测发现成本，理赔阶段可利用多尺度勘查定损技术，建立“天（航天遥感卫星）、空（无人机航空遥感）、地（移动手持设备）”一体化技术，以实现大面积大范围初步定损，小范围小面积精确定损，提升农业保险理赔的准确性和速度。

（2）推进产品设计与开发。加强与气象部门合作，加强气象科技在农业保险领域的应用，促进产品设计开发。发展农业气象指数保险产品，结合气象预报预警，精细化农业气象灾害风险区划评估、气象灾害损失评估，扩大气象指数应用范围。农业气象指数设计应是天气+科技的重要应用场景之一，围绕扩大气象指数应用范围、气象指数模型测算、费率厘定等内容，增强农业气象指数产品的适用范围及合理性，调研农业保险气象服务需求，根据区域气象、产业、作物物候、灾情等数据，确定农作物花期冻害、果实膨大期、生长干旱期等气象指数，构建气象指数与减产率的关系模型，厘定保险费率，确定赔付触发值和赔付等级，开展农业气象指数保险产品设计研究。

（3）强化综合管理能力。农业保险的精准定价与个性化服务离不开各类农业数据，农业保险领域亟须创建信息共享平台，完善整合农业保险大数据。对政府农业部门、保险公司、科研机构以及农业数据第三方企业的数据库进行有机整合，利用区块链等保险科技进行数据再加密，确保智慧农业保险数据的真实性与安全性，提高数据共享平台的认可度，促进农业保险数据共享平台的搭建。利用区块链、云储存等技术优势，对数据进行比对，最后选取实时性、创新性最强的数据录入共享平台；细分各个类别的数据库，构建特色农业相关的农业区划数据库和农户决策相关人文社会数据库，用于保险产品的针对性设计。

第11章　结论及展望

11.1　主要研究结论

本书以农业保险及精准扶贫相关理论为基础，在回顾及评估我国农业保险财政补贴扶贫绩效的基础上，较为系统地论证了精准扶贫视角下农业保险补贴政策各主体行为，对精准扶贫所需保费补贴的动态模拟，并据此基于供给侧改革构建了我国特色农业保险补贴机制，同时提出了相应的保障措施及优化建议。

本书主要内容如下：

（1）当前我国正处于全面促进农业产业高质量发展、加快推进农业现代化进程的重要时期，农业生产的主力将由自给自足的传统小规模农户向具有专业化、现代化、集约化的大规模农户转变，形成了新型农业经营主体与小农户共存的新农业格局。新型农业经营主体由于种植、养殖规模化，其对农业保险的风险保障需求显著异于小农户。

（2）中央政府于2007年启动财政支持的农业保险试点。近十多年来，在保费补贴政策的推动下，我国农业保险发展迅速，势头喜人。然而，道德风险频发、补贴资源不均衡、补贴水平同质化、补贴产品供给缺乏特色等问题也随之出现，其支农惠农的效果也因此大打折扣。构建异质性的农业保险补贴机制，因地制宜地对补贴内容、补贴水平、品种等进行有区分地调整，有效解决农业保险运行中存在的道德风险、资源浪费也是亟待解决的问题。

（3）随着我国农业保险业务规模的不断扩大，各地农业保险人产品供给、承保理赔不精准、不规范、经营成本高、作业效率低，道德风险复杂多样化等问题日益凸显，严重制约着农业保险的高质量发展。如何加快保险科技创新，适应农业保险高质量发展对产品精准供给的要求，充分考察保险对象的真实异质性状况，例如实现以地块数据库等为核心的精准承保模式及产品供给模式，实现人—地—物的有效关联，对防范农业保险承保及理赔过程中的逆选择和道德风险，有着重要意义。

（4）从农业保险区域发展异质性层面，将2008—2021年我国30个省域间的农业保险相关数据，通过 Gini 系数、变异系数和泰尔指数对我国农业保险发展的区域差异进行分析，并运用 Moran's I 指数、Kernel 密度和 Markov 链等分析方法从不同维度对我国农业保险发展的时空差异格局进行探索。结果显示，我国农业保险东部、中部、西部发展的整体差异较大。最后，引用空间计量模型，运用 GeoDa 软件进行 β 收敛和俱乐部收敛分析，验证了我国农业保险发展存在空间收敛，基于上述研究结果，尊重农业保险时空区域异质性发展现实、实行差异化服务、合理规划战略布局、积极创新农险产品、强化科技赋能等方面提出相关建议，以促进区域农业保险均衡发展，从而形成稳定的农业保险市场。

（5）从政府补贴供给的异质性层面，先引入政府、保险公司、农户等各方农业保险的行为主体，考察其“需求分化”“利益互动”及“效用获取”的动态博弈下的行为决策理论模型，尤其考虑“保险 + 期货”模式下保险人承保农业保险条件，并分析期货期权市场损益对农业保险开展以及对农户生产活动产生的影响。并进一步运用地区面板数据探究差异化农业保险补贴对农业保险发展的影响，结合环境因素、经济因素、风险因素对面板数据进行回归，发现农业保险补贴支农实力对农业保险密度和深度的影响为正，使用截尾回归和滞后一期的地方农业保险保费补贴作为工具变量结论依然稳健，对其异质性发现得到东部地区地方财政支农实力对农业保险密度的影响更大，中部地区地方财政支农实力对农业保险密度的影响次之，西部地区地方财政补贴对农业保险的影响最小，粮食主产省份相对于非粮食主产省份方财政补贴对农业保险更大。从保险服务供给主体的保险公司角度，对农业保险公司异质性进行测度，比较专业性农险公司与综合性财险公司的经营效率，并对影响农业保险公司经营效率的因素进行了分析

（6）从区分新型农业经营主体和小农户的异质性需求角度，基于第三次全国农业普查数据展开研究，结果表明：首先，家庭劳动力总数对于两类经营主体的

农业保险需求均有反向影响，农药投入对于两类经营主体的农业保险需求均有正向影响，且二者都对新型农业经营主体的影响效应更大。其次，年龄、土地规模、机械投入、技术投入等因素均对农户农业保险需求影响效果显著，且外部因素在很大程度上也会对农业保险选择造成影响。最后，在考虑了选择性偏差后，新型农业经营主体的农业保险需求比普通农户高21%。随后通过 Logit 模型考察农业技术培训对农业保险参与行为的实证分析发现，农业技术培训对农业保险参与有正向影响，并进一步对大小农户区分回归，结果显著且方向依然为正向，并且大农户的影响效应要大于小农户。稳健性、内生性检验均支持原结论。

（7）为对异质性农户的保险需求模拟预测，再次使用第三次农业普查微观数据，选取了户主特征变量、家庭特征变量、生产状况变量对农业保险参与状况进行分析预测，利用机器学习算法，通过建立支持向量机、随机森林、XGBoost、LightGBM 模型对模型进行训练，综合分析各个模型的准确率、精确率、灵敏度、特异度、F_1 值以及 AUC 值，再结合各个模型的 ROC 曲线，可以发现随机森林的预测模型相较于其他模型具有一定的优势，并对随机森林算法进行优化。可以精准地识别农业保险目标参保群体，实现对目标客户的精准营销，进而节约农业保险的推广成本，提高农业保险的参保率。因此，基于机器学习的农业保险需求预测模型可以更好地为农业保险产品的设计和推广提供依据。

（8）为了更好地了解我国农业生产的“二元化”格局，对异质性视角下农户差异性的保险需求，分别以湖南省炎陵县、四川威远县为例对农户的主体异质性，尤其是新型农业经营主体与小农的农业保险需求差异进行了对比；并以新疆、云南、江西等地的新型农业经营主体对农业保险产品创新的需求及具体做法展开了分析。研究表明，在我国农户逐步分化的背景下，新型农业经营主体与小农户的农业保险需求的异质性也在逐步显现，这对我国农业保险多层次的发展提出了客观的要求。而农产品“保险 + 期货”正是体现了适应新型农业经营主体多层次风险保障的有益探索。

（9）为了适应农户主体、地域差异、政府补贴等异质性背景的发展需求，提高农业保险服务能力、推动农业保险高质量发展，本书报告提出了多层次农业保险机制构建的基本原则与总体思路，并认为应构建基于多层次的产品创新机制、财政补贴机制、惠农协同机制、技术服务机制。并应从前端：即完善农业保险供给机制，助力农业保险高质量发展；中端：推动农业保险智能化升级，实现绿色可持续发展；后端：强化农险技术服务，促进“数智”科技赋能。为多层次农业保险保驾护航这三个方向提出了多层次农业保险发展的战略方向和优化路径。

11.2 研究展望

党的二十大在擘画全面建成社会主义现代化强国宏伟蓝图时，对农业农村工作进行了总体部署。2022年12月，习近平总书记在中央农村工作会议上强调，全面推进乡村振兴、加快建设农业强国，是党中央着眼全面建成社会主义现代化强国作出的战略部署。这是党中央向全党全社会表明加强“三农”工作的鲜明态度，发出强农重农的强烈信号。在建设农业强国背景下，一方面，如何对多层次农业保险设置科学的评价指标进行效率评价，还值得探讨；另一方面，农业保险如何进一步转型升级，使我国从农业保险大国向强国转变，发挥农业保险在保障粮食和重要农产品稳定安全供给中的作用，如全力推动农险从保物化成本向保完全成本升级，从保产量损失向保价格收入升级，加强对“保险+期货”、种业保险、耕地地力指数保险、高标准农田保险等热点问题的关注，以更开阔的视野、更全面的落点、更前沿的科技研究，大力推进农村现代化建设，服务我国乡村振兴战略。以上问题可作为下一步的研究方向。

参考文献

◎ 卜振兴，2014. 我国农业险经营效率的评价研究：基于动态数据包络模型 [J]. 上海金融（5）：23-28.

◎ 蔡键，苏柳方，2020. 规模化经营对农户农业保险购买意愿的影响 [J]. 地域研究与开发，39（5）：121-125.

◎ 蔡颖萍，杜志雄，2016. 家庭农场生产行为的生态自觉性及其影响因素分析：基于全国家庭农场监测数据的实证检验 [J]. 中国农村经济（12）：33-45.

◎ 晁娜娜，杨汭华，2017. 耕地规模、农业保险认知及其潜在需求的多样化：基于全国6492个粮食种植户的考察 [J]. 财经科学（5）：67-79.

◎ 陈俊聪，汤颖梅，刘奇，2017. 我国农业保险支农效率研究：基于区域差异的视角 [J]. 价格理论与实践（12）：114-117.

◎ 陈龙，2021. 中国特色小农振兴道路：战略方向、路径选择与政策保障 [J]. 西北农林科技大学学报（社会科学版），21（1）：72-79.

◎ 陈盛伟，李政，2021. 政策性农业保险的费率分区与保费补贴比例分类研究 [J]. 山东社会科学（10）：92-97，151.

◎ 陈盛伟，牛浩，2017. 市场竞争下农业保险发展速度的实证分析：基于山东省16地市的面板数据 [J]. 农业经济问题，38（5）：46-54，111.

◎ 邓美君，张祖荣，2020. 我国农业保险支农效率的区域差异：测度与分解 [J]. 华东经济管理，34（4）：92-99.

◎ 丁少群，张珏，李丹，2021. 乡村振兴背景下农业巨灾风险分散机制完善研究 [J]. 理论探索（5）：96-104.

◎ 丁宇刚，孙祁祥，2022. 气候风险对中国农业经济发展的影响：异质性及机制分

析 [J]. 金融研究（9）：111-131.

◎ 方蕊，安毅，胡可为，2021. “保险 + 期货”试点保险与传统农业保险：替代还是互补 [J]. 农业技术经济（11）：16-30.

◎ 冯文丽，梁瑞，2022. 农业保险服务农业全产业链的探索与思考 [J]. 中国保险（2）：28-30.

◎ 冯文丽，苏晓鹏，2020. 农业保险助推乡村振兴战略实施的制度约束与改革 [J]. 农业经济问题（4）：82-88.

◎ 冯文丽，张雪影，2022. 耕地地力指数保险的试点与发展 [J]. 中国金融（20）：58-59.

◎ 付磊，2018. 关于构建多层次农业保险体系的思考 [N]. 中国保险报，2018-08-09.

◎ 富丽莎，秦涛，汪三贵，2022. 农业保险的要素配置效应及其作用机制：基于助力现代农业发展视角 [J]. 资源科学，44（10）：1980-1993.

◎ 富丽莎，秦涛，张晞，2022. 我国森林保险保障水平差异化需求分析与政策设定：基于收入分化与经营规模化新背景 [J]. 江西财经大学学报（3）：60-72.

◎ 高凯，丁少群，王信，2020. 我国农业保险发展的省际差异性及其形成机制研究 [J]. 保险研究（4）：53-68.

◎ 郭军，纪安，彭超，2021. 农业保险排斥对农民收入的影响：基于倾向值匹配的异质性研究 [J]. 华中农业大学学报（社会科学版）（2）：80-89，179.

◎ 郭军，马晓河，2018. 小规模农户农业保险的“缺位”与“补位” [J]. 改革（3）：134-143.

◎ 郭军，谭思，孔祥智，2019. 农户农业保险排斥的区域差异：供给不足还是需求不足——基于北方6省12县种植业保险的调研 [J]. 农业技术经济（2）：85-98.

◎ 郭沛，王晓丽，2021. 新型农业经营主体愿意购买气象指数保险与收入保险吗？：基于9省1 016个样本的考察 [J]. 东岳论丛，42（11）：101-111.

◎ 何小伟，曹杨，刘怡鑫，2022. 专项转移支付对地方政府农业支出的激励效应：以农业保险为例 [J]. 保险研究（12）：52-73.

◎ 何小伟，庹国柱，谢远涛，2019. 农业保险保费补贴的央地责任分担：基于区

域公平的视角 [J]. 保险研究（4）: 3-14.

◎ 侯玲玲，穆月英，曾玉珍，2010. 农业保险补贴政策及其对农户购买保险影响的实证分析 [J]. 农业经济问题，31（4）: 19-25，110.

◎ 侯煜庐，张峭，2019. 小规模农户购买农业保险意愿影响因素的综合分析 [J]. 中国农业资源与区划，40（4）: 210-216.

◎ 胡继亮，熊自洁，张悦，等，2019. 自然灾害水平对农户投保意愿的影响分析：基于湖北微观调查数据 [J]. 长江流域资源与环境，28（2）: 483-492.

◎ 黄琦，陶建平，张红梅，2017. 农业保险市场结构、空间依赖性与农业保险条件收敛研究 [J]. 中国管理科学，25（5）: 25-32.

◎ 黄英君，2019. 政府诱导型农业巨灾风险分散机制研究：基于政企农三方行为主体的创新设计 [J]. 经济体制社会比较（3）: 126-138.

◎ 江生忠，李立达，2021. 完全成本保险对农业经济以及社会福利的影响分析 [J]. 保险研究（7）: 76-88.

◎ 柯炳生，2001. 新世纪中国农业发展六大趋势 [J]. 农村工作通讯（1）: 9.

◎ 李婵娟，程欣炜，2021. 我国省域农业保险发展水平测度与空间收敛性分析 [J]. 统计与决策，37（17）: 145-149.

◎ 李嘉浩，王国军，2022. 农险保费补贴、农业规模化和农业生产水平 [J]. 山西财经大学学报，44（8）: 43-57.

◎ 李江一，秦范，2022. 如何破解农地流转的需求困境？：以发展新型农业经营主体为例 [J]. 管理世界，38（2）: 84-99，6.

◎ 李婕妤，王兆军，2023. 农业保险对农业产业的空间影响效应分析 [J]. 统计与决策，39（1）: 163-167.

◎ 李胜文，谢云飞，2022. 农业绿色发展模式的农业保险需求引致效应：基于荔枝种植户的经验分析 [J]. 中国农业资源与区划，43（8）: 1-9.

◎ 李艳，杨慧莲，杨舒然，2021. "规模农户"与普通农户的主体特征和生产经营状况考察 [J]. 改革（8）: 116-130.

◎ 林乐芬，何婷，2019. 银保合作下涉农贷款保证保险区域发展的需求差异研究：

以江苏省农业保险贷为例 [J]. 中央财经大学学报（2）：43-52.

◎ 林乐芬，裴雪舒，2018. 农户分化对农业保险巨灾理赔政策效应及影响因素分析：基于种植业农户的田野调查 [J]. 中央财经大学学报（1）：20-30.

◎ 刘汉成，陶建平，2020. 农户收入分化、保险需求演变与农业保险政策调整：以贫困地区为例 [J]. 农村经济（2）：49-56.

◎ 刘汉成，陶建平，2020. 倾斜性农业保险扶贫政策的减贫效应及其差异 [J]. 湖南农业大学学报（社会科学版），21（6）：39-45.

◎ 刘京生，2000. 入世后我国保险业面临的挑战 [J]. 理论前沿（19）：3-6.

◎ 刘维林，徐放，2014. 保险产业省际发展差异的影响因素与贡献测度：基于 Shapley 值过程的实证分析 [J]. 中央财经大学学报（2）：31-37.

◎ 龙文军，郭军，2022. 农业保险在乡村振兴中的使命和担当 [J]. 中国保险（2）：21-23.

◎ 吕开宇，李春肖，张崇尚，2016. 基于主成分分析法和熵值法的地区农业保险发展水平分析：来自2008—2013年中国省级层面的数据 [J]. 农业技术经济（3）：4-15.

◎ 牛浩，陈盛伟，2016. 基于风险区划的玉米区域产量保险费率厘定研究：以山东省17地市为例 [J]. 保险研究（1）：65-75.

◎ 任天驰，张洪振，杨晓慧，等，2021. 农业保险保障水平与农户生产投资：一个“倒 U 形”关系——基于鄂、赣、川、滇四省调查数据 [J]. 中国农村观察（5）：128-144.

◎ 阮荣平，曹冰雪，周佩，等，2017. 新型农业经营主体辐射带动能力及影响因素分析：基于全国2615家新型农业经营主体的调查数据 [J]. 中国农村经济（11）：17-32.

◎ 尚燕，熊涛，李崇光，2020. 风险感知、风险态度与农户风险管理工具采纳意愿：以农业保险和“保险 + 期货”为例 [J]. 中国农村观察（5）：52-72.

◎ 宋博，穆月英，侯玲玲，等，2014. 基于 CVM 的我国农业气象指数保险支付意愿分析：以浙江柑橘种植户为例 [J]. 保险研究（2）：54-63.

◎ 孙乐，陈盛伟，2021. 农业保险投保意愿、投保行为及其一致性研究：基于解构计划行为理论视角 [J]. 农村经济（11）：70-77.

◎ 孙蓉，奉唐文，2016. 保险公司经营农险的效率及其影响因素：基于 SBM 模型与 DEA 窗口分析法 [J]. 保险研究，333（1）：43-53.

◎ 汤颖梅，徐涛，2021. 规模异质性视角下天气指数保险与农户的技术选择偏好：基于田野经济学实验方法 [J]. 保险研究（8）：18-34.

◎ 汤颖梅，杨月，刘荣茂，等，2018. 基于 Oaxaca-Blinder 分解的异质性农户天气指数保险需求差异分析 [J]. 经济问题（8）：90-97.

◎ 庹国柱，2013. 让科学研究更好地服务于农业保险制度建设：中国农业保险32年研究历程简述 [J]. 保险研究（9）：9-17.

◎ 庹国柱，2022. 农险保费补贴的新政新规新亮点：浅议新版《中央财政农业保险保费补贴管理办法》[J]. 中国保险（3）：30-36.

◎ 庹国柱，2023. 农业强国和乡村振兴大潮中渔业保险的发展 [J]. 中国保险（4）：12-17.

◎ 庹国柱，李军，2005. 农业保险 [M]. 北京：中国人民大学出版社.

◎ 庹国柱，朱俊生，2016. 论收入保险对完善农产品价格形成机制改革的重要性 [J]. 保险研究（6）：3-11.

◎ 王步天，林乐芬，2016. 政策性农业保险供给评价及影响因素：基于江苏省2 300户稻麦经营主体的问卷调查 [J]. 财经科学（10）：121-132.

◎ 王国军，2018. 新型农业经营主体农业保险的需求与供给 [J]. 中国保险（2）：18-23.

◎ 王洪波，2016. 我国不同经营主体农业保险需求差异性研究：基于新型经营主体与传统农户视角的分析 [J]. 价格理论与实践（6）：133-136.

◎ 王吉鹏，肖琴，李建平，2018. 新型农业经营主体融资：困境、成因及对策：基于131个农业综合开发产业化发展贷款贴息项目的调查 [J]. 农业经济问题（2）：71-77.

◎ 王克，何小伟，肖宇谷，等，2018. 农业保险保障水平的影响因素及提升策略 [J].

中国农村经济（7）：34-45.

◎ 王乐君，寇广增，王斯烈，2019. 构建新型农业经营主体与小农户利益联结机制[J]. 中国农业大学学报（社会科学版），36（2）：89-97.

◎ 王立勇，房鸿宇，谢付正，2020. 中国农业保险补贴政策绩效评估：来自多期 DID 的经验证据 [J]. 中央财经大学学报（9）：24-34.

◎ 王韧，黄渊基，刘莹，等，2018. 中国省域农业保险发展水平的时空格局及影响因素 [J]. 经济地理，38（6）：117-125.

◎ 王韧，匡祎琦，农通理，等，2021. 我国农业保险空间格局动态演变及收敛研究[J]. 经济地理，41（7）：164-172.

◎ 王睿，周应恒，2019. 乡村振兴战略视阈下新型农业经营主体金融扶持研究 [J]. 经济问题（3）：95-103.

◎ 王鑫，夏英，2021. 我国农业收入保险运行效果析论：基于“武进模式”与“桦川模式”的典型案例 [J]. 中州学刊（9）：48-55.

◎ 魏加威，杨汭华，2021. 我国农业再保险体系建设：国际经验与启示 [J]. 当代经济管理，43（9）：89-97.

◎ 魏腾达，王克，张峭，2022. 加拿大农业再保险制度的经验及对中国的启示 [J]. 世界农业（7）：38-47.

◎ 魏腾达，张峭，2023. 农业保险保费补贴的央地分担比例优化：从财政支出公平的视角 [J]. 农业技术经济（1）：127-144.

◎ 魏腾达，张峭，王克，2022. 新型农业经营主体的农业保险需求及提升对策：基于全国11 373个新型农业经营主体的调查 [J]. 保险研究（8）：48-59.

◎ 谢家智，蒲林昌，2003. 政府诱导型农业保险发展模式研究 [J]. 保险研究（11）：42-44，31.

◎ 徐亮，朱晶，王学君，2022. 中国主粮政策性农业保险：规则约束与政策优化 [J]. 农业经济问题（2）：118-130.

◎ 徐圣翔，贺娟，2022. 风险偏好对新种子技术采纳行为的影响：基于农业保险调节效应视角 [J]. 世界农业（4）：96-108.

◎ 徐媛媛，崔小年，王聪，等，2022.“保险＋期货”模式能实现农产品市场风险管理闭环吗?[J]. 保险研究（7）: 69-84，95.

◎ 许朗，陈杰，刘晨，2021. 小农户与新型农业经营主体的灌溉用水效率及其影响因素比较 [J]. 资源科学，43（9）: 1821-1833.

◎ 许梦博，陈楠楠，2021. 我国农业保险发展的深层矛盾、转型契机与改革取向 [J]. 求是学刊，48（2）: 80-89.

◎ 杨国佐，邹德仁，陈春春，等，2023. 农户农业保险需求差异：个体特征还是供给排斥 [J]. 经济问题（7）: 87-94.

◎ 叶明华，朱俊生，2018. 新型农业经营主体与传统小农户农业保险偏好异质性研究：基于9个粮食主产省份的田野调查 [J]. 经济问题（2）: 91-97.

◎ 易福金，陆宇，王克，2022. 大灾小赔，小灾大赔：保费补贴“包干制”模式下的农业生产风险与赔付水平悖论：以政策性玉米保险为例 [J]. 中国农村经济（3）: 128-144.

◎ 于洋，王尔大，2011. 多保障水平下农户的农业保险支付意愿：基于辽宁省盘山县水稻保险的实证分析 [J]. 中国农村观察（5）: 55-68，96-97.

◎ 展凯，朱少芬，邓超，等，2021. 农业保险保费补贴政策的减贫效应及其区域异质性 [J]. 财经理论与实践，42（5）: 42-49.

◎ 张梅，杨洒，颜华，等，2022. 分化视角下小农户与现代农业衔接：耦合机制和实现模式 [J]. 农业经济与管理（1）: 45-52.

◎ 张峭，王克，李越，等，2022. 中国农业保险保障发展的成效、问题和建议 [J]. 农业展望，18（1）: 40-47.

◎ 张伟，郭颂平，罗向明，2013. 风险演变、收入调整与不同地理区域农业保险的差异化需求 [J]. 保险研究（10）: 32-41.

◎ 张伟，罗向明，曾华盛，等，2021. 政策性农业保险对不同群体的收入再分配效应 [J]. 保险研究（6）: 72-88.

◎ 张跃华，陈欢，李彤，等，2022. 非标准产品、非正式交易与农业保险创新：政策性鱿鱼保险机制研究 [J]. 保险研究（11）: 10-21.

◎ 张哲晰，穆月英，侯玲玲，2018. 参加农业保险能优化要素配置吗？：农户投保行为内生化的生产效应分析 [J]. 中国农村经济（10）：53-70.

◎ 张卓，尹航，2019. 我国农业保险农户参保率的区域分化：来自于种植结构与替代性收入渠道视角的解释 [J]. 保险研究（1）：15-31.

◎ 郑军，汪运娣，2017. 我国农业保险差异性财政补贴：地区经济差距与财政支出公平 [J]. 农村经济（5）：84-90.

◎ 郑军，周宇轩，2020. 农业保险服务乡村振兴战略的财政补贴制度创新：基于“农业经营主体 - 保险公司 - 政府”的博弈分析 [J]. 南京审计大学学报，17（5）：61-71.

◎ 周县华，2018. 我国种植业保险风险区划与分级费率定价研究：以吉林省玉米种植保险为例 [J]. 保险研究（2）：72-84.

◎ 朱俊生，2023. 促进保险市场高质量可持续发展 [J]. 中国金融（4）：51-53.

◎ 祝丽丽，张涛，陈秀兰，2021. 农业保险深度对农民收入水平影响的区域差异：基于153个国家级现代农业示范区面板证据 [J]. 农业经济与管理（5）：49-60.

◎ 邹新阳，范莉，2021. 我国农业保险保费的最优补贴率研究：基于激励与约束机制 [J]. 保险研究（8）：3-17.

◎ ABEBAW D, HAILE M G, 2013. The impact of cooperatives on agricultural technology adoption: Empirical evidence from Ethiopia[J]. Food policy(38): 82-91.

◎ ADHIKARI S, BELASCO E J, KNIGHT T O, 2009. Spatial producer heterogeneity in crop insurance product decisions within major corn producing states[J]. Agricultural Finance Review, 70(1):66-78.

◎ ALI D, DEININGER K, HARRIS A, 2019. Does large farm establishment create benefits for neighboring smallholders? Evidence from Ethiopia[J]. Land Economics, 95(1): 71-90.

◎ ANSELIN L, 1988. Spatial econometrics: methods and models[M].Springer Netherlands.

◎ AZZAM A, WALTERS C, KAUS T, 2021. Does subsidized crop insurance affect farm industry structure? Lessons from the US[J]. Journal of Policy Modeling, 43(6): 1167-1180.

◎ BARNETT B J, COBLE K H, 2012. Understanding regional differences in farm policy preferences[J]. American Journal of Agricultural Economics, 94(2): 528-534.

◎ BARNETT B J, MAHUL O, 2007. Weather index insurance for agriculture and rural areas in lower-income countries[J]. American Journal of Agricultural Economics, 89(5): 1241-1247.

◎ BARNETT B J, MAHUL O, 2007. Weather index insurance for agriculture and rural areas in lower-income countries[J]. American Journal of Agricultural Economics, 89(5): 1241-1247.

◎ BELASCO E J, FULLER K B, 2021. Who buys crop insurance? Predictors of the participation gap between organic and conventional farms[J]. Applied Economic Perspectives and Policy, 44(3): 1554-1572.

◎ BOUDEVILLE J R, 1965. Frontiers and interrelations of regional planning: Problems in economic development: Proceedings of a conference held by the international economic association[C]. London: Palgrave Macmillan UK, 1965: 456-470.

◎ BRUNETTE M, CABANTOUS L, COUTURE S, et al, 2013. The impact of governmental assistance on insurance demand under ambiguity: a theoretical model and an experimental test[J]. Theory and decision, 75(2): 153-174.

◎ CEBALLOS F, ROBLES M, 2020. Demand heterogeneity for index-based insurance: The case for flexible products[J]. Journal of Development Economics, 146: 102515.

◎ CHAMBERS G R, 1989. Insurability and moral hazard in agricultural insurance markets [J]. American Journal of Agricultural Economics, 71(3):604-616.

◎ DAHAL B R, ADHIKARI S, KHANAL A R, 2022. Willingness to pay for crop insurance: a case from citrus farmers in Nepal[J]. Journal of Agribusiness in Developing and Emerging Economies, 12(2):247-261.

◎ DALHAUS T, MUSSHOFF O, FINGER R, 2018. Phenology information contributes to reduce temporal basis risk in agricultural weather index insurance[J]. Scientific Reports, 8(1): 1-10.

◎ DOHERTY A N, SCHLESINGER H, 1983. Optimal insurance in incomplete markets [J]. Journal of Political Economy, 91(6):1045-1054.

◎ DOHERTY E, MELLETT S, NORTON D, et al, 2021. A discrete choice experiment exploring farmer preferences for insurance against extreme weather events[J]. Journal of Environmental Management, 290(4): 112607.

◎ EZE E, GIRMA A, ZENEBE A A, et al, 2020. Feasible crop insurance indexes for drought risk management in Northern Ethiopia[J]. International Journal of Disaster Risk Reduction, 47: 101544.

◎ FAHAD S, WANG J, HU G, et al, 2018. Empirical analysis of factors influencing farmers crop insurance decisions in Pakistan: Evidence from Khyber Pakhtunkhwa province[J]. Land use policy, 75: 459-467.

◎ FANG L, HU R, MAO H, et al, 2021. How crop insurance influences agricultural green total factor productivity: Evidence from Chinese farmers[J]. Journal of Cleaner Production, 321(25): 128977.

◎ GOODWIN B K, 1993. An empirical analysis of the demand for multiple peril crop insurance[J]. American Journal of Agricultural Economics, 75(2): 425-434.

◎ HELLERSTEIN D, HIGGINS N, HOROWITZ J, 2013. The predictive power of risk preference measures for farming decisions[J]. European Review of Agricultural Economics, 40(5): 807-833.

◎ HOROWITZ J K, LICHTENBERG E, 1993. Insurance, moral hazard, and chemical use in agriculture[J]. American journal of agricultural economics, 75(4): 926-935.

◎ JUST R E, CALVIN L, QUIGGIN J, 1999. Adverse selection in crop insurance: Actuarial and asymmetric information incentives[J]. American Journal of Agricultural Economics, 81(4): 834-849.

◎ KUMAR K N R, BABU S C, 2021. Can a weather-based crop insurance scheme increase the technical efficiency of smallholders? a case study of groundnut farmers in India[J]. Sustainability, 13(16): 9327.

◎ LAY J, NOLTE K, SIPANGULE K, 2018. Large-scale farms and smallholders: Evidence from Zambia[R]. GIGA working papers.

◎ LI H, YUAN K, CAO A, et al, 2022. The role of crop insurance in reducing pesticide use: Evidence from rice farmers in China[J]. Journal of Environmental Management, 306: 114456.

◎ LIAO P, ZHOU X H, FAN Q Q, 2020. Does agricultural insurance help farmers escape the poverty trap? Research based on multiple equilibrium models[J]. The Geneva Papers on Risk and Insurance-Issues and Practice, 45(4): 203-223.

◎ LU J, PRANAY R, KRISTIN F, et al, 2022. A meta-analysis of agricultural conservation intentions, behaviors, and practices: Insights from 35 years of quantitative literature in the United States[J]. Journal of Environmental Management, 323.

◎ MASIZA W, CHIRIMA J G, HAMANDAWANA H, et al, 2022. Do Satellite Data Correlate with In Situ Rainfall and Smallholder Crop Yields? Implications for Crop Insurance[J]. Sustainability, 14(3): 1670.

◎ MENAPACE L, COLSON G, RAFFAELLI R, 2016. A comparison of hypothetical risk attitude elicitation instruments for explaining farmer crop insurance purchases[J]. European Review of Agricultural Economics, 43(1): 113-135.

◎ MIRANDA M J, 1991. Area-yield crop insurance reconsidered[J]. American Journal of Agricultural Economics, 73(2): 233-242.

◎ MIRANDA M J, GLAUBER J W, 1997. Systemic risk, reinsurance, and the failure of crop insurance markets[J]. American journal of agricultural economics, 79(1): 206-215.

◎ MOFFET D, 1977. Optimal deductible and consumption theory[J]. Journal of risk and insurance: 669-682.

◎ MÖHRING N, DALHAUS T, ENJOLRAS G, et al, 2020. Crop insurance and pesticide use in European agriculture[J]. Agricultural Systems, 184: 102902.

◎ MORETTI M D, BAUM C M, EHLERS M, et al, 2023. Exploring actors' perceptions of the precision agriculture innovation system – A group concept mapping approach in

Germany and Switzerland[J]. Technological forecasting and social change, 4: 122270.

◎ MOSSIN J, 1968. Aspects of rational insurance purchasing[J]. Journal of Political Economy, 76(4):118-133.

◎ MYRDAL G, 1978. Institutional economics[J]. Journal of Economic Issues, 12(4).

◎ NIU Z H, YI F, CHEN C, 2022. Agricultural insurance and agricultural fertilizer non-point source pollution: Evidence from China's policy-based agricultural insurance pilot [J]. Sustainability, 14(5):1-12.

◎ SKEES J R, 2008. Challenges for use of index-based weather insurance in lower income countries[J]. Agricultural Finance Review, 68(1):197-217.

◎ SKEES J R, BARNETT B J, 1999. Conceptual and practical considerations for sharing catastrophic/systemic risks[J]. Applied Economic Perspectives and Policy, 21(2): 424-441.

◎ SMITH V H, GLAUBER J W, 2012. Agricultural insurance in developed countries: where have we been and where are we going?[J]. Applied Economic Perspectives and Policy, 34(3): 363-390.

◎ SMITH V H, GOODWIN B K, 1996. Crop insurance, moral hazard, and agricultural chemical use[J]. American Journal of Agricultural Economics, 78(2): 428-438.

◎ SUCHATO P, MIENO T, FOSTER T, et al, 2022. The potential for moral hazard behavior in irrigation decisions under crop insurance[J]. Agricultural Economics, 53(2): 257-273.

◎ WINSEN F V, DE MEY Y, LAUWERS L, et al, 2016. Determinants of risk behaviour: effects of perceived risks and risk attitude on farmer's adoption of risk management strategies[J]. Journal of Risk Research, 19(1):56-78.

◎ WANG X, YAMAUCHI F, HUANG J, ET AL, 2020. What constrains mechanization in Chinese agriculture? Role of farm size and fragmentation[J]. China Economic Review, 62: 101221.

◎ WASHIZU A, NAKANO S, 2022. Exploring the characteristics of smart agricultural development in Japan: Analysis using a smart agricultural kaizen level technology map

[J]. Computers and Electronics in Agriculture, 198.

◎ WILLIAMSON J G, 1965. Regional inequality and the process of national development: A description of the patterns[J]. Economic Development and Cultural Change, 13(4):1-84.

◎ WINSEN F V, DE MEY Y, LAUWERS L, et al, 2016. Determinants of risk behaviour: Effects of perceived risks and risk attitude on farmers adoption of risk management strategies[J]. Journal of Risk Research, 19(1): 56-78.

◎ YU J, SUMNER D A, LEE H, 2021. Premium rates and selection in specialty crop insurance markets: Evidence from the catastrophic coverage participation[J]. Food Policy, 101: 102079.

◎ ZHANG S, SUN Z, MA W, et al, 2020. The effect of cooperative membership on agricultural technology adoption in Sichuan, China[J]. China Economic Review, 62: 101334.

◎ ZHOU X H, LIAO P, WANG K, 2018. Is the 'One Province One Rate' premium policy reasonable for Chinese crop insurance? The case in Jilin Province[J]. Journal of Integrative Agriculture, 17(8): 1900-1911.

附录　调查问卷

关于异质性农户生产行为及保险需求的调查问卷

问卷编号：________ 调查地点：____（地区、市）____ 县 ____ 乡 ____ 村

调 查 员：________ 调查时间：_____ 年 ___ 月 ___ 日

尊敬的女士 / 先生，您好！

我们是湖南工商大学课题组小分队，为了了解新型农业经营主体和小农户的风险异质性偏好及保险需求，特此开展本次问卷进行调查，恳请您用几分钟时间帮忙填写这份问卷。本问卷采用无记名方式，所有数据只用于研究分析，内容绝不外泄，请您放心填写。真诚地感谢您的支持与帮助。

填表说明：

1.“单选”是指只需要填写一个选项；“多选”是指可以填写几个选项。

2. 可直接在你选中的序号前打上“√”；也可将您选中的序号填在（ ）内。

一、个人基本情况

1. 您家住 ____ 省 _____ 市 / 县 _____ 镇 _____ 村 [填空题] *

2. 您的性别是？[单选题] *

○ A. 男　　○ B. 女

3. 您的年龄是？[单选题] *

○ A. 20～29岁　　○ B. 30～39岁　　○ C. 40～49岁

○ D. 50～59岁　　○ E. 60～70岁

4. 您的文化水平是？ [单选题] *

○ A. 初中及以下　　○ B. 初中学历　　○ C. 高中学历

○ D. 学士　　○ E. 硕士及以上

二、经济情况

5. 您的家庭农业年收入大约有？[单选题] *

○ A. 5万元以下　　○ B. 5万～20万元　　○ C. 20万～50万元

○ D. 50万～100万元　　○ E. 100万元以上

6. 您家每年非农收入多少元？ [单选题] *

○ A. 5万元以下　　○ B. 5万～20万元　　○ C. 20万～50万元

○ D. 50万～100万元　　○ E.100万元以上

7. 您收入的主要来源有？ [多选题] *

☐ A. 农产品收入　　☐ B. 养殖业　　☐ C. 家庭副业

☐ D. 本地乡村企业收入　　☐ E. 外出打工　　☐ F. 自己的企业

☐ G. 其他

三、农业种植养殖情况

8. 您家现在种的 / 养殖的农产品种类？ [填空题] *

____

9. 您家现在实际经营的农地有多少亩？ [单选题] *

○ A. 10以下　　○ B. 10～20　　○ C. 20～30

○ D. 30～40　　○ E. 40以上

10. 您家的土壤的肥沃程度如何？ [单选题] *

○ A. 很差　　○ B. 较差　　○ C. 一般

○ D. 好　　○ E. 非常好

11. 您家主要农作物2018年（去年）产量总共为 ____ 斤，其中一共卖了 _____ 斤，卖掉的收入为 _____ 元。[填空题] *

四、农业保险需求

12. 您认为影响买农业保险的最主要因素是什么？[多选题] *

□ A. 收入水平　□ B. 产品的人性化程度　□ C. 保险公司的偿付能力

□ D. 理赔服务的效率及服务态度　□ E. 保险公司的知名度

13. 您有没有参加过农业保险？[单选题] *

○ A. 参加过　○ B. 从来没有

没有参与的原因是? ________________________________

14. 如果保障水平有所提高，您是否考虑参加农业保险？[单选题] *

○ A. 非常愿意　○ B. 可以考虑　○ C. 不愿意

15. 如果您参加过农业保险，对保单所载明的条款是否符合心意？[单选题] *

○ A. 非常满意　○ B. 满意　○ C. 一般满意

○ D. 不太满意　○ E. 很不满意

不满意的原因是：________________________________

16. 家庭种植的作物（养殖的品种）中什么最容易遭受何种自然灾害的侵袭？[多选题] *

□ A. 气象灾害（洪涝、干旱、低温霜冻、冰雹、沙尘暴等）

□ B. 生态灾害（荒漠化、赤潮、过度放牧等）

□ C. 生物灾害（水葫芦、禽流感、农作物病虫害等）

□ D. 地质灾害（地震、滑坡、泥石流等）

五、风险偏好与管控调查

17. 为了更好地了解您对风险的接受程度，请问您更喜欢以下哪一种选项?[单选题] *

○ A. 70% 的概率赚到100元　○ B. 30% 的概率赚到175元

18. 如果你买了200股股票，每股20元，两周后，股票涨到30元，你会决定：[单选题] *

○ A. 卖掉获利　　○ B. 加码购买该股　　○ C. 不做任何举动

六、生产行为

19. 有了农业保险之后是否愿意更多的务农？是否愿意多种几亩地？ [单选题] *

○ A. 愿意　　○ B. 不愿意

20. 有了某项特殊保险补贴、条件更优惠，您是否会改变种植比例？[单选题] *

○ A. 是　　○ B. 不是

30. 您是否觉得对不同的农户应该提供不同的农业保险保障？

○ A. 是　　○ B. 不是

31. 您对当地农业保险还有什么建议和意见？

____

再次感谢您的配合！